高等职业教育"十三五"规划教材

建筑工程施工资料管理

杨莅滦　郑　宇　编著

北京理工大学出版社
BEIJING INSTITUTE OF TECHNOLOGY PRESS

内 容 提 要

本书以建筑工程施工资料整编过程为主线,以建筑工程最新标准规范为依据,构建课程内容和知识体系。全书共分为5个项目,主要内容包括建筑工程资料管理基本概念认知、施工技术资料编制、建筑工程施工质量验收资料编制、建设工程资料归档、计算机辅助档案资料管理。全书内容和知识的选取紧紧围绕工作任务的需要,同时融合了相关职业资格证书对知识、技能和素质的要求,力求实现"做中学,学中做",融实践教学和理论教学为一体。

本书可作为高职高专院校建筑工程技术等相关专业的教材,也可供建筑工程施工技术人员参考使用。

版权专有　侵权必究

图书在版编目（CIP）数据

建筑工程施工资料管理／杨莅滦,郑宇编著.—北京：北京理工大学出版社,2019.8（2019.9重印）

ISBN 978-7-5682-7402-9

Ⅰ.①建… Ⅱ.①杨… ②郑… Ⅲ.①建筑工程—工程施工—技术档案—档案管理—高等学校—教材 Ⅳ.①G275.3

中国版本图书馆CIP数据核字（2019）第174523号

出版发行／北京理工大学出版社有限责任公司
社　　址／北京市海淀区中关村南大街5号
邮　　编／100081
电　　话／（010）68914775（总编室）
　　　　　（010）82562903（教材售后服务热线）
　　　　　（010）68948351（其他图书服务热线）
网　　址／http://www.bitpress.com.cn
经　　销／全国各地新华书店
印　　刷／北京紫瑞利印刷有限公司
开　　本／787毫米×1092毫米　1/16
印　　张／15　　　　　　　　　　　　　　　　　　　　　责任编辑／李　薇
字　　数／390千字　　　　　　　　　　　　　　　　　　文案编辑／李　薇
版　　次／2019年8月第1版　2019年9月第2次印刷　　　　责任校对／周瑞红
定　　价／39.00元　　　　　　　　　　　　　　　　　　责任印制／边心超

图书出现印装质量问题,请拨打售后服务热线,本社负责调换

FOREWORD 前言

施工资料是记载建筑工程施工活动全过程的一项重要内容，它是城建档案的重要组成部分。住房和城乡建设部与各省市建设主管部门对工程资料管理工作都非常重视，多次强调要做好工程资料管理工作，明确指出：任何一项工程如果工程资料不符合标准规定，则判定该项工程不合格，对工程质量具有否决权。《建筑与市政工程施工现场专业人员职业标准》（JGJ/T 250—2011）规定，建筑与市政工程施工现场专业人员应包括施工员、质量员、安全员、标准员、材料员、机械员、劳务员、资料员。各岗位专业人员都有相应的施工信息资料管理的工作职责，自然也应具备编制相关技术资料的专业技能。

本书依据现行《建筑工程施工质量验收统一标准》（GB 50300—2013）、《建设工程文件归档规范》（GB/T 50328—2014）、《建筑工程（建筑与结构工程）施工资料管理规程》（DB37/T 5072—2016）、《建筑工程（建筑设备、安装与节能工程）施工资料管理规程》（DB37/T 5073—2016）、《建筑施工安全检查标准》（JGJ 59—2011）、《混凝土结构工程施工质量验收规范》（GB 50204—2015）等最新标准规范进行编写，主要介绍了施工资料的编制方法和要求；建筑工程资料归档管理的原则、方法及要求；品茗资料管理软件的基本操作流程。全书内容和知识的选取紧紧围绕工作任务的需要，同时融合了相关岗位对知识、技能和素质的要求。本书内容丰富，资料详实，可以作为高职高专院校建筑工程技术等相关专业的教材，也可供从事施工、监理等工作各岗位的工程技术人员参考。

本书共包含5个项目，项目1、项目2由山东城市建设职业学院杨苡滦、郑宇编写，项目3、项目4由杨苡滦编写，项目5由郑宇编写。由于编写时间仓促，加之编者的经验和水平有限，书中难免有不妥和错误之处，恳请读者和专家批评指正。

目录

项目1 建筑工程资料管理基本概念认知 ································ 1

1.1 建筑工程资料管理概述 ················ 1
- 1.1.1 建筑工程资料管理概念 ··········· 1
- 1.1.2 基建文件的形成及管理要求 ······ 2
- 1.1.3 建筑工程技术文件管理基础知识 ····· 5
- 1.1.4 工程资料管理职责 ··············· 6
- 1.1.5 城建档案馆负责接收的城建档案范围 ························ 8

1.2 建筑工程资料的管理要求、分类与编号原则及资料管理的意义 ········ 9
- 1.2.1 建筑工程资料的管理要求、分类与编号原则 ················· 9
- 1.2.2 建筑工程资料管理的意义 ········ 11

1.3 资料员的岗位要求与工作职责 ······ 11

1.4 各岗位资料管理工作职责和专业技能要求 ······················ 13
- 1.4.1 施工员 ························ 13
- 1.4.2 质量员 ························ 13
- 1.4.3 安全员 ························ 13
- 1.4.4 标准员 ························ 14
- 1.4.5 材料员 ························ 14
- 1.4.6 机械员 ························ 14
- 1.4.7 劳务员 ························ 14
- 1.4.8 资料员 ························ 14

项目小结 ································ 15

思考与练习 ······························ 15

项目2 施工技术资料编制 ············· 16

2.1 施工管理资料 ······················ 16
- 2.1.1 工程概况表 ···················· 16
- 2.1.2 施工现场质量管理检查记录 ····· 17
- 2.1.3 施工组织设计（施工方案）审批表 ························ 18
- 2.1.4 开工报告 ······················ 18
- 2.1.5 工程施工日志 ·················· 18
- 2.1.6 工程质量事故处理记录 ·········· 19
- 2.1.7 设计变更文件 ·················· 19
- 2.1.8 技术交底记录 ·················· 20

2.2 工程质量控制资料 ·················· 33
- 2.2.1 施工测量资料 ·················· 33
- 2.2.2 施工物资资料 ·················· 41
- 2.2.3 施工记录资料 ·················· 51

2.3 安全和功能检验资料 ················ 65
- 2.3.1 土壤试验记录汇总表 ············ 65
- 2.3.2 钢筋连接试验报告汇总表 ········ 66
- 2.3.3 砂浆试块试压报告汇总表及砂浆试块强度统计、评定记录 ······ 67

CONTENTS

  2.3.4 混凝土试块试压报告汇总表……70
  2.3.5 混凝土试块强度统计评定记录……71
  2.3.6 屋面淋水、蓄水试验检查记录……73
  2.3.7 通风（烟）道、垃圾道检查记录……73
  2.3.8 混凝土结构子分部工程结构
     实体检验………………………76
 2.4 施工安全管理资料………………81
  2.4.1 建筑施工现场安全管理基础知识……81
  2.4.2 建筑施工安全管理检查评定……83
  2.4.3 文明施工………………………85
  2.4.4 检查评分办法…………………87
 项目小结………………………………109
 思考与练习……………………………109

项目3 建筑工程施工质量验收
     资料编制………………………111
 3.1 建筑工程施工质量验收标准……111
 3.2 建筑工程施工质量验收基本规定与
   质量验收的划分…………………112
  3.2.1 建筑工程施工质量验收
     基本规定………………………112
  3.2.2 建筑工程质量验收的划分……114
 3.3 建筑工程质量验收程序和组织……119
  3.3.1 检验批的验收程序和组织……120

  3.3.2 分项工程的验收程序和组织……120
  3.3.3 分部工程的验收程序和组织……120
  3.3.4 单位工程的验收程序和组织……121
 3.4 建筑工程质量验收………………122
  3.4.1 检验批质量验收………………122
  3.4.2 分项工程质量验收……………124
  3.4.3 分部（子分部）工程质量验收……124
  3.4.4 单位（子单位）工程质量验收……125
  3.4.5 住宅工程质量分户验收………127
  3.4.6 装配整体式混凝土结构子分部
     工程验收资料…………………150
  3.4.7 建筑工程质量不符合要求的
     处理规定………………………155
 项目小结………………………………156
 思考与练习……………………………156

项目4 建设工程资料归档………………158
 4.1 概述………………………………158
 4.2 建设工程资料归档管理…………159
  4.2.1 建设工程档案的载体…………159
  4.2.2 建设工程档案的特征…………159
  4.2.3 建设工程资料归档管理
     基本规定………………………160
 4.3 建设工程资料归档整理…………160

4.3.1 建设工程资料的归档范围……160
4.3.2 建设工程归档文件质量要求……161
4.3.3 建设工程资料的归档整理立卷……162
4.4 建设工程文件归档及工程档案的验收与移交……167
4.4.1 建设工程资料归档的要求……167
4.4.2 建设工程档案的验收……168
4.4.3 建设工程档案的移交……168
项目小结……174
思考与练习……174

项目5 计算机辅助档案资料管理……175
5.1 档案资料管理软件的应用……175
5.1.1 软件安装与卸载……175
5.1.2 工程资料管理软件示例……176

5.2 软件基本操作流程……179
5.2.1 新建工程……179
5.2.2 输入工程概况信息……179
5.3 填制资料……181
5.3.1 检验批表格的填写……181
5.3.2 打印及批量打印……186
项目小结……187
思考与练习……187

附录A 建筑工程施工资料组成目录……188

附录B 建筑工程文件归档范围……221

参考文献……232

项目1 建筑工程资料管理基本概念认知

> **学习目标**
>
> 理解建筑工程资料管理的基本概念;了解建筑工程资料的管理要求、分类与编号原则及资料管理的意义;明确建筑工程施工各岗位施工信息资料管理的工作职责和专业技能的要求。

1.1 建筑工程资料管理概述

1.1.1 建筑工程资料管理概念

1. 建设工程资料

建设工程资料是指工程建设从项目的提出、筹备、勘察、设计、施工到竣工投产等过程中形成的文件材料、图样、图表、计算材料、声像材料等各种形式的信息总和,简称工程资料。建筑工程资料可分为工程准备阶段文件、监理资料、施工资料、竣工图和工程竣工文件五类。

(1)工程准备阶段文件。工程准备阶段文件即工程开工前,在立项、审批、征地、拆迁、勘察、设计、招标投标、开工审批等工程准备阶段形成的文件,由建设单位整理提供。其包括以下内容:

1)决策立项文件;

2)建设用地的征地及拆迁文件;

3)勘察、测绘、设计文件;

4)招标投标及合同文件;

5)开工审批文件;

6)财务文件;

7)建设、施工、监理项目管理机构及负责人资料。

(2)监理资料。监理资料即监理单位在工程设计、施工等监理过程中形成的文件,包括监理管理资料、进度控制资料、质量控制资料、造价控制资料、合同管理资料、竣工验收资料六类。由监理单位整理提供。

(3)施工资料。施工资料即施工单位在施工过程中形成的文件,包括施工管理资料、施工技术资料、施工进度及造价资料、施工物资资料、施工记录、施工试验记录及检测报告、施工质量验收记录、竣工验收资料八类。由施工单位整理提供。

(4)竣工图。竣工图是工程竣工验收后,真实反映建设工程项目施工结果的图纸。

(5)工程竣工文件。工程竣工文件可分为竣工验收文件、竣工决算文件、竣工交档文件、竣工总结文件四类。

2. 建设工程档案

在工程建设活动中直接形成的具有归档保存价值的文字、图纸、图表、声像、电子文件等各种形式的历史记录,简称工程档案,由建设单位整理提供。

3. 建筑工程资料管理

建筑工程资料管理是建筑工程资料的填写、编制、审核、审批、收集、整理、组卷、移交及归档等工作的统称,简称工程资料管理。

1.1.2 基建文件的形成及管理要求

1. 基建文件的分类及编号

(1)基建文件应包括决策立项文件,建设用地、征地、拆迁文件,勘察、测绘、设计文件,工程招标投标及合同文件,工程开工文件,工程商务文件,工程竣工验收及备案文件,工程影音文件等几类。

(2)基建文件按文件形成时间的先后顺序编号。

2. 基建文件的形成

基建文件的形成宜按图1-1所示形成。

3. 基建文件的管理要求

(1)工程决策立项文件,建设用地、征地、拆迁文件,工程开工文件,工程竣工验收及备案文件应由建设单位按规定程序及时办理,文件内容完整、手续齐全。

(2)勘察、测绘、设计文件由建设单位按相关规定要求委托有资质的勘察、测绘、设计单位编制形成。

(3)工程招标投标及合同文件应由建设单位负责形成。

(4)工程商务文件由建设单位委托有资质的专业单位编制,应反映真实的工程建设造价情况。

(5)工程音像资料由建设单位负责收集,应反映真实的工程建设情况。

(6)工程竣工总结由建设单位在工程竣工阶段编制,应反映工程建设实施情况。

(7)工程竣工验收报告由建设单位在工程竣工验收后进行编制,应反映真实的工程竣工验收情况。

(8)勘察单位工程质量检查报告是对与工程勘察相关的工程质量检查后,由勘察单位形成的报告。

(9)设计单位工程质量检查报告是对工程设计文件及设计单位签署的变更通知实施情况检查后,由设计单位形成的报告。

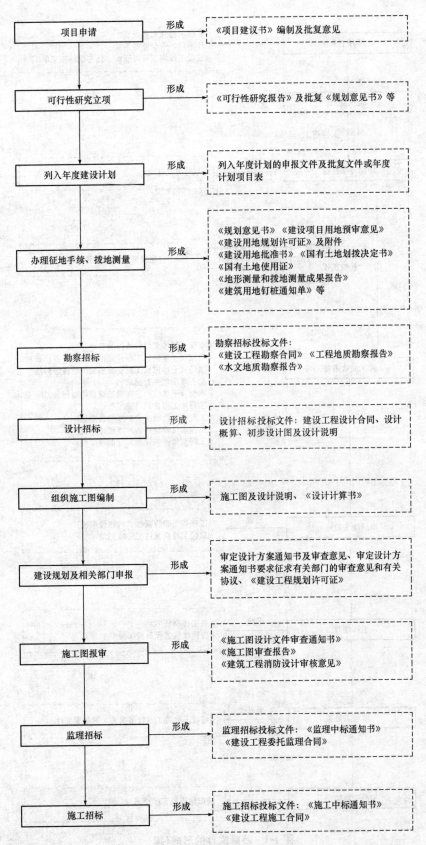

图 1-1　基建文件的形成

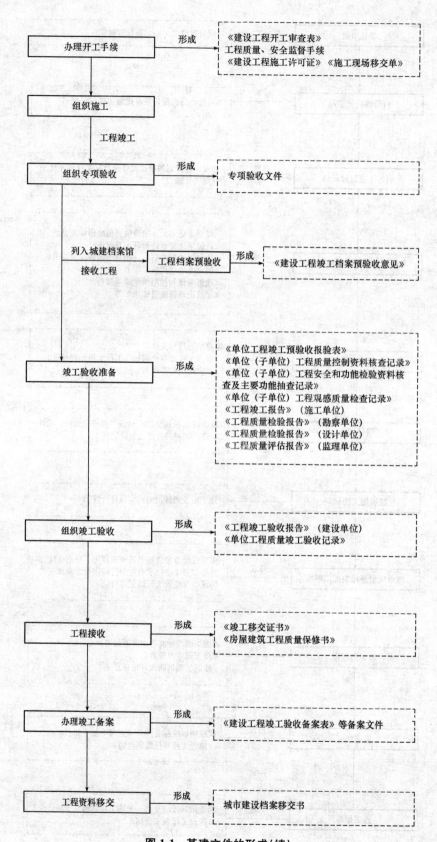

图 1-1 基建文件的形成(续)

1.1.3 建筑工程技术文件管理基础知识

建筑工程技术文件管理相关术语：

1. 建筑工程

通过对各类房屋建筑及其附属设施的建造和与其配套线路、管道、设备等的安装所形成的工程实体。

2. 建筑工程质量

反映建筑工程满足相关标准规定或合同约定的要求，包括其在安全、使用功能及其在耐久性能、环境保护等方面所有明显和隐含能力的特性总和。

3. 验收

建筑工程质量在施工单位自行检查合格的基础上，由工程质量验收责任方组织，工程建设相关单位参加，对检验批、分项、分部、单位工程及其隐蔽工程的质量进行抽样检验，对技术文件进行审核，并根据设计文件和相关标准以书面形式对工程质量是否合格作出确认。

4. 进场检验

对进入施工现场的建筑材料、构配件、设备及器具，按相关标准的要求进行检验，并对其质量、规格及型号等是否符合要求作出确认的活动。

5. 检验批

按相同的生产条件或按规定的方式汇总起来供抽样检验用的，由一定数量样本组成的检验体。

6. 检验

对被检验项目的特征、性能进行量测、检查、试验等，并将结果与标准规定的要求进行比较，以确定项目每项性能是否合格的活动。

7. 见证检验

施工单位在工程监理单位或建设单位的见证下，按照有关规定从施工现场随机抽取试样，送至具备相应资质的检测机构进行检验的活动。

8. 复验

建筑材料、设备等进入施工现场后，在外观质量检查和质量证明文件核查符合要求的基础上，按照有关规定从施工现场抽取试样送至试验室进行检验的活动。

9. 交接检验

由施工的承接方与完成方共同检查并对是否继续施工做出确认的活动。

10. 主控项目

建筑工程中对安全、节能、环境保护和主要使用功能起决定性作用的检验项目。

11. 一般项目

除主控项目外的检验项目。

12. 抽样检验

按照规定的抽样方案，随机地从进场的材料、构配件、设备或建筑工程检验项目中，按检验批抽取一定数量的样本所进行的检验。

13. 抽样方案

根据检验项目的特性所确定的抽样数量和方法。

14. 计数检验

通过确定抽样样本中不合格的个体数量，对样本总体质量做出判定的检验方法。

15. 计量检验

以抽样样本的检测数据计算总体均值、特征值或推定值，并以此判断或评估总体质量的检验方法。

16. 错判概率

合格批被错判为不合格批的概率，即合格批被拒收的概率，用 α 表示。

17. 漏判概率

不合格批被错判为合格批的概率，即不合格批被误收的概率，用 β 表示。

18. 观感质量

通过观察和必要的测试所反映的工程外在质量和功能状态。

19. 返修

对施工质量不符合标准规定的部位采取的整修等措施。

20. 返工

对施工质量不符合标准规定的部位采取的更换、重新制作、重新施工等措施。

21. 建设工程项目

经批准按照一个总体设计进行施工，经济上实行统一核算，行政上具有独立组织形式，实行统一管理的工程基本建设单位。它由一个或若干个具有内在联系的工程所组成。

22. 建筑工程质量

反映建筑工程满足相关标准规定或合同约定的要求，包括其在安全、使用功能及其在耐久性能、环境保护等方面所有明显的隐含能力的特性总和。

23. 检测(测试、试验)

检测是指对给定的产品，按照规定程序确定某一种或多种特性，进行处理或提供服务所组成的技术操作。

24. 竣工图

工程竣工验收后，真实反映建设工程项目施工结果的图样。

1.1.4 工程资料管理职责

1. 基本规定

(1)施工技术资料的形成应符合国家相关的法律、法规、施工质量验收标准和规范、工程合同与设计文件等规定。

(2)工程各参建单位应将施工技术资料的形成和积累纳入施工管理的各个环节和有关人员的职责范围。建设、监理、勘察、设计、施工、检测(试验)等单位项目负责人应对本工程施工资料形成的全过程负总责。工程各参建单位应在合同中对施工资料的管理提出明确要求，其中技术要求不得低于《建筑工程施工资料管理规程》的要求。建设过程中施工技术资料的收集、整理及审核应有专人负责。

(3)施工技术资料应随工程进度同步形成、收集、整理、签发并按规定移交，由工程各参建单位共同完成，要求书写认真、字迹清晰、内容完整、签字齐全。施工资料的形成、收集、整理及审核应符合有关规定，签字并加盖相应的资格印章。

(4)工程合同中应约定文件、资料的责任签字权限,有关签字人员也应有相应的授权证明。单位(子单位)工程、地基与基础分部工程、主体结构分部工程、建筑节能分部工程及专业分包项目验收应使用企业法定公章,其他分部或项目验收应使用项目部(专业分包单位)符合相应授权的公章。

(5)工程各参建单位应确保各自资料的真实、有效、及时和完整,对工程资料进行涂改、伪造、随意抽撤或损毁、丢失等情况,应按有关规定予以处罚,情节严重的应依法追究法律责任。

(6)单位(子单位)工程竣工验收应由建设单位组织勘察、设计、监理、施工等有关单位进行验收,并形成竣工验收文件。

(7)执行注册师签章制度。应当认真贯彻落实国家、省有关注册师施工管理文件签章的规定,凡是未按规定在相关管理文件上签章的,或仅有注册师签字而未同时加盖执业印章的,一律视为无效管理文件。

(8)推广施工资料数字化管理,逐步实现以缩微品和光盘载体代替纸质载体。属国家、省重点工程的施工资料宜采用缩微品。

(9)工程竣工后,建设单位应负责工程竣工验收备案工作。按照有关竣工验收备案的规定,提交完整的竣工备案验收文件,并报备案机关备案。

2. 建设单位工程资料管理职责

在建设工程文件材料的收集、整理、立卷、验收、移交工作中,建设单位应履行下列职责:

(1)应建立健全质量责任制,设专人负责监督工程施工质量,参与工程验收,并负责监督和检查各参建单位工程资料的形成、积累和组卷工作。

(2)应向参与工程建设的勘察、设计、施工、监理等单位提供与建设工程有关的原始资料,监督专业分包单位及时将施工技术资料完整、全面、准确地移交给总承包单位。

(3)由建设单位采购的建筑材料、构配件和设备,建设单位应保证其符合设计文件、规范标准和合同要求,并保证其质量证明文件的完整、真实和有效,相关资料应经监理单位认可后及时移交给施工单位整理归档。

(4)对需要建设单位签认的施工技术资料应及时签署意见。

(5)应收集和汇总各参建单位的工程资料整理归档为城建档案,按有关规定在规定时间内办理移交事宜。

(6)应负责组织竣工图的编制工作,也可委托设计、监理或施工等单位进行。

(7)当专业验收规范对工程中的验收项目未做出相应规定时,应由建设单位组织监理、设计、施工等相关单位制定专项验收要求。涉及安全、节能、环境保护等项目的专项验收要求应由建设单位组织专家论证。

(8)应组织勘察、设计、监理、施工等有关单位具备资格的人员进行竣工验收,制定竣工验收方案,并形成竣工验收文件。

(9)未实行监理的建筑工程,由建设单位履行相应的监理职责。

3. 监理单位工程资料管理职责

(1)应建立健全质量责任制,编制监理规划和实施细则,履行旁站、巡视、平行检验制度。

(2)按合同约定进行勘察、设计文件的有效性检查,签认设计交底、图纸会审纪要。

(3)在施工阶段对施工技术资料的形成、积累、组卷和归档进行监督、检查,确保施工技术资料的完整性、准确性符合有关要求。完成审查施工组织设计、专项方案、签认工程材料进场报验、工程测量放线、隐蔽工程验收检查等工作,组织检验批、分项、分部(子分部)工程质量验收和单位(子单位)工程竣工预验收等工作。

(4)参加工程见证取样工作,对见证取样试验样品真实性负责,审查检测项目并制作见证记录。

(5)应提供完整且符合要求的监理资料,并出具工程质量评估报告。

(6)负责竣工图的核查工作。

4. 施工单位工程资料管理职责

(1)应负责施工技术资料的主要管理工作。实行技术负责人负责制逐级建立健全施工技术、质量、材料、施工资料、检(试)验等管理岗位责任制。

(2)应负责汇总各分包单位编制的施工技术资料。分包单位应负责其分包范围内施工技术资料的收集和整理,及时移交总包单位,并对施工技术资料的真实性、完整性和有效性负责。

(3)应在工程竣工验收前,将工程的施工技术资料整理、汇总、组卷。按合同约定数量编制成套完整的施工技术资料,移交建设单位,自行保存,至少一套。

(4)负责见证取样的取样、封样、送检工作,并对样品的真实性、完整性负责。

5. 勘察、设计单位工程资料管理职责

(1)应按国家有关法律、法规、合同和规范要求提供勘察、设计文件。

(2)对需勘察、设计单位参加的验收和签认的施工技术资料,应参加验收并签署意见。

(3)应参加图纸会审、设计交底、工程洽商,签字认可并加盖资质印章。

(4)工程竣工验收前,应及时向建设单位出具工程质量检查报告。

(5)协助建设单位对竣工图进行审查。

6. 检测、试验单位工程资料管理职责

(1)建立健全质量保证体系,实行技术负责人制,完善分级管理制度,严格遵守国家有关规定进行工程质量检测(试验)工作。

(2)负责出具真实、完整的检测(试验)报告,并负责保留相关原始记录,建立检(试)验报告存档记录,并由专人负责管理。

(3)参与配合有关部门处理工程质量事故的调查工作。

7. 城建档案馆(室)工程资料管理职责

(1)城建档案馆(室)负责接收和保管应当永久和长期保存的工程档案资料。

(2)城建档案馆(室)应加强对工程资料的立卷、归档工程的监督、检查和指导。

(3)城建档案馆(室)负责在工程竣工验收前对移交的工程档案进行预验收。

(4)城建档案馆(室)负责与移交工程档案单位办理移交手续。

1.1.5 城建档案馆负责接收的城建档案范围

(1)各类城市建设工程档案。

①工业、民用建筑工程档案,包括工矿企业,办公、商业用房,学校、医院、文化体育场所,住宅小区及市区七层以上、其他区域五层以上住宅楼等建筑工程档案;

②市政基础设施工程档案,包括道路、排水、桥涵、隧道、水质净化厂、城市照明、泵站、大型停车场等工程档案;

③公用基础设施工程档案,包括供水、供气、供热、供电、通信、广播电视等工程档案;

④交通基础设施工程档案,包括铁路客运站、铁路运输编组站、铁路货运场站、长途汽车客运站、机场、码头等工程档案;

⑤园林绿化、风景名胜建设工程档案,包括名泉、公园、绿地、苗圃、纪念性建筑、名人故居、名胜古迹、古建筑、有代表性的城市雕塑等档案;

⑥市容环境卫生设施建设工程档案,包括垃圾粪便处理场、大型垃圾转运站、公共厕所等工程档案;

⑦城市防洪、抗震和环境保护、人防工程档案;

⑧建制镇公用设施、公共建筑工程档案;

⑨军事工程档案资料中,除军事禁区和军事管理区外的穿越市区的地下管线走向和有关隐蔽工程的位置图。

(2)城市规划、勘测、城管、公用、建管、园林、环卫等城市建设专业管理部门形成的业务管理和技术档案。

(3)有关城市规划、建设及其管理的方针、政策、法规、计划方面的文件、科学研究成果和城市历史、自然、经济等方面的基础资料。

1.2 建筑工程资料的管理要求、分类与编号原则及资料管理的意义

1.2.1 建筑工程资料的管理要求、分类与编号原则

1. 施工资料管理管理要求

施工资料主要包括施工技术资料和施工质量验收资料两大部分;施工技术资料包括施工管理资料、工程质量控制资料、安全和功能检验资料;施工质量验收资料包括施工过程验收资料和竣工质量验收资料。

(1)施工资料实行报验、报审制度,应设专门部门或专人负责管理。在施工过程中应按先自检、后交接检再验收的程序,加强过程控制。

(2)施工资料应由施工单位项目技术负责人负责管理,由资料管理人员收集、整理,资料管理人员应经专业培训合格后,方可持证上岗。

(3)施工资料的报验、报审及验收、审批均应有时限性要求。工程相关各方责任主体应在合同中约定工程报验、报审的申报时间及审批时间,并约定相应承担的责任。当无约定时,施工技术资料的申报、审批不得影响正常施工。

(4)建筑工程实行总承包的,应在与分包单位签订施工合同的同时,明确分包范围内施工技术资料的移交办法,包括套数、时间、质量要求、验收标准、违约责任等。

(5)每项工程(含分包工程)至少应整理三套施工技术资料,移交建设单位一套,配合建设单位移交城建档案管理机构一套,施工总承包企业自行保存一套。

(6)施工资料应以打印或印刷为主。纸质载体幅面为A4,若手工书写必须用蓝黑或碳素墨水。

(7)工程中出现部分施工资料不全,使工程无法正常验收的,应由具有相应资质的检测机构进行实体检测或抽样试验,以确定工程质量状况,并出具检验报告。

2. 分类与编号

(1)按照《建筑工程施工质量验收统一标准》(GB 50300—2013)和《建设工程文件归档规范》(GB/T 50328—2014)、《建筑工程(建筑与结构工程)施工资料管理规程》(DB37/T 5072—2016)、

《建筑工程(建筑设备、安装与节能工程)施工资料管理规程》(DB37/T 5073—2016)的规定，将单位工程建筑工程施工技术资料的组成区分为建筑结构与装饰装修、建筑设备安装两大类。各类施工技术资料详见附录A。

(2)单位(子单位)工程中的分部(子分部)工程划分按《建筑工程施工质量验收统一标准》(GB 50300—2013)确定。

(3)建筑工程施工技术资料的代号按表1-1确定。

(4)施工技术资料编号原则及填写要求。施工技术资料的编号栏位于各表的右上角；一般情况下，编号由三部分组成，即分部(子分部)工程代号、资料组列顺序号和同类资料顺序号，各部分之间用横线隔开。

鲁JJ　　001—001

①　　②　③

①为分部工程代号，按表1-1选用。

②资料组列顺序号，按附录A查寻。

③同类资料顺序号，相同表格、相同检查项目，按自然形成的先后顺序编号。

表1-1　建筑工程施工技术资料代号表

<table>
<tr><td rowspan="9">建筑结构与装饰装修</td><td>建筑结构工程</td><td>鲁JJ</td></tr>
<tr><td>桩基工程</td><td>鲁ZJ</td></tr>
<tr><td>钢结构工程</td><td>鲁GG</td></tr>
<tr><td>建筑装饰装修工程</td><td>鲁ZX</td></tr>
<tr><td>屋面工程</td><td>鲁WM</td></tr>
<tr><td>幕墙工程</td><td>鲁MQ</td></tr>
<tr><td>屋面工程</td><td>鲁WM</td></tr>
<tr><td>装饰装修工程</td><td>鲁ZX</td></tr>
<tr><td>建筑节能工程</td><td>鲁JN</td></tr>
<tr><td rowspan="6">建筑设备安装工程</td><td>建筑给水排水及供暖工程</td><td>鲁SN</td></tr>
<tr><td>通风与空调工程</td><td>鲁TK</td></tr>
<tr><td>建筑电气工程</td><td>鲁DQ</td></tr>
<tr><td>建筑节能工程</td><td>鲁JN</td></tr>
<tr><td>电梯工程</td><td>鲁DT</td></tr>
<tr><td>智能建筑工程</td><td>鲁ZN</td></tr>
<tr><td colspan="2">单位工程竣工资料</td><td>鲁JG</td></tr>
</table>

(5)同类资料顺序号填写原则。

①施工技术资料专用表格，均随工程施工过程，按时间顺序，用阿拉伯数字从001开始连续标注。

②对同一张表格(如隐蔽验收记录等)涉及多个分部(分项)工程时，应根据各自分部(分项)工程的不同，依各个检查项目分别自001开始连续标注(依时间顺序)。

③无示范表格或由外界各方提供的施工技术资料和文件，应在资料的右上角注明编号或顺序号。

④同一批物资用在两个以上分部、子分部工程中时，其资料编号中的分部、子分部工程代号按主要使用部位的分部、子分部工程代号填写。

⑤类别及属性相同的施工资料，数量较多时宜建立资料管理目录。

1.2.2 建筑工程资料管理的意义

在建筑工程中,建筑工程资料是记录建筑工程施工活动全过程的一项重要内容,它是城建档案的重要组成部分。住房和城乡建设部与各省市建设部门对工程资料管理工作都非常重视,多次强调要做好工程资料工作,并明确指出:任何一项工程如果工程资料不符合标准规定,则判定该项工程不合格,对工程质量具有否决权。随着建筑业的迅速发展,建筑市场的不断规范,注重工程建设的管理尤为重要。随着社会的发展,国家对基础设施的投入大大加强,对建筑工程的质量、进度等各方面的要求更加严格,也更加规范。由于工程项目一般都具有隐蔽性的,所以对于工程质量的检查以及规范,就要通过资料来体现,一个工程项目资料的完整与质量的好坏,将直接影响到整个工程项目,所以,工程资料的管理是一个非常重要的组成环节。

(1)按照规范的要求积累而成的完整、真实、具体的工程技术资料,是工程竣工验收交付的必备条件。搜集和整理好建筑工程资料是建筑施工中的一项重要工作,是工程质量管理的组成部分。每个建筑工程竣工验收前必须具备两个条件:一是建筑物体达到验收条件;二是施工过程中质量技术管理资料达到验收条件,两者缺一不可。

(2)工程技术资料为工程的检查、维护、管理、使用、改造、扩建提供可靠的原始依据。一个建筑物竣工后是看得见、摸得着的有形物体,验收时只能在外观上加以评价,但内在的施工质量及质量管理实施情况,只能通过验收整个施工过程的有关质量技术资料,看其是否清楚齐全,是否符合有关规范、规程的要求来检验。

(3)对于一份排列有序、内容齐全、清楚明了的单位工程施工质量技术资料,必须在施工中根据工程实际,按照有关规范、规程去检测、评定,做到实际质量等级与资料内所记载的质量数据相符,这是施工质量真实反映。任何一个工程质量技术资料不符合有关标准的规定,对该工程质量具有否决权。所以,做好施工质量技术资料管理工作非常重要。建筑资料管理工作直接反映了一个建筑施工企业的管理水平。

(4)为建设管理者决策提供准确、直接的工程信息;为明确建设工程质量责任提供真实、有效的法律凭证;通过资料或数据的统计、计算、分析等,及时发现、解决并处理问题。

(5)对于优良工程的评定,更有赖于技术资料的完整无缺。

(6)做好建设工程文件和档案资料管理工作也是项目管理的重要内容。

(7)建设工程文件和档案资料是建设单位对建设工程管理的依据。

1.3 资料员的岗位要求与工作职责

负责工程项目的资料档案管理、计划、统计管理及内业管理工作。

1. 负责工程项目资料、图纸等档案的收集、管理

(1)负责工程项目所有图纸的接收、清点、登记、发放、归档、管理工作:在收到工程图纸并进行登记以后,按规定向有关单位和人员签发,由收件方签字确认。负责收存全部工程项目图纸,且每一项目应收存不少于两套正式图纸,其中至少一套图纸有设计单位图纸专用章。竣工图采用散装方式折叠,按资料目录的顺序,对建筑平面图、立面图、剖面图、建筑详图、结构施工图等建筑工程图纸进行分类管理。

(2)收集整理施工过程中所有技术变更、洽商记录、会议纪要等资料并归档:负责对每日收到的管理文件、技术文件进行分类、登录、归档。负责项目文件资料的登记、受控、分办、催办、签收、用印、传递、立卷、归档和销毁等工作。负责做好各类资料积累、整理、处理、保管和归档立卷等工作，注意保密的原则。来往文件资料收发应及时登记台账，视文件资料的内容和性质准确及时递交项目经理批阅，并及时送有关部门办理。确保设计变更、洽商的完整性，要求各方严格执行接收手续，所接收到的设计变更、洽商，须经各方签字确认，并加盖公章。设计变更(包括图纸会审纪要)原件存档。所收存的技术资料须为原件，无法取得原件的，详细背书，并加盖公章。做好信息收集、汇编工作，确保管理目标的全面实现。

2. 参加分部分项工程的验收工作

(1)负责备案资料的填写、会签、整理、报送、归档：负责工程备案管理，实现对竣工验收相关指标(包括质量资料审查记录、单位工程综合验收记录)作备案处理。对桩基工程、基础工程、主体工程、结构工程备案资料核查。严格遵守资料整编要求，符合分类方案、编码规则，资料份数应满足资料存档的需要。

(2)监督检查施工单位施工资料的编制、管理，做到完整、及时，与工程进度同步：对施工单位形成的管理资料、技术资料、物资资料及验收资料，按施工顺序进行全程督查，保证施工资料的真实性、完整性和有效性。

(3)按时向集团档案室移交：在工程竣工后，负责将文件资料、工程资料立卷移交公司。文件材料移交与归档时，应有"归档文件材料交接表"，交接双方必须根据移交目录清点核对，履行签字手续。移交目录一式两份，双方各持一份。

(4)负责向市城建档案馆的档案移交工作：提请城建档案馆对列入城建档案馆接收范围的工程档案进行预验收，取得《建设工程竣工档案预验收意见》，在竣工验收后将工程档案移交城建档案馆。

(5)指导工程技术人员对施工技术资料(包括设备进场开箱资料)的保管：指导工程技术人员对施工组织设计及施工方案、技术交底记录、图纸会审记录、设计变更通知单、工程洽商记录等技术资料分类保管交资料室。指导工程技术人员对工作活动中形成的，经过办理完毕的，具有保存价值的文件材料；一项基建工程进行鉴定验收时归档的科技文件材料；已竣工验收的工程项目的工程资料分级保管交资料室。

3. 负责计划、统计的管理工作

(1)负责对施工部位、产值完成情况的汇总、申报，按月编制施工统计报表：在平时统计资料的基础上，编制整个项目当月进度统计报表和其他信息统计资料。编报的统计报表要按现场实际完成情况严格审查核对，不得多报、早报、重报、漏报。

(2)负责与项目有关的各类合同的档案管理：负责对签订完成的合同进行收编归档，并开列编制目录。做好借阅登记，不得擅自抽取、复制、涂改，不得遗失，不得在案卷上随意划线、抽拆。

(3)负责向销售策划提供工程主要形象进度信息：向各专业工程师了解工程进度，随时关注工程进展情况，为销售策划提供确实、可靠的工程信息。

4. 负责工程项目的内业管理工作

(1)协助项目经理做好对外协调、接待工作：协助项目经理对内协调公司、部门间的工作，对外协调施工单位间的工作。做好与有关部门及外来人员的联络接待工作，树立良好的企业形象。

(2)负责工程项目的内业管理工作：汇总各种内业资料，及时准确消料，登记台账，报表按要求上报。通过实时跟踪、反馈监督、信息查询、经验积累等多种方式，保证汇总的内业资料反映施工过程中的各种状态和责任，能够真实地再现施工时的情况，从而找到施工过程中的问题所在。对产生的资料进行及时的收集和整理，确保工程项目的顺利进行。有效地利用内业资料记录、参考、积累，为企业发挥它们的潜在作用。

(3)负责工程项目的后勤保障工作：负责做好文件收发、归档工作。负责部门成员考勤管理和日常行政管理等经费报销工作。负责对竣工工程档案整理、归档、保管，便于有关部门查阅调用。负责公司文字及有关表格等打印。保管工程印章，对工程盖章登记，并留存备案。做好职工食堂每天生活安排和职工生活用品购置、发放、保管工作。负责完成领导交代的其他设备、用品采购、发放、保管工作。

另外，资料员还要完成工程部经理交办的其他任务。

1.4　各岗位资料管理工作职责和专业技能要求

《建筑与市政工程施工现场专业人员职业标准》(JGJ/T 250—2011)指出，建筑与市政工程施工现场专业人员应包括施工员、质量员、安全员、标准员、材料员、机械员、劳务员、资料员。其中，施工员、质量员可分为土建施工、装饰装修、设备安装和市政工程四个子专业。

1.4.1　施工员

1. 施工员对施工信息资料管理的工作职责

(1)负责编写施工日志、施工记录等相关施工资料；

(2)负责汇总、整理和移交施工资料。

2. 施工员在施工信息资料管理方面应具备的专业技能

(1)能够记录施工情况，编制相关工程技术资料；

(2)能够利用专业软件对工程信息资料进行处理。

1.4.2　质量员

1. 质量员对质量资料管理的工作职责

(1)负责质量检查的记录、编制质量资料；

(2)负责汇总、整理、移交质量资料。

2. 质量员在质量资料管理方面应具备的专业技能

能够编制、收集、整理质量资料。

1.4.3　安全员

1. 安全员对安全资料管理的工作职责

(1)负责安全生产的记录、安全资料的编制；

(2)负责汇总、整理和移交安全资料。

2. 安全员在安全资料管理方面应具备的专业技能

能够编制、收集、整理安全资料。

1.4.4 标准员

1. 标准员对标准信息管理的工作职责
负责工程建设标准实施的信息管理。
2. 标准员在标准信息管理方面应具备的专业技能
能够使用工程建设标准实施信息系统。

1.4.5 材料员

1. 材料员对材料资料管理的工作职责
(1) 负责材料、设备资料的编制；
(2) 负责汇总、整理和移交材料和设备资料。
2. 材料员在材料资料管理方面应具备的专业技能
能够编制、收集、整理施工材料、设备资料。

1.4.6 机械员

1. 机械员对机械资料管理的工作职责
(1) 负责编制施工机械设备安全、技术管理资料；
(2) 负责汇总、整理和移交机械设备资料。
2. 机械员在机械资料管理方面应具备的专业技能
能够编制、收集、整理机械设备资料。

1.4.7 劳务员

1. 劳务员对劳务资料管理的工作职责
(1) 负责编制劳务队伍和劳务人员管理资料；
(2) 负责汇总、整理和移交劳务管理资料。
2. 劳务员在劳务资料管理方面应具备的专业技能
能够编制、收集、整理劳务管理资料。

1.4.8 资料员

1. 资料员对资料信息系统管理的工作职责
(1) 参与建立施工资料管理系统；
(2) 负责施工资料管理系统的运用、服务和管理。
2. 资料员在资料信息系统管理方面应具备的专业技能
(1) 能够参与建立施工资料计算机辅助管理平台；
(2) 能够应用专业软件进行施工资料的处理。

项目小结

通过本项目的学习，应能够理解建筑工程资料管理的基本概念；能够了解建筑工程资料的管理要求、分类与编号原则及资料管理的意义；能够明确建筑工程施工各岗位施工信息资料管理的工作职责和专业技能的要求。

思考与练习

一、填空题

1. 建设工程资料是工程建设从项目的提出、筹备、_____、_____、_____到竣工投产等过程中形成的文件材料、_____、_____、计算材料、声像材料等各种形式的信息总和。
2. 竣工图是工程竣工验收后，真实反映建设工程项目_____的图纸。
3. 检验批是按_____的生产条件或按规定的方式汇总起来供抽样检验用的，由_____样本组成的检验体。
4. 交接检验是由施工的_____与_____经双方检查并对可否继续施工做出确认的活动。
5. 抽样检验即按照规定的抽样方案，_____地从进场的材料、构配件、设备或建筑工程检验项目中，按检验批抽取_____的样本所进行的检验。

二、多选题

1. 建筑工程资料可分为（　　）几类。
   A. 工程准备阶段文件
   B. 施工资料
   C. 监理资料
   D. 竣工图
   E. 工程竣工文件
2. 观感质量即通过观察和必要的测试所反映的工程（　　）。
   A. 表面质量　　B. 外在质量　　C. 施工质量　　D. 功能状态
3. 返工即对施工质量不符合标准规定的部位采取的（　　）等措施。
   A. 更换　　B. 维修　　C. 重新制作　　D. 重新施工
4. 施工技术资料的形成应符合国家相关的法律、法规、（　　）等规定。
   A. 条例　　　　　　　　　　　　B. 施工质量验收标准和规范
   C. 制度　　　　　　　　　　　　D. 工程合同与设计文件
5. 施工资料主要包括（　　）两大部分。
   A. 施工技术资料　　B. 施工准备资料　　C. 质量验收资料　　D. 施工管理资料

三、简答题

1. 施工单位工程资料管理职责是什么？
2. 建筑工程资料的编号原则是什么？
3. 建筑工程资料管理有什么意义？
4. 《建筑与市政工程施工现场专业人员职业标准》(JTG/T 250—2011)对施工员施工信息资料管理的工作职责和专业技能的要求是什么？

项目 2　施工技术资料编制

> **学习目标**
>
> 掌握施工管理资料、工程质量控制资料、安全和功能检验资料、施工安全管理资料相关表格的编制方法，了解相关编制要求；掌握建筑施工安全管理检查的评分办法和等级评定。

2.1　施工管理资料

施工管理资料是施工阶段各方责任主体对施工过程采取组织、技术、质量措施进行管理，实施过程控制，记录施工过程中组织、管理、监督实体形成情况资料文件的统称，反映了施工组织及监理审批等情况。

施工管理资料主要包括工程质量管理资料和施工技术管理资料。工程质量管理资料的主要内容有工程概况表、施工现场质量管理检查记录、施工过程中报监理审批的各种报验报审表、施工试验计划及施工日志等；施工技术管理资料是在施工过程中形成的，用以指导正确、规范、科学施工的技术文件及反映工程变更情况的各种资料的总称。其主要内容有施工组织设计及施工方案、技术交底记录、图纸会审记录、设计变更通知单、工程变更洽商记录等。

2.1.1　工程概况表

工程概况表是对工程基本情况的简要描述，应包括单位(子单位)工程的一般情况、建筑结构形式、安装设施设备等(表 2-1)。其主要包括：工程名称、建设地点、各方责任主体及负责人、建筑面积、主要结构类型、建筑层数、主要装饰情况、主要设备、设施情况等。

填表说明如下：

(1)一般情况：工程名称、建筑用途、建筑地点、建设单位、监理单位、施工单位、建筑面积、结构类型和建筑层数等。

①工程名称栏应填写工程名称的全称，与合同或招标投标文件中的工程名称一致。

②建设单位栏填写合同文件中的甲方，单位名称也应写全称，要与合同签章上的单位名称相同。

③设计单位栏填写设计合同中的签章单位的名称，其全称应与印章上的名称一致。

④监理单位栏填写单位全称，应与合同或协议书中的名称一致。

(2)结构特征：地基与基础、柱、内外墙、梁、板、楼盖、内外墙装饰、楼地面装饰、屋面防水、防火设备等。

(3)机电系统名称：工程所含的机电各系统名称。

(4)其他：指需要特殊说明的内容。

2.1.2 施工现场质量管理检查记录

本记录表开工时由施工单位如实填写，将有关文件原件附后报项目总监理工程师(或建设单位项目负责人)检查，并做出检查结论。主要检查建立健全质量保证体系和质量责任制度情况；核查施工技术标准、标准计量准备工作；审查资质证书，完善总分包合同管理；对施工图、地质勘察资料和施工技术文件的有效性进行审查等工作。施工现场质量管理检查记录见表2-2。

填表说明如下。

1. 表头部分

(1)工程名称栏应填写工程名称的全称，与合同或招标投标文件中的工程名称一致。

(2)施工许可证号(开工证)栏填写当地住房城乡建设主管部门批准发给的施工许可证(开工证)的编号。

(3)建设单位栏填写合同文件中的甲方，单位名称应填写全称，要与合同签章上的单位名称相同。

(4)建设单位的项目负责人栏，应填写合同书上签字人或签字人以文字形式委托的代表——工程项目负责人，工程完工后竣工验收备案表中的单位项目负责人应与此一致。

(5)设计单位栏填写设计合同中的签章单位的名称，其全称应与印章上的名称一致。

(6)设计单位的项目负责人栏，应填写设计合同书签字人或签字人以文字形式委托的该项目负责人，工程完工后的竣工验收备案表中的单位项目负责人也应与此一致。

(7)监理单位栏填写单位全称，应与合同或协议书中的名称一致。

(8)总监理工程师栏应填写合同或协议书中明确的项目监理负责人，也可以填写监理单位以文件形式明确的该项目监理负责人，该负责人必须有监理工程师任职资格证书，专业要对口。

(9)施工单位栏填写施工合同中的签章单位的全称，与签章上的名称一致。

(10)项目负责人、项目技术负责人栏与合同中明确的项目负责人、项目技术负责人一致。

2. 检查项目部分

(1)项目部质量管理体系栏：主要是图纸会审、设计交底、技术交底、施工组织设计编制审批程序、工序交接、质量检查评定制度，质量好的奖励与达不到质量要求的处罚办法，以及质量例会制度及质量问题处理制度等。

(2)现场质量责任制栏。

(3)主要专业工种操作岗位证书栏。

(4)分包单位管理制度栏。

(5)图纸会审记录栏。

(6)地质勘察资料栏。

(7)施工技术标准栏。

(8)施工组织设计(施工方案)编制及审批栏。

(9)物资采购管理制度栏。

(10)施工设施和机械设备管理制度栏。

(11)计量设备配备栏。

(12)检测试验管理制度栏。

(13)工程质量检查验收制度栏。

2.1.3 施工组织设计(施工方案)审批表

(1)施工组织设计应在正式施工前编制完成,应由施工单位项目负责人组织编制,由施工单位技术负责人或技术负责人授权的技术人员报监理单位批准实施。

(2)主要分部(分项)工程、工程重点部位、技术复杂或采用新技术的关键工序应编制专项施工方案,也可分阶段编制施工方案。冬、雨期施工应编制季节性施工方案。施工方案应由企业项目技术负责人审批。

(3)重点、难点、分部(分项)工程或专项工程的施工方案,应由施工单位技术部门组织相关专家评审,并报施工单位技术负责人审批。

(4)施工组织设计及施工方案编制内容应齐全,施工单位应首先进行内部审核,报监理(建设)单位批复后实施。发生较大的施工措施变化和工艺变更时,应有变更审批手续,并进行技术交底。

施工组织设计(施工方案)审批表,见表2-3。

2.1.4 开工报告

(1)采用预拌混凝土的,在混凝土出厂前,由混凝土供应单位自行组织相关人员对首次使用的混凝土配合比进行开盘鉴定。

(2)采用现场搅拌混凝土的,应由施工单位组织监理单位、搅拌机组、混凝土试配单位进行开盘鉴定,共同认定现场施工所用材料是否与试验室签发的混凝土组成材料相符,以及混凝土拌合物性能是否满足设计要求和施工需要。

承包单位在建设项目各种文件资料已齐备及各种手续已完善后提出此报告。相关文件资料均应有原件,以备检查。开工报告见表2-4。

2.1.5 工程施工日志

施工日志是在建筑工程整个施工阶段的施工组织管理、施工技术等有关施工活动和现场情况变化的真实的综合性记录,也是处理施工问题的备忘录和总结施工管理经验的基本素材,还是工程提交竣工验收资料的重要组成部分。

施工日志可分为建筑与结构(含装饰装修)、建筑设备安装工程两种。应以单位工程为记载对象,从工程开工起至工程竣工,按专业由专业人员负责逐日记载,并保证内容真实、完整,文字简练,时间连续。施工日志由施工单位填写并保存。

工程施工日志主要记录以下内容:

(1)原材料进场验收及检验情况。水泥、钢材、预拌混凝土、砂石、外加剂、砖、砌块等进场数量、使用部位、型号、规格、强度等级及生产厂家,进场验收情况,抽样检验数量及试验单位、试验结果。

(2)砂、石、水泥、外加剂、水等计量情况。

(3)施工试验情况。砂浆、混凝土、试件、留置数量、代表方量、部位、试验结果、焊缝等检测情况。

(4)工程质量检查情况记录。

①实体质量是指过程质量检查情况及隐蔽验收检查情况,应注明部位、数量、项目内容、

限期整改情况，包括参加单位、人员的情况；

②原材料、施工试验不合格的处理；

③土方回填质量；

④地基处理质量。

(5)基础、楼层放线抄测记录。

(6)技术交底情况。

(7)混凝土结构、水泥地面养护情况。

(8)设计变更情况。

(9)现场安全检查情况。安全网、安全带、安全帽、吊车、施工电梯、卷扬机、井架、电闸、水门等检查情况。

(10)工程事故的调查与处理。

(11)其他分部分项工程施工及质量验收情况。

(12)现场施工设备进场、出场情况及设备运行、维护、维修情况。

(13)会议记录。

(14)其他。

工程施工日志见表2-5。

2.1.6　工程质量事故处理记录

凡工程发生重大质量事故，应填写工程质量事故调(勘)查记录(表2-6)和建设工程质量事故报告(表2-7)。其中事故发生时间应记载年、月、日、时、分。

经济损失是指因质量事故导致的返工、加固等费用，包括人工费、材料费和管理费。

事故情况包括倒塌情况(整体倒塌或局部倒塌的部位)、损失情况(伤亡人数、损失程度、倒塌面积等)。

主要原因包括设计原因(计算错误、构造不合理等)、施工原因(施工粗制滥造，材料、构配件或设备质量低劣等)、设计与施工的共同问题、不可抗力等。

2.1.7　设计变更文件

1. 图纸会审记录

(1)监理、施工单位应将各自提出的图纸问题及意见，按专业整理、汇总后报建设单位，由建设单位提交设计单位做交底准备。

(2)图纸会审应由建设单位组织，设计、监理和施工单位技术负责人及有关人员参加。设计单位对各专业问题进行交底，施工单位负责将设计交底内容按专业汇总、整理，形成图纸会审记录，有关各方签字确认。

(3)图纸会审记录应由建设、设计、监理和施工单位的项目相关负责人签认，形成正式图纸会审记录。不得擅自在会审记录上涂改或变更其内容。

图纸会审记录见表2-8。

2. 设计变更通知单

(1)工程设计变更经任意一方提出，必须经设计单位确认，建设单位同意后发出。任何单位未经设计变更，不得更改设计文件。

(2)设计单位应及时下达设计变更通知单，内容应详实、明确，必要时应附图，并逐条注明应修改图纸的图号。设计变更通知单应由设计专业负责人以及建设(监理)和施工单位的相关负责人签认。

(3)不同工程使用同一变更,必须注明工程名称编号及复印件或抄件加盖公章,并由各方技术负责人签字。

(4)分包工程的设计变更应通过总包单位办理。

设计变更通知单见表2-9。

3. 工程洽商记录

工程洽商记录可以由任意一方提出,须经设计单位确认,建设单位同意后发出。工程洽商记录见表2-10。

工程洽商记录应分专业办理,内容详实,必要时应附图,并逐条注明应修改图纸的图号。工程洽商记录应由设计专业负责人以及建设、监理和施工单位的相关负责人签认。

设计单位如委托有关单位办理签认,应办理委托手续。

4. 图纸会审、设计变更、洽商记录汇总表

图纸会审、设计变更、洽商记录汇总表,见表2-11。

2.1.8 技术交底记录

1. 施工技术交底的概念

施工技术交底是施工技术管理过程中一项极其重要的工作程序,也是施工方案的延续和完善,还是工程质量预控的最后一道关口。其目的是使参与建筑工程施工的技术人员与工人明确所承担工程任务及作业项目的特点、设计意图、技术要求、施工工艺、材料要求、质量标准、成品保护、安全措施及注意的事项。施工技术交底可作为工程事故责任界定的依据。

2. 施工技术交底的分类

施工技术交底记录应包括施工组织设计交底、专项施工方案技术交底、分项工程施工技术交底、"四新"(新材料、新产品、新技术、新工艺)技术交底、设计变更技术交底、测量工程专项交底和安全技术交底。主要内容应具体,达到施工规范、规程、质量标准的要求及措施。各项交底应有文字记录,必要时附图,交底双方签认应齐全。

(1)施工组织设计交底。

①重点和大型工程施工组织设计交底应由施工单位的技术负责人把主要设计要求、施工措施以及重要事项对项目主要管理人员进行交底。其他工程施工组织设计交底由项目技术负责人进行交底。

②专项施工方案技术交底应由项目技术负责人组织交底,根据专项施工方案对专业工长进行交底。

(2)分项工程施工技术交底。分项工程施工方案应由专业工长对专业施工班组(或专业分包)进行交底。"四新"(新技术、新工艺、新材料、新设备)技术交底由项目技术负责人组织有关专业人员向专业工长进行交底。

(3)设计变更技术交底。设计变更技术交底应由项目技术部门根据变更要求,并结合具体施工步骤、措施及注意事项等对专业工长进行交底。

(4)测量工程专项交底测量工程专项交底由工程技术人员对测量人员进行交底。

(5)安全技术交底。负责项目管理的技术人员应当对有关安全施工的技术要求向施工作业班组、作业人员进行交底。

3. 施工技术交底的分级实施

技术交底可分为三级交底：一级交底为公司总工对项目技术负责人技术交底；二级交底为项目技术负责人对项目部管理人员技术交底；三级交底为施工员对班组技术交底。技术交底必须在项目开工前、施工图纸会审之后进行。

施工管理资料
表格填写示例

技术交底记录，见表 2-12。

表 2-1 工程概况表

一般情况	工程名称		建设单位	
	建设用途		设计单位	
	建设地点		监理单位	
	总建筑面积		施工单位	
	开工日期		竣工日期	
	结构类型		基础类型	
	层　数		建筑檐高	
	地上面积		地下室面积	
	人防等级		抗震等级	
结构特征	地基与基础			
	柱、内外墙梁板			
	梁、板、楼盖			
	外墙装饰			
	楼地面装饰			
	屋面防水			
	内墙装饰			
	防火设备			
	机电系统名称			
其　他				

附：建筑总平面图、建筑立面图、建筑剖面图。
本表由施工单位填写。

表 2-2 施工现场质量管理检查记录

工程名称			施工许可证号	
建设单位			项目负责人	
设计单位			项目负责人	
监理单位			总监理工程师	
施工单位		项目负责人	项目技术负责人	

序号	项目	内容
1	项目部质量管理体系	
2	现场质量责任制	
3	主要专业工种操作岗位证书	
4	分包单位管理制度	
5	图纸会审记录	
6	地质勘察资料	
7	施工技术标准	
8	施工组织设计、施工方案编制及审批	
9	物资采购管理制度	
10	施工设施和机械设备管理制度	
11	计量设备配备	
12	检测试验管理制度	
13	工程质量检查验收制度	
14		

自检结果：

检查结论：

施工单位项目负责人：

总监理工程师：
（建设单位项目负责人）

年 月 日

年 月 日

表 2-3　施工组织设计(施工方案)审批表

工程名称			日 期		年 月 日
现报上下表中的技术管理文件，请予以审核。					
类　别	编制人	审核人	册　数		页　数
施工组织设计					
施工方案					

申报简述：

申报部门(分包单位或项目部)　　　　　　　　　　　　　　申报人：

总承包单位审核意见：

□有　　□无　　附页

总承包单位名称：　　　　　　　　　　审核人：　　审核日期：　年　月　日

监理单位(建设单位)审批意见：

审批结论：　　□同意　　□修改后报　　□重新编制

审批部门(单位)：　　　　　　　　　　审批人：　　审核日期：　年　月　日

注：附施工组织设计、施工方案。

表 2-4 开工报告

建设单位：

工程名称				工程地点			
施工单位				监理单位			
建筑面积	m²	结构层数		中标价格	万元	承包方式	
定额工期	天	计划开工日期	年 月 日	计划竣工日期	年 月 日	合同编号	

说明	施工准备已完成情况： 1. 施工图设计会审、交底； 2. 施工组织设计审批； 3. 施工管理人员配置到位； 4. 工程材料进场，满足施工进度需要； 5. 施工机械和周转材料进场，满足工程进度需要； 6. 文明施工基本就绪。

上述准备工作已就绪，定于___年___月___日正式开工，希望监理（建设）单位于___年___月___日前进行审核，特此报告。

施工单位：
项目负责人：

（公章）
年 月 日

（盖注册建造师执业印章）

审核意见：

总监理工程师：
（建设单位项目负责人）

（公章）
年 月 日

表 2-5 工程施工日志

年 月 日 星期			天气 气温 ℃ 风力 级 风向	
当日工程施工部位		当日工程施工内容	当日工程形象进度	

施工情况记录（部位项目、机械作业、班组工作、施工存在问题等）：

技术质量安全工作记录（技术质量安全活动、技术质量安全问题、检查评定验收等）：

今日材料、构配件进场、检（试）验情况记录

工程负责人		记录人	

表 2-6　工程质量事故调(勘)查记录

工程名称				日期		年　月　日
调(勘)查时间		年　月　日　时至　时				
调(勘)查地点						
参加人员	单位		姓名		职务	电话
被调查人员						
陪同调(勘)查人员						
调(勘)查笔录						
现场证物照片				□有　□无　共　张　共　页		
事故证据资料				□有　□无　共　张　共　页		
被调查人签字			调(勘)查人			

表 2-7 建设工程质量事故报告

工程名称		监督注册编号	
建设单位		施工单位	
设计单位		建筑面积/结构类型	
工程地址		事故类型	
事故发生时间及部位			
经济损失		死亡人数	
事故情况及主要原因			
采取的措施及事故控制情况			
备注			
施工企业(项目)负责人(盖注册建造执业印章)： 报告人： 报告日期： 年 月 日			

注：按照国家住房城乡建设主管部门规定上报，各保存一份。

表 2-8　图纸会审记录

工程名称					
专业名称			会审日期		年　月　日
序号	图号	会审记录			
		问题		答复意见	

建设单位(公章)	监理单位(公章)	设计单位(公章)	施工单位(公章)
项目负责人：	总监理工程师：(签章)	项目负责人：(签章)	项目负责人：(签章)
项目专业负责人：	专业监理工程师：	项目专业负责人：	项目专业技术负责人：

表 2-9　设计变更通知单

工程名称			专业名称		
设计单位名称			日　期		年　月　日
序号	图号	变更内容			

建设单位(公章) 项目负责人： 项目专业负责人：	监理单位(公章) 总监理工程师：(签章) 专业监理工程师：	设计单位(公章) 项目负责人：(签章) 项目专业负责人：	施工单位(公章) 项目负责人：(签章) 项目专业技术负责人：

表 2-10 工程洽商记录

工程名称			专业名称	
提出单位名称			日期	年　月　日
内容摘要				
序号	图号	洽商内容		

建设单位（公章）	监理单位（公章）	设计单位（公章）	施工单位（公章）
项目负责人：	总监理工程师：（签章）	项目负责人：（签章）	项目负责人：（签章）
项目专业负责人：	专业监理工程师：	项目专业负责人：	项目专业技术负责人：

表 2-11　图纸会审、设计变更、洽商记录汇总表

工程名称			日期	
序号	内　容		会审、变更、洽商日期	备注
01				
02				
03				
04				
05				

注：图纸会审、设计变更、洽商记录附后。

项目（专业）技术负责人：

表 2-12 技术(安全)交底记录

工程名称		施工单位	
分项工程名称		交底日期	年　月　日

交底内容：

项目专业技术负责人：	交底人：	接收人：

2.2 工程质量控制资料

工程质量控制资料包括施工测量、施工物资和施工记录资料。

2.2.1 施工测量资料

施工测量记录是在施工过程中形成的,确保建筑工程定位尺寸、标高、垂直度、位置和沉降量等满足设计要求和规范规定的资料统称。其主要内容有:工程定位测量记录、基槽平面标高测量记录、楼层平面放线及标高抄测记录、建筑物垂直度及标高测量记录、变形观测记录等。

1. 工程定位测量记录

(1)施工单位应依据由建设单位提供的由相应测绘资质等级部门出具的测绘成果、单位工程楼座桩及场地控制网(或建筑物控制网),测定建筑物平面位置、主控轴线及建筑物±0.000标高的绝对高程,填写工程定位测量记录报监理单位审核。

(2)工程定位测量完成后,应由建设单位报请规划部门验线。

工程定位测量记录,见表2-13。

施工测量资料
表格填写示例

表2-13 工程定位测量记录

工程名称			委托单位		
图纸编号			施测日期		年 月 日
平面坐标依据			复测日期		年 月 日
高程依据			使用仪器		
允许误差			仪器校验日期		年 月 日
定位抄测示意图:					
复测结果:					
签字栏	监理(建设单位)	施工(测量)单位		测量人员岗位证书号	
		专业技术负责人	测量负责人	复测人	施测人

2. 基槽验线记录

施工单位应根据主控轴线和基底平面图,检验建筑物基底外轮廓线、集水坑、电梯井坑、垫层标高(高程)、基槽断面尺寸和坡度线等,填写《基槽验线记录》报监理单位审核。基槽验线记录,见表 2-14。

表 2-14 基槽验线记录

工程名称			日期	
验线部位			验线内容	
验线依据及内容:				
基槽平面、剖面简图:				
检查意见:				
签字栏	监理(建设)单位	施工单位		
		专业技术负责人	专业质量检查员	施测人

3. 楼层平面放线记录

楼层平面放线内容包括轴线竖向投测控制线、各层墙柱轴线、墙柱边线、门窗洞口位置线等，施工单位应在完成楼层平面放线后，填写《楼层平面放线记录》，报监理单位审核。楼层平面放线记录，见表2-15。

表 2-15 楼层平面放线记录

工程名称		日期	年 月 日
放线部位		放线内容	

放线依据及内容：

放线简图(可附图)：

检查意见：

签字栏	监理（建设）单位	施工单位		
		项目(专业)技术负责人	专业质量检查员	施测人

4. 楼层标高抄测记录

施工单位应在本层结构实体完成后抄测本楼层+0.500 m(或+1.000 m)标高线,填写楼层标高抄测记录,见表2-16。

表2-16 楼层标高抄测记录

工程名称			日期	年 月 日	
抄测部位			抄测内容		
抄测依据及内容:					
抄测说明:					
检查意见:					
签字栏	监理(建设)单位	施工单位			
		项目(专业)技术负责人	专业质量检查员		施测人

5. 楼层垂直度、标高抄测记录

楼层全高、标高抄测内容包括楼层+0.5 m(或+1.0 m)水平控制线、皮数杆等，楼层全高、垂直度抄测内容包括本楼层和累计高度的垂直度测量。施工单位应在结构工程完成后和工程竣工时，对建筑物外轮廓垂直度和全高进行实测，填写建筑物外轮廓垂直度、标高测量记录(表2-17、表2-18)，报监理单位审核。超过允许偏差且影响结构性能的部位，应由设计单位提出处理意见，由施工单位进行处理。

6. 沉降观测记录

沉降观测记录是为了保证建(构)筑物的质量满足设计对建筑使用年限的要求而对该建筑物进行的沉降观测的记录资料。

下列建筑在施工和使用期间应进行变形测量：地基基础设计等级为甲级的建筑；复合地基或软弱地基上的设计等级为乙级的建筑；加层、扩建建筑；受邻近深基坑开挖施工影响或受场地地下水等环境因素变化影响的建筑；需要积累经验或进行设计反分析的建筑。

(1)荷载变化期间的沉降观测周期。

①高层施工时每增加1～2层、高耸建筑每增高10～15 m应测一次；工业建筑每个荷载阶段都应测一次，整个施工期间的观测不应少于4次；

②发生较大荷载前后应进行观测；

③基础周围大量积水、挖方、降水和暴雨后应进行观测；

④出现不均匀沉降时，根据情况应增加观测次数；

⑤停工超过三个月时，在停工时和复工前进行观测。

(2)结构封顶到工程竣工期间的沉降观测周期要求。

①连续三个月沉降均匀且平均沉降不超过1 mm时，每三个月观测一次；

②连续两次三个月内平均沉降不超过2 mm时，每六个月观测一次；

③外界发生剧烈变化时应及时观测；

④交工前观测一次；

⑤交工后建设单位应每六个月观测一次，直至基本稳定。

(3)建筑物和构筑物全部竣工后的观测次数。第一年4次；第二年2次；第三年后为1次。

根据设计要求和规范规定，凡需进行沉降观测的工程，应由建设单位委托有资质的测量单位进行施工过程中及竣工后的沉降观测工作。

测量单位应按设计要求或规范规定，编制观测方案，配合施工单位设置沉降观测点，绘制沉降观测点布置图，定期进行沉降观测记录，并应附沉降观测点的沉降量与时间、荷载关系曲线图和沉降观测技术报告。

建筑物沉降观测记录，见表2-19。

表 2-17 建筑物垂直度、标高测量记录(一)

工程名称													
工程形象进度				观测日期			年 月 日						
序号	项 目			允许偏差/mm	测量记录								
1	砌体结构	楼面标高		±15									
		垂直度	全高 ≤10 m	10									
			全高 >10 m	20									
2	混凝土结构	标高	层高	±10									
			全高	±30									
		垂直度	层高 ≤5 m	8									
			层高 >5 m	10									
			全高(H)	$H/1000$ 且≤30									
3	钢结构	单层钢结构	钢层(托)架、桁架、梁及受压杆件垂直度	$h/250$，且不应大于 15.0									
			整体垂直度	$h/1000$，且不应大于 25.0									
		多层及高层钢结构	单节柱的垂直度	$h/1000$，且不应大于 10.0									
			整体垂直度	($h/1000+10.0$)，且不应大于 50.0									
			全高(H)	用相对标高控制安装 $±\Sigma(\Delta n+\Delta z+\Delta w)$ 用设计标高控制安装 $H/1000$，且不应大于 30.0 $-H/1000$，且不应小于 -30.0									

观测说明(附观测示意图):

施工单位检查评定结果	项目技术负责人：	年 月 日
监理(建设)单位验收结论	监理工程师(建设单位项目技术负责人)：	年 月 日

注：1. 本表适用主体结构施工完,对其全高及垂直度的测量记录。

2. Δn 为每节柱子长度的制造允许偏差；Δz 为每节柱子长度受荷载后的压缩值；Δw 为每节柱子接头焊缝的收缩值。

表 2-18　建筑物垂直度、标高测量记录(二)

工程名称					
工程形象进度			测量日期		年　月　日

垂直度测量(全高)		层高测量		全高测量	
测量部位	实测偏差/mm	测量部位	实测偏差/mm	测量部位	实测偏差值/mm

观测说明(附观测示意图):	
施工单位检查评定结果	项目技术负责人：　　　　　　　　　　　　　　　　年　月　日
监理(建设)单位验收结论	总监理工程师(建设单位项目技术负责人)：　　　　　　年　月　日

注：本表适用竣工工程，对建筑物垂直度和标高、全高进行实测记录。

表 2-19 建筑物沉降观测记录

工程名称		水准点编号		测量仪器及型号	
水准点所在位置		水准点高程		仪器检定日期	年 月 日
观测日期	自 年 月 日至 年 月 日					
观测点布置简图：					

观测点编号	观测日期	荷载累加情况描述	实测标高/mm	本期沉降量/mm	总沉降量/mm	备注

观测单位名称			
项目(专业)技术负责人	审核人	施测人	观测单位印章

注：本表由测量单位提供。

2.2.2 施工物资资料

施工物资资料是指反映工程施工所用物资质量和性能是否满足设计和使用要求的各种质量证明文件及相关配套文件的统称。其主要内容有：各种质量证明文件、材料及构配件进场检验记录、设备开箱检验记录、设备及管道附件试验记录、设备安装使用说明书、各种材料的进场复试报告、预拌混凝土(砂浆)运输单等。

建筑工程使用的各种主要物资应有质量证明文件。产品质量合格证、型式检验报告、性能检测报告、生产许可证、商检证明、中国强制认证(CCC)证书、计量设备检定证书等均属质量证明文件。质量证明文件应反映工程材料的品种、规格、数量、性能指标等，并与实际进场材料相符。质量证明文件(合格证、测试报告)的复印件应与原件内容一致，应按类别、规格、品种、型号分别整理，使用合格证或复印件贴条按进场顺序贴好，加盖原件存放单位公章，注明原件存放处，并有经办人签字和时间。

涉及消防、电力、卫生、环保等有关物资，须经行政管理部门认可的，应有相应的认可文件。涉及安全、卫生、环保的材料应有具有相应资质检测单位开具的检测报告，如压力容器、消防设备、生活供水设备、卫生洁具、装饰装修等。

进口材料和设备应有中文安装使用说明书及性能检测报告。

国家规定须经强制认证的产品应有认证标志(CCC)，生产厂家应提供认证证书复印件，认证证书应在有效期内。

建筑工程采用的主要材料、半成品、成品、构配件、器具设备应进行现场验收，有进场检验记录；涉及安全、功能的有关材料应按相应工程施工质量验收规范及相关规定进行复试或见证取样，有相应试(检)验报告。

涉及结构安全和使用功能的材料需要代换且改变设计要求时，应有设计单位签署的认可文件。

凡使用的新材料、新产品，应由具备鉴定资格的单位或部门出具鉴定证书，同时具有产品质量标准和试验要求，使用前应按其质量标准和试验要求进行试验或检验。新材料、新产品还应提供安装、维修、使用和工艺标准等相关技术文件，并报住房城乡建设主管部门备案。

供应单位或加工单位负责收集、整理和保存所供材料原材料的质量证明文件，施工单位则需收集、整理和保存供应单位或加工单位提供的质量证明文件和进场后进行的检(试)验报告。各单位应对各自范围内工程资料的汇集、整理结果负责，并保证工程资料的可追溯性。

1. 施工物资进场验收要求

(1)水泥、外加剂。水泥、外加剂进场检验，当满足下列条件之一时，其检验批容量可扩大一倍：

①获得认证的产品；

②同一厂家、同一品种、同一规格的产品，连续三次进场检验均一次检验合格。

(2)预制构件。预制构件的外观质量不应有严重缺陷，且不应有影响结构性能和安装、使用功能的尺寸偏差；预制构件上的预埋件、预留插筋、预埋管线等的规格和数量以及预留孔、预留洞的数量应符合设计要求；预制构件应有标识；预制构件的外观质量不应有一般缺陷。预制构件的粗糙面的质量及键槽的数量应符合设计要求。

专业企业生产的预制构件进场时，预制构件结构性能检验应符合下列规定：

①梁板类简支受弯预制构件进场时应进行结构性能检验，并应符合下列规定：

a. 结构性能检验应符合现行国家有关标准的规定及设计的要求，检验要求和试验方法应符合《混凝土结构工程施工质量验收规范》(GB 50204—2015)的规定。

b. 钢筋混凝土构件和允许出现裂缝的预应力混凝土构件应进行承载力、挠度和裂缝宽度检验;不允许出现裂缝的预应力混凝土构件应进行承载力、挠度和抗裂检验。

c. 对大型构件及有可靠应用经验的构件,可只进行裂缝宽度、抗裂和挠度检验。

d. 对使用数量较少的构件,当能提供可靠依据时,可不进行结构性能检验。

②对其他预制构件,除设计有专门要求外,进场时可不做结构性能检验。

③对进场时不做结构性能检验的预制构件,应采取下列措施:

a. 施工单位或监理单位代表应驻厂监督生产过程。

b. 当无驻厂监督时,预制构件进场时应对其主要受力钢筋数量、规格、间距、保护层厚度及混凝土强度进行实体检验。

检验数量:同一类型预制构件以不超过1 000个为一批,每批随机抽取1个构件进行结构性能检验。

检验方法:检查结构性能检验报告或实体检验报告。

"同类型"是指同一钢种、同一混凝土强度等级、同一生产工艺和同一结构形式。抽取预制构件时,宜从设计荷载最大、受力最不利或生产数量最多的预制构件中抽取。

(3)防水材料。防水材料主要包括防水涂料、防水卷材、胶粘剂、止水带、膨胀胶条、密封膏、密封胶、水泥基渗透结晶型防水材料等。

①防水材料必须有出厂质量合格证、有相应资质的检测部门出具的检测报告、产品性能和使用说明书。

②防水材料进场后应进行外观检查,合格后按规定取样复试。屋面、地下室、厕浴间使用的防水材料应实行见证取样和送检。

③质量不合格或不符合设计要求的防水材料不允许在工程中使用。

④新型防水材料,应有省级以上相关部门、单位的鉴定文件,并有专门的施工工艺操作规程和代表性的抽样试验记录。

(4)预拌混凝土(砂浆)。

①供应单位应向施工单位提供以下资料:

a. 混凝土原材料试验报告,混凝土配合比通知单,首次使用的混凝土配合比应提供开盘鉴定,混凝土抗压强度报告,大批量连续生产的同一配合比混凝土应提供基本性能试验报告,预拌混凝土(砂浆)出厂合格证,预拌混凝土运输单(正本);

b. 混凝土氯化物和碱总量计算书(工程结构有要求时);

c. 砂石碱活性试验报告(工程结构有要求时)。

②预拌混凝土(砂浆)供应单位除了要向施工单位提供上述资料外,还应保证以下资料的可追溯性:试配记录、水泥出厂合格证和试(检)验报告、砂和碎(卵)石试验报告、轻集料试(检)验报告、外加剂和掺合料产品合格证和试(检)验报告、开盘鉴定、混凝土抗压强度报告(出厂检验混凝土强度值应填入预拌混凝土出厂合格证)、抗渗试验报告(试验结果应填入预拌混凝土出厂合格证)、混凝土坍落度测试记录(搅拌站测试记录)。

③施工单位应形成以下资料:浇灌申请书;混凝土抗压强度报告、砂浆强度报告;抗渗试验报告;混凝土(砂浆)试块强度(现场)统计、评定记录。

(5)装饰装修材料。主要包括抹灰、地面、门窗、吊顶、轻质隔墙(断)、饰面板(砖)、涂料、裱糊与软包材料和细部工程材料等。

①主要材料应有出厂合格证、检测报告和质量保证书等。

②应复试的材料(如建筑外窗、人造木板、室内花岗石、外墙面砖和安全玻璃等),须按照

相关规范规定进行复试,具有相应复试报告。

③建筑外窗应有三性试验(抗风压性能、空气渗透性能和雨水渗透性能)检测报告。

④有隔声、隔热、防火阻燃、防水防潮和防腐等特殊要求的材料应有相应的性能检测报告。

⑤当规范或合同约定应对材料做见证检测,或对材料质量产生异议时,应进行见证取样和送检,并有检测报告。

⑥民用建筑工程室内装饰装修材料应符合国家有关建筑装饰材料有害物质限量的规定,并应有相应检测报告。

(6)钢结构工程材料。钢结构工程材料主要包括钢材、钢构件、焊接材料、连接用紧固件及配件、防火防腐涂料、焊接(螺栓)球、封板、锥头、套筒和金属板等。

①主要材料应有出厂合格证、检测报告,进口产品应有商检报告、中文标志等。按规定应复试的钢材必须有复试报告,并按规定实行见证取样和送检。

②重要钢结构采用的焊接材料应有复试报告,并按规定实行见证取样和送检。

③高强度大六角头螺栓连接副和扭剪高强度螺栓连接副应有扭矩系数和紧固轴力(预拉力)检验报告,并按规定做进场复试,有条件的应实行见证取样和送检。

④防火涂料应有有相应资质等级检测机构出具的检测报告。

(7)木结构。木结构工程主要材料包括方木、原木、胶合木、胶合剂和钢连接件等。主要材料应有产品合格证、检测报告等。按规定须复试的木材和钢件应有复试报告。

木构件应有含水率试验报告。木结构用圆钉应有强度检测报告。

(8)幕墙工程。幕墙工程材料主要包括玻璃、石材、金属板、铝合金型材、钢材、胶粘剂及密封材料、五金件及配件、连接件和涂料等。

①主要材料应有质量证明文件,包括产品合格证、检测报告、商检证明等。按规定应复试的幕墙材料必须有复试报告。

②幕墙应有抗风压性能、空气渗透性能、雨水渗透性能及平面变形性能检测报告。硅酮结构胶应有国家指定检测机构出具的相容性和剥离粘结性检测报告。

③玻璃、石材和金属板应有有相应资质检测机构出具的性能检测报告。

④安全玻璃必须有强制性认证标志且提供证书复印件、安全性能检测报告,并按有关规定取样复试(凡获得中国强制认证标志"CCC"的安全玻璃可免做现场复试)。

⑤铝合金型材应有涂膜厚度的检测。

⑥防火材料应有有相应资质等级检测机构出具的检测报告。

(9)建筑电气工程材料、设备。

①主要的电气设备和材料必须有出厂合格证,进场应进行开箱验收。对质量有异议的,应送具有资质的检测单位进行检测。

②电力变压器、柴油发电机组、高压成套配电柜、蓄电池柜、不间断电源柜、控制柜(屏、台)、低压成套配电柜、动力、照明配电箱(盘、柜)应有出厂合格证、生产许可证、"CCC"认证标志和认证证书复印件及试验记录。

电动机、电加热器、电动执行机构和低压开关设备应有出厂合格证、生产许可证、"CCC"认证标志和认证证书复印件。

③电线、电缆、照明灯具、开关、插座、风扇及附件应有出厂合格证、"CCC"认证标志和认证证书复印件。电线、电缆还应有生产许可证。

a. 导管、型钢应有出厂合格证和材质证明书。

b. 电缆桥架、线槽、裸导线、电缆头部件及接线端子、钢制灯柱、混凝土电杆和其他混凝土制品应有出厂合格证。

c. 镀锌制品(支架、横担、接地极、避雷用型钢等)和外线金属应有出厂合格证和镀锌质量证明书。

d. 封闭母线、插接母线应有出厂合格证、安装技术文件、"CCC"认证标志和认证证书复印件。

(10)建筑给水、排水及采暖工程材料、设备。

①主要设备、配件、产品应有产品质量证明文件,材质和性能应符合国家有关标准和设计要求。主要设备、产品应有安装使用说明书。进场后应进行验收。

阀门、调压装置、消防设备、卫生洁具、给水设备、中水设备、排水设备、采暖设备、热水设备、散热器、锅炉及附属设备、各类开(闭)式水箱(罐)、分(集)水器、安全阀、水位计、减压阀、热交换器、补偿器、疏水器、除污器、过滤器、游泳池水系统设备等,应有产品质量合格证及相关检验报告。

对于国家及地方有规定的特定设备及材料,如消防、卫生、压力容器等,应附有相应资质检验单位提供的检验报告。如安全阀、减压阀的调试报告、锅炉(承压设备)焊缝无损探伤检测报告、给水管道材料卫生检验报告、卫生器具环保检测报告、水表和热量表计量检定证书等。

②化学供水建(管)材必须提供质量检验部门产品合格证和产品卫生检验合格证明文件。还应有有关部门产品使用许可(备案)证。

③保温、防腐、绝热材料应有产品质量合格证和材质检验报告。

(11)通风与空调工程材料、设备。

①主要设备、配件、产品应有产品质量证明文件,材质和性能应符合国家有关标准和设计要求。主要设备应有安装使用说明书。进场后应进行验收。

制冷机组、空调机组、风机、水泵、冰蓄冷设备、热交换设备、冷却塔、除尘设备、风机盘管、诱导器、水处理设备、加热器、空气幕、空气净化设备、蒸汽调压设备、热泵机组、去(加)湿机(器)、装配式洁净室、变风量末端装置、过滤器、消声器、软接头、风口、风阀、风罩等,以及防爆超压排气阀门、自动排气阀门等与人防有关的材料,应有产品合格证和其他质量合格证明。

②阀门、疏水器、水箱、分(集)水器、减振器、储冷罐、集气罐、仪表、绝热材料等应有出厂合格证、质量合格证明及检测报告。

③压力表、温度计、湿度计、流量计、水位计等应有产品合格证和检测报告。

④各类板材、管材等应有质量证明文件。

(12)电梯工程主要材料。电梯设备进场后,应由建设、监理、施工和供货单位共同开箱检验,并进行记录,填写《电梯设备开箱检验记录》。电梯工程的主要设备、材料及附件应有出厂合格证、产品说明书及安装技术文件。

(13)智能建筑工程材料。主要设备、材料及附件应有出厂合格证及产品说明书、检测报告。进场应进行开箱验收。

2. 材料、构配件进场检验记录表

材料、构配件进场后,应由建设、监理单位会同施工单位对进场材料、构配件进行检查验收,主要检验内容包括以下几项:

(1)材料、构配件出厂质量证明文件及检测报告是否齐全;

(2)实际进场材料和构配件数量、规格及型号等是否满足设计和施工计划要求;

(3)材料、构配件外观质量是否满足设计要求或规范规定;

(4)按规定须抽检的材料、构配件是否及时抽检等。

材料、构配件进场检验记录表,见表2-20。

施工物资资料
表格填写示例

表 2-20　材料、构配件进场检验记录表

工程名称					检验日期	年　月　日	
序号	名称	规格型号	进场数量	生产厂家/合格证号	检验项目	检验结果	备注

施工单位检查意见：

附件：共　　页

监理(建设)单位验收意见：

□同意　□重新检验　□退场　　　　　　　　　　　　　　　　　　验收日期：　年　月　日

签字栏	监理(建设)单位	施工单位		
		专业质量检查员	专业工长	取样员

3. 合格证[复印件(或抄件)]贴条

(1)材料名称填全称；合格证原编号如实填写。

(2)合格证复印件代表数量，可按合格证本身数量填写。

(3)进货数量按实填写；工程总需要量按计划填写。

(4)材料验收单编号按材料成品、半成品进场验收记录右上角编号填写。

(5)抽样试验委托单编号按委托单本身编号填写；抽样试验结论按试验报告结论填写。

(6)供货单位如实填写；到货日期以进场日期为准；查对标牌验收情况，检查供货实物与设计要求是否相符；合格证收到日期按实际收到日期填写。

(7)空白部分贴合格证(复印件或抄件)。

(8)复印件或抄件的材料如用在承重结构和关系到人身安全部位必须检查，否则不得使用。

合格证[复印件(或抄件)]贴条见表2-21。

表2-21 合格证[复印件(或抄件)]贴条

材料名称	
合格证(原件)编号	
合格证复印件代表数量	
进货数量	
工程总需要量	
材料验收单编号	
抽样试验委托单编号	
抽样试验结论	
供货单位	
到货日期	
查对标牌验收情况	
合格证(复印件)收到日期	
合格证原件存放单位	
复印件(抄件)单位(盖章)	
复印(抄件)人签字	

合格证(复印件或抄件)粘贴处

4. 钢材合格证和复试报告汇总表

(1)工程中采用的受力钢筋，必须有出厂质量证明书和复试报告。

(2)各种规格、品种的钢筋，出厂证明应包括钢种、牌号、规格、数量、力学性能、化学成分、厂名、出厂日期。化学成分和力学性能指标均符合设计要求和有关规范规定。

(3)进口钢筋，除复试力学性能外，有焊接要求的还应有化学成分试验报告。

(4)钢筋合格证抄件应注明原件存放单位、原证编号，并有抄件人、抄件单位的签字和盖章。

(5)《混凝土结构工程施工质量验收规范》(GB 50204—2015)第5.2.1条强制性条文：钢筋进场时，应按国家现行相关标准的规定抽取试件做屈服强度、抗拉强度、伸长率、弯曲性能和重量偏差检验，检验结果应符合相应标准的规定。

检查数量：按进场批次和产品的抽样检验方案确定。

检验方法：检查质量证明文件和抽样检验报告。

(6)《混凝土结构工程施工质量验收规范》(GB 50204—2015)第5.2.3条强制性条文：对按一级、二级、三级抗震等级设计的框架和斜撑构件(含梯段)中的纵向受力普通钢筋应采用HRB335E、HRB400E、HRB500E、HRBF335E、HRBF400E或HRBF500E钢筋，其强度和最大力下总伸长率的实测值应符合下列规定：

①抗拉强度实测值与屈服强度实测值的比值不应小于1.25；

②屈服强度实测值与屈服强度标准值的比值不应大于1.3；

③最大力下总伸长率不应小于9%。

检查数量：按进场的批次和产品的抽样检验方案确定。

检验方法：检查抽样检验报告。

(7)甲级冷拔低碳钢丝每批质量不大于30 t，乙级冷拔低碳钢丝每批质量不大于50 t。

钢材合格证和复试报告汇总表，见表2-22。

表2-22 钢材合格证和复试报告汇总表

序号	钢材、规格、品种、级别	生产厂家	合格证编号	进场数量	进场日期	复试报告编号	报告日期	复试结果	主要使用部位及有关说明

项目专业技术负责人：　　　　　　专业质量检查员：　　　　　　日期：　年　月　日

5. 混凝土外加剂(及其他材料)产品合格证、出厂检验报告和进场复试报告汇总表

(1)混凝土外加剂进场时，应对其品种、性能、出厂日期等进行检查，并应对外加剂的相关性能指标进行检验，检验结果应符合现行国家标准《混凝土外加剂》(GB 8076—2008)、《混凝土外加剂应用技术规范》(GB 50119—2013)和有关环境保护的规定。

(2)混凝土用矿物掺合料进场时，应对其品种、性能、出厂日期等进行检查，并应对矿物掺合料的相关技术指标进行检验，检验结果应符合现行国家有关标准的规定。检查质量证明文件和抽样检验报告。

(3)普通混凝土所用的粗、细骨料的质量应符合现行行业标准《普通混凝土用砂、石质量及检验方法标准》(JGJ 52—2016)的规定。使用经过净化处理的海砂应符合现行行业标准《海砂混凝土应用技术规范》(JGJ 206—2010)的规定,再生混凝土骨料应符合现行国家标准《混凝土用再生粗骨料》(GB/T 25177—2010)和《混凝土和砂浆用再生细骨料》(GB/T 25176—2010)的规定。检查抽样检验报告。

(4)混凝土拌制及养护用水应符合现行行业标准《混凝土用水标准》(JGJ 63—2006)的规定。采用饮用水时,可不检验;采用中水、搅拌站清洗水、施工现场循环水等其他水源时,应对其成分进行检验。检查水质检验报告。同一水源检查不应少于一次。

混凝土外加剂产品合格证、出厂检验报告和进场复验报告汇总表,见表2-23。

表2-23 混凝土外加剂产品合格证、出厂检验报告和进场复验报告汇总表

序号	外加剂品种、名称	生产厂家	产品合格证及出厂检验报告编号	进场数量	进场日期	进场检验编号	复试报告编号	报告日期	复试结果	主要使用部位及有关说明

项目专业技术负责人:　　　　　　　　专业质量检查员:　　　　　　　　日期:　年　月　日

6. 水泥出厂合格证(含出厂检验报告)、复试报告汇总表

(1)工程所用的水泥必须具有出厂合格证和试验报告。

(2)水泥出厂合格证为抄件时,抄件除注明合格证上所有指标外,还应注明原件存放单位、原件编号、抄件单位(盖章)、抄件人(签字)。

(3)《混凝土结构工程施工质量验收规范》(GB 50204—2015)第7.2.1条强制性条文规定:水泥进场时,应对其品种、代号、强度等级、包装或散装仓号、出厂日期等进行检查,并应对水泥的强度、安定性和凝结时间进行检验,检验结果应符合现行国家标准《通用硅酸盐水泥》(GB 175—2007)的相关规定。

当在使用中对水泥质量有怀疑或水泥出厂超过三个月(快硬硅酸盐水泥超过一个月)时,应进行复验,并按复验结果使用。

钢筋混凝土结构、预应力混凝土结构中,严禁使用含氯化物的水泥。

检查数量:按同一厂家、同一品种、同一代号、同一强度等级、同一批号且连续进场的水泥,袋装不超过200 t为一批,散装不超过500 t为一批,每批抽样数量不应少于一次。

检验方法:检查质量证明文件和抽样检验报告。

水泥出厂合格证(含出厂检验报告)、复试报告汇总表,见表2-24。

表2-24　水泥出厂合格证(含出厂检验报告)、复试报告汇总表

序号	水泥品种及等级	生产厂家	合格证、出厂检验报告编号	进场数量	进场日期	复试报告编号	报告日期	复试结果	主要使用部位及有关说明

项目专业技术负责人：　　　　　　　　专业质量检查员：　　　　　　　　日期：　　年　月　日

7. 砖(砌块、墙板)出厂合格证、出厂检验报告、复试报告汇总表

《砌体结构工程施工质量验收规范》(GB 50203—2011)第3.0.1条规定：砌体结构工程所用的材料应有产品合格证书、产品性能型式检验报告，质量应符合现行国家有关标准的要求。块体、水泥、钢筋、外加剂尚应有材料主要性能的进场复验报告，并应符合设计要求。严禁使用国家明令淘汰的材料。

砖抽检数量及检验方法：每一生产厂家，烧结普通砖、混凝土实心砖每15万块，烧结多孔砖、混凝土多孔砖、蒸压灰砂砖及蒸压粉煤灰砖每10万块各为一验收批，不足上述数量时按1批计，抽检数量为一组。检查砖的试验报告。

小砌块抽检数量及检验方法：每一生产厂家，每1万块小砌块为一验收批，不足1万块按一批计，抽检数量为1组。用于多层以上建筑的基础和底层的小砌块抽检数不应少于2组。检查小砌块试验报告。

对预制墙板，除设计有专门要求外，进场时可不做结构性能检验，应采取下列措施：

(1)施工单位或监理单位代表应驻厂监督生产过程。

(2)当无驻厂监督时，预制构件进场时应对其主要受力钢筋数量、规格、间距、保护层厚度及混凝土强度等进行实体检验。

检验数量：同一类型预制构件不超过1000个为一批，每批随机抽取1个构件进行结构性能检验。

检验方法：检查结构性能检验报告或实体检验报告("同类型"是指同一钢种、同一混凝土强度等级、同一生产工艺和同一结构形式。抽取预制构件时，宜从设计荷载最大、受力最不利或生产数量最多的预制构件中抽取)。

砖(砌块、墙板)出厂合格证、出厂检验报告、复试报告汇总表，见表2-25。

表2-25　砖(砌块、墙板)出厂合格证、出厂检验报告、复试报告汇总表

序号	品种、等级	生产厂家	合格证、出厂检验报告编号	进场数量	进场日期	复试报告编号	报告日期	复试结果	主要使用部位及有关说明

项目专业技术负责人：　　　　　　　　专业质量检查员：　　　　　　　　日期：　　年　月　日

8. 取样送样试验见证记录

(1)设计和规范、标准要求见证取样送检的项目,在样品和试件送检前,填写此表。

(2)施工单位取样人员在现场进行原材料取样和试件制作,监理工程师(建设单位专业负责人)按规范、标准要求进行旁站监督,确定无误后分别在见证记录上签字,方可将样品或试件送有相应资质等级的检测单位进行检测。

(3)资料整理时,见证取样送检的检测报告附在见证记录后。

取样送样试验见证记录,见表2-26。

表2-26 取样送样试验见证记录

工程名称		取样部位	
样品名称		取样数量	
取样地点		取样日期	
执行标准、规范			
试验项目			
见证记录:			
取样人签字:		见证人签字(加盖见证章):	
填制日期:　　　年　　月　　日			

9. 预拌混凝土出厂合格证汇总表

(1)预拌混凝土出厂合格证可按工程不同部位或相同强度、相同配合比的混凝土为一个检验批进行填写。待28天标准养护试块强度试压后,应在35天内出具合格证书。

(2)预拌砂浆(湿拌或干混)出厂合格证可按工程不同部位或相同强度、相同配合比的砂浆为一个检验批进行填写。待28天标准养护试块强度试压后,应在35天内出具合格证书。

预拌混凝土出厂合格证汇总表,见表2-27。

表2-27 预拌混凝土出厂合格证汇总表

序号	品种、等级	生产厂家	供货日期	供货数量	主要使用部位及有关说明	配合比编号	出厂合格证编号

项目专业技术负责人:　　　　　　专业质量检查员:　　　　　　日期:　　年　　月　　日

10. 预拌混凝土合格证

预拌混凝土生产企业根据预拌混凝土标准规定：按子分部工程，分混凝土品种、强度等级向施工单位提供预拌混凝土出厂合格证；预拌混凝土出厂合格证的代表批量，应与现场施工段的划分相对应。

合格证内容包括：出厂合格证编号、合同编号、工程名称、需方单位名称、供方单位名称、供货日期、浇筑部位、混凝土标记、供货量、原材料的品种、规格、级别及复验报告编号、混凝土配合比编号及检验批混凝土试块强度等。

预拌混凝土合格证，见表2-28。

表2-28 预拌混凝土合格证

需方：　　　　　　　　　　　　　　　供方：
施工总承包单位：　　　　　　　　　　工程地址：
浇筑部位：　　　　　　　　　　　　　合同编号：
混凝土标识：　　　　　　　　　　　　其他技术要求：
供货量：　　m³　　　　　　　　　　　供货日期：　年　月　日至　年　月　日

名称	水泥	砂	石	外加剂	掺合料
品种、规格					
厂名、产地					
进厂编号					
复检编号					

	强度		抗渗		其他项目	
	报告编号	强度值/MPa	报告编号	强度值/MPa	报告编号	结论	报告编号	结论

（混凝土质量）

注：强度、抗渗、其他项目栏可加附页

强度统计评定结果				
采用评定方法	强度平均值/MPa	标准差/MPa	试件组数	合格率/%

技术负责人：　　　　　　　　　填表人：　　　　　　　企业质检部门盖章：
　　　　　　　　　　　　　　　　　　　　　　　　　　签发日期：　年　月　日

2.2.3 施工记录资料

施工记录是施工单位在施工中过程中形成的，是为保证工程质量和安全的各种内部检查记录的统称。其主要内容有隐蔽工程验收记录、交接检查记录、地基验槽记录、地基处理记录、桩施工记录、混凝土浇灌申请书、混凝土养护测温记录、构件吊装记录、预应力筋张拉记录等。

1. 隐蔽工程验收记录

隐蔽工程项目是指本工序操作完毕，将被下道工序所掩盖、包裹而完工后无法检查的工序项目。

建筑工程隐蔽验收记录是对隐蔽工程项目，特别是关系到结构安全性能和使用功能的重要部位或项目在隐蔽前进行检查，确认其是否达到隐蔽条件而做出的记录资料。

凡国家规范标准规定隐蔽工程检查项目的，应做隐蔽工程检查验收并填写隐蔽工程验收记录，涉及结构安全的重要部位应留置隐蔽前的影像资料。隐蔽工程验收须按相应专业规范规定执行，隐蔽内容应符合设计图纸及规范要求。隐蔽工程验收由施工项目部的技术负责人提出，并提前向项目监理部报验。验收后，由参验人员签字盖章后方为有效。

隐蔽工程验收记录为通用施工记录，适用于各专业。

地基基础工程与主体结构工程隐检项目及内容如下：

（1）土方工程：基槽、房心填土回填前检查基底清理、基底标高情况等。

（2）支护工程：检查锚杆、土钉的品种、规格、数量、位置、插入长度、深度、垂直度、钢筋规格、位置、槽底清理、沉渣厚度等。

（3）桩基工程：检查钢筋笼规格、尺寸、沉渣厚度、清孔情况等。

（4）地下防水工程：检查混凝土变形缝、施工缝、后浇带、穿墙套管、埋设件等设置的形式和构造。人防出口止水做法：防水层基层、防水材料规格、厚度、铺设方式、阴阳角处理、搭接密封处理等。

（5）预应力工程：检查预留孔道的规格、数量、位置、形状、端部预埋垫板、预应力筋下料长度、切断方法、竖向位置偏差、固定、护套的完整性、锚具、夹具、连接点组装等。

（6）钢结构工程：检查地脚螺栓规格、位置、埋设方法、紧固等。

（7）外墙内、外保温构造节点做法。

隐蔽工程验收记录，见表2-29。

施工记录资料
表格填写示例

表 2-29 隐蔽工程验收记录

工程名称				
隐检项目		隐检日期	年 月 日	
隐检部位				
隐检依据：施工图图号_____，设计变更/洽商(编号_____)及有关现行国家标准等。 主要材料名称及规格/型号：_____				
隐检内容： 申报人：				
检查意见： 				
检查结论： □ 同意隐检　　　□ 不同意，修改后进行复查				
复查结论： 				
复查人：			复查日期： 年 月 日	
签字栏	监理(建设)单位	施工单位		
		项目(专业)技术负责人	专业质量检查员	专业工长

钢筋隐蔽工程验收记录，见表 2-30。

表 2-30 钢筋隐蔽工程验收记录

工程名称				
隐检项目			隐检日期	年 月 日
隐检部位				

隐检依据：施工图图号_____，设计变更/洽商(编号_____)及有关国家现行标准等。
主要受力钢筋规格、型号：_____

隐蔽内容	质量状况	备注
各种直径钢筋接头方法		
各种直径钢筋搭接长度		
钢筋接头位置		
同一截面接头占总面积百分率/%		
钢筋是否锈蚀、锈蚀程度、除锈情况		
保护层厚度		
限位措施		
钢筋代换情况		
其他		

图示：

检查验收意见		
施工单位项目 (专业)技术负责人		监理工程师 (建设单位项目专业负责人)

钢筋隐蔽工程验收记录说明：

钢筋隐蔽工程反映钢筋分项施工的综合质量，在浇筑混凝土之前验收是为了确保受力钢筋的加工、连接和安装等满足设计要求，并在结构中发挥其应有的作用。

《混凝土结构工程施工质量验收规范》(GB 50204—2015)第 5.1.1 条规定：浇筑混凝土之前，应进行钢筋隐蔽工程验收。隐蔽工程验收应包括下列主要内容：

(1)纵向受力钢筋的牌号、规格、数量、位置；

(2)钢筋的连接方式、接头位置、接头质量、接头面积百分率、搭接长度、锚固方式及锚固长度；

(3)箍筋、横向钢筋的牌号、规格、数量、间距、位置，箍筋弯钩的弯折角度及平直段长度；

(4)预埋件的规格、数量和位置。

2. 工序交接检查记录

《建筑工程施工质量验收统一标准》(GB 50300—2013)规定：各施工工序应按施工技术标准进行质量控制，每道施工工序完成后，经施工单位自检符合规定后，才能进行下道工序施工。各专业工种之间的相关工序应进行交接检验，并记录。

工程交接检验是各班组之间，或各工种、各分包之间，在工序、检验批、分项或分部(子分部)工程完毕之后，下一道工序、检验批、分项或分部(子分部)工程开工之前，共同对前一道工序、检验批、分项或分部(子分部)工程的检查，经下一道工序认可，并为它们创造合格的条件。交接检通常由工程项目负责人(或技术负责人)主持，由有关班组长或分包单位参加，是下道工序对上道工序的验收，也是班组(分包单位)之间的检查、督促和互相把关。

(1)各专业分项工程上下工序之间、相关各专业分项工程之间，应进行交接检验，并形成记录。对监理单位(或建设单位)有要求的重要工序，未经监理工程师(建设单位技术负责人)检查认可，不得进行下道工序施工。

(2)不同分包单位施工的分项工程，应进行交接检查，填写《工程交接检查记录》。移交单位、接收单位和见证单位共同对移交工程进行验收，并对质量情况、遗留问题、工序要求、注意事项、成品保护等进行记录。

工序交接检查记录由移交、接收和见证单位各保存一份。见证单位应根据实际检查情况，并汇总移交和接收单位意见形成见证单位意见。

工序交接检查记录，见表 2-31。

3. 地基钎探记录

(1)钎探是用锤将钢钎打入坑底以下的土层内一定深度，根据锤击次数和入土难易程度来判断土的软硬情况及是否存在古井、古墓、洞穴、地下掩埋物等。钎探后的孔洞要用砂灌实。

(2)钎探记录是用于检验浅层土(如基槽)的均匀性，确定地基的容许承载力及检验填土质量的记录。

(3)钎探前应根据设计要求绘制钎探点平面布置图，确定钎探点布置及顺序编号。按照钎探图及有关规定进行钎探并记录。探点平面布置图应与设计基础施工平面图一致，按比例标出方向及基槽(坑)轴线和各轴线编号。

(4)本记录适用于轻型圆锥动力触探试验。

地基钎探记录，见表 2-32。

表 2-31　工序交接检查记录

工程名称			
移交部门名称		接收部门名称	
交接部位		检查日期	年　月　日

交接内容：

检查结果：

复查意见：

复查人：	复查日期：　　年　月　日

见证单位意见：

见证单位名称		
签字栏	移交部门	接收部门	见证单位

表 2-32　地基钎探记录

工程名称				钎探日期		年　月　日	
锤重			自由落距			钎径	
顺序号	各步锤击数						
	0~30 cm	30~60 cm	60~90 cm	90~120 cm	120~150 cm	150~180 cm	180~210 cm	210~240 cm
施工单位							
项目(专业)技术负责人：		专业质检员：		打钎人：		记录人：	

附：钎探点布置图。

4. 地基验槽记录

《建筑地基基础设计规范》(GB 50007—2011)第10.2.1条规定：基槽(坑)开挖到底后，应进行基槽(坑)检验。当发现地质条件与勘察报告和设计文件不一致、或遇到异常情况时，应结合地质条件提出处理意见。

(1)建设各方应做好验槽(坑)准备工作，熟悉勘察报告，了解拟建建筑物的类型和特点，研究基础设计图纸及环境监测资料。当遇到下列情况时，应列为验槽(坑)的重点：

①当持力层的顶面标高有较大的起伏变化时；
②基础范围内存在两种以上不同成因类型的地层时；
③基础范围内存在局部异常土质或坑穴、古井、老地基或古迹遗址时；
④基础范围内遇有断层破碎带、软弱岩脉以及古河道、沟、坑等不良地质条件时；
⑤在雨期或冬期等不良气候条件下施工，基底土质可能会受到影响时。

(2)验槽(坑)应首先核对基槽(坑)的施工位置。平面尺寸和槽(坑)底标高的容许误差，可视具体的情况和基础类型确定。一般情况下，槽(坑)的偏差应控制在0~50 mm范围内；平面尺寸由设计中心轴向两边量测，长、宽尺寸不应小于设计要求。应由施工单位绘制验槽(坑)断面图及平面图附于本表后。

验槽(坑)的方法宜采用轻型动力触探或袖珍贯入仪等简便易行的方法，当持力层下埋藏有下卧砂层而承压水头高于基底时，则不宜进行钎探，以免造成涌砂。当施工揭露的岩土条件与勘察报告有较大差别或者验槽(坑)人员认为必要时，可有针对性地进行补充勘察测试工作。

(3)基槽(坑)检验报告是岩土工程的重要技术档案,应做到资料齐全,及时归档。地基验槽检查记录应由建设、勘察、设计、监理、施工单位共同验收签认。地基需处理时,应由勘察、设计单位提出意见。

地基验槽记录,见表 2-33。

表 2-33 地基验槽检查记录

工程名称			验槽日期	
验槽部位				

依据:施工图纸(施工图纸号_____)、设计变更、洽商及地基勘察报告(编号_____)及有关规范、规程。

验槽内容:
1. 基坑位置、平面尺寸。
2. 基槽开挖至地质勘探报告第_____层,持力层为_____层。
3. 基底绝对标高和相对标高_____。
4. 土质情况_____。
   (附:□钎探记录及钎探点平面布置图)
5. 地下水水位情况:_____。
6. 桩位置_____、桩类型_____、数量_____,承载力满足设计要求。
7. 其他:_____
_____
_____

注:若建筑工程无桩基或人工支护,则相应在第 6 条填写处画"/"。

申报人:

检查意见:

检查结论:□无异常,可进行下道工序 □需要地基处理

参加验收单位	建设单位	监理单位	设计单位	勘察单位	施工单位
	(公章) 项目负责人: 年 月 日	(公章) 总监理工程师: 年 月 日	(公章) 项目负责人: 年 月 日	(公章) 项目负责人: 年 月 日	(公章) 项目负责人: 年 月 日

5. 地基处理记录

地基处理方法主要有换填垫层法、预压地基、压实地基、夯实地基、复合地基等。施工单位应依据勘察、设计单位提出的处理意见进行地基处理，完工后填写《地基处理记录》，报请监理单位复查。若特殊情况下（一般指设计、勘察部门有专门要求时），还应报请设计、勘察单位复查。

地基处理记录包含地基处理方案、地基处理的施工试验记录等。地基处理记录，见表2-34。

表 2-34　地基处理记录

工程名称			日期	年　月　日	
处理依据及方式：					
处理部位及深度（或用简图表示） □有　/　□无　附页（图）					
处理过程及处理结果：					
检查意见： 检查日期：　　年　月　日					
签字栏	监理（建设）单位	施工单位			
		项目（专业）技术负责人	专业质量检查员	专业工长（施工员）	
	设计单位		勘察单位		

6. 桩混凝土工程施工记录

桩混凝土工程施工记录，见表2-35。

表 2-35　桩混凝土工程施工记录

_____年___月___日___时至___时，气温_____天气_____风力_____

施工单位名称_____

单位工程名称_____

预拌混凝土生产厂家_____

混凝土设计强度等级_____

配合比报告编号_____

商品混凝土合格证编号_____

浇筑桩号及单桩混凝土方量(m^3)：

桩号											
混凝土方量											
桩号											
混凝土方量											
桩号											
混凝土方量											

当班完成方量_____(m^3)

坍落度(mm)：_____设计要求_____

混凝土捣实方法_____混凝土养护方法_____

试块数量编号及试压结果：

试件	留置组数	试块编号及试压结果										
		1	2	3	4	5	6	7	8	9	10	11
同条件养护												
标准养护												
试件	留置组数	12	13	14	15	16	17	18	19	20	21	22
同条件养护												
标准养护												

项目专业技术负责人：　　　　　　　　专业质量检查员：

注：①试块试压结果栏中注明试压报告编号和试压龄期。
　　②附浇筑示意图。示意图应标明浇筑桩号、浇筑方量、浇筑日期及试块留置数量及位置。

7. 混凝土浇灌申请书

正式浇筑混凝土前，施工单位应检查各项准备工作（如钢筋、模板工程检查；水电预埋检查；材料、设备及其他准备等），自检合格填写《混凝土浇灌申请书》，报请项目监理工程师（建设单位项目技术负责人）检查许可后进行混凝土浇筑。

混凝土浇灌申请书，见表 2-36。

表 2-36 混凝土浇灌申请书

工程名称		申请浇灌日期	年　月　日　时
申请浇灌部位		申请方量/m³	
技术要求		强度等级	
搅拌方式（搅拌站名称）		申请人	

依据：施工图纸（施工图纸号_____）、设计变更/洽商（编号_____）和有关规范、规程。

施工准备检查		
1. 隐检情况：　□已　□未　完成隐检。		
2. 预检情况：　□已　□未　完成预检。		
3. 水电预埋情况：□已　□未　完成。		
4. 施工组织情况：□已　□未　完备。		
5. 机械设备准备情况：□已　□未　准备。		
6. 保温及有关准备：□已　□未　完备。		

施工单位意见：

　　　　□同意浇筑　　　□整改后自行浇筑　　　□不同意，整改后重新申请

项目（专业）技术负责人：

施工单位名称：　　　　　　　　　　　　　　　　　　　　　　　　核准日期：

监理（建设）单位审批意见：

审批结论：　□同意浇筑　　　□整改后自行浇筑　　　□不同意，整改后重新申请

项目监理工程师（建设单位项目技术负责人）：

监理（建设）单位名称：　　　　　　　　　　　　　　　　　　　　审批日期：

8. 混凝土养护测温记录

冬期混凝土施工时,应进行混凝土入模后的养护测温记录。混凝土冬期施工养护测温应先绘制测温点布置图,包括测温点的部位、深度等。测温记录应包括大气温度、各测温孔的实测温度、同一时间测得的各测温孔的平均温度和间隔时间等。

混凝土养护测温记录,见表 2-37。

表 2-37 混凝土养护测温记录

工程名称										
部位			养护方法					测温方式		
测温时间			大气温度/℃	各测孔温度/℃					平均温度/℃	间隔时间/h
月	日	时								
施工单位										
项目专业技术负责人				专业质量检查员				记录人		

注:①本表由施工单位填写并保存。
②附测温孔布置图及测温孔剖面图。

9. 构件吊装记录

构件吊装记录，见表2-38。

表 2-38 构件吊装记录

工程名称							
使用部位				吊装日期		年　月　日	
序号	构件名称及编号	安装位置	安装检查				备注
			搁置与搭接尺寸	接头(点)处理	固定方法	标高检查	

结论：

施工单位		
项目(专业)技术负责人	专业质量检查员	记录人

10. 预应力筋张拉记录

预应力筋张拉记录(一),见表 2-39。

表 2-39 预应力筋张拉记录(一)

工程名称		张拉日期	年　月　日
施工部位		预应力筋规格及抗拉强度	

预应力张拉程序及平面示意图：

□有　　□无　附页

张拉端锚具类型		固定端锚具类型	
设计控制应力		实际张拉力	
		压力表读数	
千斤顶编号		压力表编号	
混凝土设计强度		张拉时混凝土实际强度	

预应力筋计算伸长值：

预应力筋伸长范围：

施工单位			
项目(专业)技术负责人		专业质量检查员	记录人

预应力筋张拉记录(二),见表2-40。

表2-40 预应力筋张拉记录(二)

工程名称							张拉日期		年　月　日	
施工部位										
张拉顺序编号	计算值	预应力筋张拉伸长实测值/cm							总伸长值	备注
		一端张拉			另一端张拉					
		原长值 L_1	实长值 L_2	伸长值 ΔL	原长值 L_1	实长值 L_2	伸长值 ΔL			
□有 □无见证		见证单位						见证人		
施工单位										
项目(专业)技术负责人			专业质量检查员				记录人			

2.3　安全和功能检验资料

安全和功能检验资料是指按照设计及国家规范标准的要求,在施工过程中所进行的涉及结构安全和使用功能的各种检测及试验资料的统称。其主要内容有:土工、基桩性能、钢筋连接、埋件(植筋)拉拔、混凝土(砂浆)性能、施工工艺参数、饰面砖拉拔、钢结构焊缝质量检测及水暖、机电系统运转测试报告或测试记录。

2.3.1　土壤试验记录汇总表

土方工程应测定土(素土、灰土、回填土或级配砂、石)的最大干密度和最佳含水量,确定最小密度控制值,由试验单位出具试验报告。施工单位应按规范要求绘制回填土取点平面图,分段、分层(步)取样。

(1)土壤试验主要指对回填土和人工地基土的密实度试验。其试验方法有环刀法、灌水法、灌砂法等。

(2)采用环刀法取样时,取样数量为:基坑回填每 20～50 m³ 取样1组(每个基坑不少于1组);基槽或管沟回填每层按长度 20～50 m 取样1组;室内填土每层按 100～500 m² 取样1组;场地平整回填每层按 400～900 m² 取样1组。灌砂或灌水法的取样数量可较环刀法适当减少。

(3)土壤试验资料有以下四种,均由检测单位提供:
①土工检测报告;

安全和功能检验资料表格填写示例

②土工检测原始记录；
③土壤中氡浓度检测报告；
④土壤中氡浓度检测原始记录。

土壤试验记录汇总表，见表2-41。

表2-41 土壤试验记录汇总表

工程名称：

序号	土的类别	厚度	取土部位	试验报告编号	报告日期	试验结果	设计要求及说明

项目专业技术负责人：　　　　　　专业质量检查员：　　　　　　日　　期：　年　月　日

2.3.2 钢筋连接试验报告汇总表

钢筋连接应有满足钢筋焊接、机械连接相关技术规程要求的力学性能试验报告。机械连接工程开始前及施工过程中，应对每批进场钢筋，在现场条件下进行工艺检验，工艺检验合格后方可进行机械连接的施工。每台班钢筋焊接前宜先制作班前焊试件，确定焊接工艺参数。

(1)钢筋连接接头应从工程实体上截取试件进行力学试验，并实行有见证取样，取样批次满足《钢筋机械连接技术规程》(JGJ 107—2016)、《钢筋焊接及验收规程》(JGJ 18—2012)等有关技术规程。

(2)闪光对焊接头同一台班、由同一焊工完成的300个同牌号、同直径钢筋焊接接头为一批。当同一台班内焊接的接头数量较少时，可在一周之内累计计算；累计接头仍不足300个时，应按一批计算。

(3)在同一台班内，由同一焊工完成的600个同牌号、同直径箍筋闪光对焊接头作为一个检验批；如超出600个接头，其超出部分可以与下一台班完成接头累计计算。

(4)预埋件钢筋T形接头的外观检查，应从同一台班内完成的同一类型预埋件中抽查5%，且不得少于10件。力学性能检验时，应以300件同类型预埋件作为一批。一周内连续焊接时，可累计计算。当接头不足300件时，也应按一批计算。

(5)钢筋机械连接时，同一施工条件下采用同一批材料的同等级、同形式、同规格接头，应以500个为一验收批进行检验与验收，不足500个也应作为一个验收批。

钢筋连接试验报告汇总表，见表2-42。

表2-42 钢筋连接试验报告汇总表

序号	钢筋型号规格	连接方式	代表部位	代表接头数量	取样日期	试验报告编号	报告日期	试验结论	试验性质

项目专业技术负责人： 　　　　　　专业质量检查员： 　　　　　　日期： 　年　月　日

2.3.3 砂浆试块试压报告汇总表及砂浆试块强度统计、评定记录

砌筑砂浆应有配合比申请单和试验室签发的配合比通知单(现场搅拌时)；并有按规定留置的龄期为28d标养试块的抗压强度试验报告。单位工程应有砌筑砂浆试块抗压强度统计、评定记录。

(1)《砌体结构工程施工质量验收规范》(GB 50203—2011)第4.0.12条规定：砌筑砂浆试块强度验收时，其强度合格标准必须符合以下规定：

①同一验收批砂浆试块强度平均值必须大于或等于设计强度等级的1.10倍；

②同一验收批砂浆试块抗压强度的最小一组平均值应大于或等于设计强度等级值的85%；

③砌筑砂浆的验收批，同一类型、强度等级的砂浆试块不应少于3组。当同一验收批砂浆只有一组或二组试块时，每组试块抗压强度的平均值应大于或等于设计强度等级值的1.10倍；对于建筑结构的安全等级为一级或设计使用年限为50年及以上的房屋，同一验收批砂浆试块的数量不得少于3组；

④砂浆强度以标准养护、龄期28d的试块抗压试验结果为准；

⑤制作砂浆试块的砂浆稠度应与配合比设计一致。

抽检数量：每一检验批且不超过250m³砌体的各种类型及强度等级的普通砌筑砂浆，每台搅拌机应至少抽检1次。验收批的预拌砂浆、蒸压加气混凝土砌块专用砂浆，抽检可为3组。

检验方法：在砂浆搅拌机出料口或在湿拌砂浆的储存容器出料口随机取样制作砂浆试块(现场拌制的砂浆，同盘砂浆只应制作1组试块)，试块28d后作强度试验。预拌砂浆中的湿拌砂浆稠度应在进场时取样检验。

(2)《预拌砂浆应用技术规程》(JGJ/T 223—2010)规定：

①预拌砂浆进场时，供方应按规定批次向需方提供质量证明文件。质量证明文件应包含产品型式检验报告和出厂检验报告；

②湿拌砂浆进场时，按同一生产厂家、同一品种、同一等级、同一批号且连续进场的湿拌砂浆，每250m³为一个检验批，不足250m³时应按一个检验批计；

③干混砂浆进场时，按同一生产厂家、同一品种、同一等级、同一批号且连续进场的干混砂浆，每500t为一个检验批，不足500t时应按一个检验批计；

④聚合物水泥防水砂浆进场时，按同一生产厂家、同一品种、同一等级、同一批号且连续进场的砂浆，每50t为一个检验批，不足50t时应按一个检验批计；

⑤界面砂浆进场时，按同一生产厂家、同一品种、同一等级、同一批号且连续进场的砂浆，

每30 t为一个检验批,不足30 t时应按一个检验批计;

(3)冬期施工砂浆试块的留置,除应按常温规定要求外,尚应增加1组与砌体同条件养护的试块,用于检验转入常温28 d的强度。如有特殊需要,可另外增加相应龄期的同条件养护的试块。

(4)《砌体结构工程施工质量验收规范》(GB 50203—2011)第4.0.13条规定:当施工中或验收时出现下列情况,可采用现场检验方法对砂浆或砌体强度进行实体检测,并判定其强度。

①砂浆试块缺乏代表性或试块数量不足;
②对砂浆试块的试验结果有怀疑或有争议;
③砂浆试块的试验结果,不能满足设计要求;
④发生工程事故,需要进一步分析事故原因。

(5)当砂浆试块强度评定不合格或试块留置数量严重不足或砂浆试块强度的代表值有怀疑,应由具有资质的检查机构采用非破损或局部破损的检测方法,按国家现行有关标准的规定对砂浆和砌体强度进行鉴定,作为处理的依据。鉴定处理应当记录,并经设计单位同意签认。

(6)《预拌砂浆》(GB/T 25181—2010)规定:

①湿拌砂浆应进行稠度、保水率、凝结时间、抗压强度和拉伸粘结强度检验,每50 m³相同配合比的湿拌砂浆取样不应少于一次;每一工作班相同配合比的湿拌砂浆不足50 m³时,取样不少于一次;

②抗渗压力检验的试样,每100 m³相同配合比的砂浆取样不应少于一次;每一工作班相同配合比的湿拌砂浆不足100 m³时,取样不应少于一次;

③干混砂浆根据生产厂产量和生产设备条件,按同品种、同规格型号分批进行。如年产量在10万t以上,不超过800 t或一天产量为一批;年产量4万t至10万t,不超过600 t或一天产量为一批;年产量1万t至4万t,不超过400 t或一天产量为一批;年产量1万t以下,不超过200 t或一天产量为一批;每批为一取样单位,取样应随机进行。

砂浆试块试压报告汇总表,见表2-43。

表2-43 砂浆试块试压报告汇总表

序号	强度等级	代表部位	代表方量/m³	取样日期	养护条件	试验日期	试验报告编号	试压强度	试验性质

项目专业技术负责人: 　　　　　　　专业质量检查员: 　　　　　　　日期: 　年　月　日

砂浆试块强度统计、评定记录,见表 2-44。

表 2-44 砂浆试块强度统计、评定记录

工程名称				强度等级		
施工单位				养护方法		
统计期		年 月 日至年 月 日		结构部位		
试块组数 n	强度标准值 f_2/MPa		平均值 $f_{2,m}$/MPa	最小值 $f_{2,\min}$/MPa		$0.85f_2$
每组强度值 MPa						
判定式	$f_{2,m} \geqslant 1.10f_2$			$f_{2,\min} \geqslant 0.85f_2$		
结果						
结论:						
	批准人		审核		统计	
	报告日期				年 月 日	

【例 2-1】 某工程的混合结构基础和首层用 M15 砂浆,共 6 组强度试块,各组代表值分别为 17.2、16.6、15.0、16.7、17.8、16.4(N/mm²),判断该批砂浆强度是否符合规范的规定。

解： 根据砌筑砂浆试块强度统计评定的判定式：

$f_{2,m} = (17.2+16.6+15.0+16.7+17.8+16.4)/6 = 16.6(\text{MPa}) > 1.1f_2 = 16.5(\text{MPa})$

$f_{2,\min} = 15.0(\text{MPa}) > 0.85 \times 15 = 12.75(\text{MPa})$

两判定式均满足，可以判定该批砂浆试块强度满足规范要求。

2.3.4 混凝土试块试压报告汇总表

混凝土应有配合比申请单和试验室签发的配合比通知单（现场搅拌时）；有按规定留的 28 天标养、同条件养护、拆模强度、受冻临界强度、预应力张拉强度等试件的抗压强度试验报告及抗渗、抗冻性能试验报告。单位工程应有混凝土试块抗压强度统计、评定记录。

(1)《混凝土结构工程施工质量验收规范》(GB 50204—2015)第 7.1.1 条规定：混凝土强度应按现行国家标准《混凝土强度检验评定标准》(GB/T 50107—2010)的规定分批检验评定。划入同一检验批的混凝土，其施工持续时间不宜超过 3 个月。

检验评定混凝土强度时，应采用 28 d 或设计规定龄期的标准养护试件。

试件成型方法及标准养护条件应符合现行国家标准《普通混凝土力学性能试验方法标准》(GB/T 50081—2002)的规定。采用蒸汽养护的构件，其试件应先随构件同条件养护，然后再置入标准养护条件下继续养护至 28 d 或设计规定龄期。

(2)《混凝土结构工程施工质量验收规范》(GB 50204—2015)第 7.1.3 条规定：当混凝土试件强度评定不合格时，可采用非破损或局部破损的检测方法，并按国家现行有关标准的规定对结构构件中的混凝土强度进行推定，并应按本规范第 10.2.2 条的规定进行处理。

(3)《混凝土结构工程施工质量验收规范》(GB 50204—2015)第 7.4.1 条规定：混凝土的强度等级必须符合设计要求。用于检验混凝土强度的试件应在浇筑地点随机抽取。对同一配合比的混凝土，取样与试件留置应符合下列规定：

①每拌制 100 盘且不超过 100 m³ 时，取样不得少于一次；
②每工作班拌制不足 100 盘时，取样不得少于一次；
③连续浇筑超过 1 000 m³ 时，每 200 m³ 取样不得少于一次；
④每一楼层取样不得少于一次；
⑤每次取样应至少留置一组试件。

检验方法：检查施工记录及混凝土强度试验报告。

(4)《建筑地面工程施工质量验收规范》(GB 50209—2010)第 3.0.19 条规定：检验同一施工批次、同一配合比水泥混凝土和水泥砂浆强度的试块，应按每一层（或检验批）建筑地面工程不少于 1 组。当每一层（或检验批）建筑地面工程面积大于 1 000 m² 时，每增加 1 000 m² 应增做 1 组试块；小于 1 000 m² 按 1 000 m² 计算，取样 1 组；检验同一施工批次、同一配合比的散水、明沟、踏步、台阶、坡道的水泥混凝土、砂浆强度的试块，应按每 150 延长米不少于 1 组。

(5)对有抗渗要求的混凝土结构，其混凝土试件应在浇筑地点随机取样。同一工程、同一配合比的混凝土，取样不应少于 1 次，留置组数可根据实际需要确定。检验方法：检查试件抗渗试验报告。

(6)对于重要柱梁节点、叠合梁后浇筑混凝土、后浇带混凝土每工作班其标养试块及同条件养护试块，不应少于 1 组。

(7)根据《混凝土强度检验评定标准》(GB/T 50107—2010)第 5.1.3 条，混凝土强度的合格判定系数见表 2-45。

表 2-45 混凝土强度的统计法合格判定系数

试件组数	10～14	15～19	≥20
λ_1	1.15	1.05	0.95
λ_2	0.90	0.85	

(8)根据《混凝土强度检验评定标准》(GB/T 50107—2010)第 5.2.2 条,混凝土强度的非统计法合格判定系数见表 2-46。

表 2-46 混凝土强度的非统计法合格判定系数

混凝土强度等级	<C60	≥C60
λ_3	1.15	1.10
λ_4	0.95	

混凝土试块试压报告汇总表见表 2-47。

表 2-47 混凝土试块试压报告汇总表

工程名称:

序号	强度等级	代表部位	代表方量/m³	取样日期	养护条件	试验日期	试验报告编号	试压强度	试验性质

项目专业技术负责人: 专业质量检查员: 日 期: 年 月 日

2.3.5 混凝土试块强度统计评定记录

(1)《混凝土强度检验评定标准》(GB/T 50107—2010)第 5.1.3 条规定:当样本容量不少于 10 组时,其强度应同时满足下列要求:

$$m_{f_{cu}} \geqslant f_{cu,k} + \lambda_1 \cdot S_{f_{cu}} \tag{2-1}$$

$$f_{cu,min} \geqslant \lambda_2 \cdot f_{cu,k} \tag{2-2}$$

同一检验批混凝土立方体抗压强度的标准差应按下式计算:

$$S_{f_{cu}} = \sqrt{\frac{\sum_{i=1}^{n} f_{cu,i}^2 - nm_{fcu}^2}{n-1}} \tag{2-3}$$

式中 $S_{f_{cu}}$ ——同一检验批混凝土立方体抗压强度的标准差(N/mm²),精确到 0.01 N/mm²;当检验批混凝土强度标准差 $S_{f_{cu}}$ 计算值小于 2.5 N/mm² 时,应取 2.5 N/mm²;

λ_1,λ_2 ——合格判定系数,按表 2-45 取用;

n——本检验期内的样本容量。

(2)当用于评定的样本容量小于 10 组时,应采用非统计方法评定混凝土强度。

(3)按非统计方法评定混凝土强度时,其强度应同时符合下列规定:

$$m_{f_{cu}} \geqslant \lambda_3 \cdot f_{cu,k} \tag{2-4}$$

$$f_{cu,min} \geq \lambda_4 \cdot f_{cu,k} \tag{2-5}$$

式中 λ_3,λ_4——合格判定系数,应按表 2-46 取用。

混凝土试块强度统计评定记录,见表 2-48。

表 2-48 混凝土试块强度统计评定记录

工程名称						强度等级				
施工单位						养护方法				
统计期		年 月 日至 年 月 日				结构部位				
试块组数 n	强度标准值 $f_{cu,k}$ /MPa		平均值 $m_{f_{cu}}$ /MPa	标准差 $S_{f_{cu}}$ /MPa		最小值 $f_{cu,min}$ /MPa	合格判定系数			
							λ_1	λ_2	λ_3	λ_4
每组强度值 MPa										
评定界限	□统计方法					□非统计方法				
	$f_{cu,k}+\lambda_1 \cdot S_{f_{cu}}$		$\lambda_2 \cdot f_{cu,k}$			$\lambda_3 \cdot f_{cu,k}$		$\lambda_4 \cdot f_{cu,k}$		
判定式	$m_{f_{cu}} \geq f_{cu,k}+\lambda_1 \cdot S_{f_{cu}}$		$f_{cu,min} \geq \lambda_2 \cdot S_{f_{cu,k}}$			$m_{f_{cu}} \geq \lambda_3 \cdot f_{cu,k}$		$f_{cu,min} \geq \lambda_4 \cdot f_{cu,k}$		
结果										
结论:										
	批准			审核				统计		
	报告日期					年 月 日				

【例 2-2】 某工程结构混凝土设计强度为 C35,同一验收批共 10 组强度试块,强度代表值

分别为 36.6、38.1、38.9、35.6、35.3、36.1、37.2、38.3、39.7、36.8（MPa），因不少于10组，故 $\lambda_1=1.15$，$\lambda_2=0.9$。采用统计方法判断并评定此批混凝土试块强度是否符合《混凝土强度检验评定标准》(GB/T 50107—2010)的规定。

解：采用统计方法评定混凝土试块强度：

$f_{cu,k}=35$ MPa，$\lambda_1=1.15$，$\lambda_2=0.9$

$m_{f_{cu}}=(36.6+38.1+38.9+35.6+35.3+36.1+37.2+38.3+39.7+36.8)/10=37.26(\text{MPa})$

$S_{f_{cu}}=\sqrt{\dfrac{1}{9}\times[(36.6^2+38.1^2+38.9^2+35.6^2+35.3^2+36.1^2+37.2^2+38.3^2+39.7^2+36.8^2)-10\times37.26^2]}$

$=1.45(\text{MPa})<2.5$ MPa

取 $S_{f_{cu}}=2.5$ MPa

由评定公式得：

(1) $f_{cu,k}+\lambda_1 S_{f_{cu}}=35+1.15\times2.5=37.88(\text{MPa})>m_{f_{cu}}=37.26$ MPa

(2) $f_{cu,\min}=35.3$ MPa $>\lambda_2\cdot f_{cu,k}=0.9\times35=31.5(\text{MPa})$

判定公式(1)不满足，故混凝土强度不合格。

2.3.6 屋面淋水、蓄水试验检查记录

《屋面工程质量验收规范》(GB 50207—2012)第9.0.8条规定：检查屋面有无渗漏、积水和排水系统是否畅通，应在雨后或持续淋水2 h后进行，并应填写淋雨试验记录。具备蓄水条件的檐沟、天沟应进行蓄水试验，蓄水时间不得少于24 h，并应填写蓄水试验记录。

(1)屋面在未做防水层前，宜进行泼水验收。

(2)屋面工程完工后，应对细部构造(屋面天沟、槽沟、泛水、水落口、变形缝、伸出屋面管道等)、接缝处和保护层进行雨期观察或淋水、蓄水检查。淋水试验持续时间不得少于2 h；做蓄水检查的屋面，蓄水时间不得少于24 h。

(3)淋水、蓄水试验检查应重点检查排水设计坡度、蓄水深度、蓄水时间、管道周围渗水情况、排水后积水情况等。

屋面淋水、蓄水试验检查记录，见表2-49。

2.3.7 通风(烟)道、垃圾道检查记录

建筑通风道(烟道)应全数做通(抽)风和漏风、串风试验，并填写检查记录。

垃圾道应全数检查畅通情况，并填写检查记录。

管道井应按使用功能全数检查，检查内容包括建筑工程与安装工程交接情况、地面做法、墙面做法、顶棚做法及后期成品保护情况。

注：1. 主烟(风)道可选检查，检查部位按轴线记录；副烟(风)道可按门编号记录。

2. 检查合格记(√)，不合格记(×)。

3. 第一次检查不合格记录(×)，复查合格后在(×)后面记录(√)。

建筑烟(风)道、垃圾道检查记录，见表2-50。

表 2-49 屋面淋水、蓄水试验检查记录

工程名称			试验日期	年 月 日	
试水方式	□第一次试水	□第二次试水	试水日期	从 年 月 日 时 分	
				至 年 月 日 时 分	
检查方法及内容					
检查结果					
复查意见					
			复查人：	复查日期： 年 月 日	
施工单位	试验人员： 项目专业质量检查员： 项目（专业）技术负责人： 年 月 日		监理（建设）单位	专业监理工程师 （建设单位项目技术负责人）： 年 月 日	

表 2-50　建筑烟(风)道、垃圾道检查记录

工程名称								
施工单位						检查日期	年　月　日	
检查部位和检查结果								
检查部位	主烟(风)道		副烟(风)道		垃圾道	管道井	检查人	复检人
	烟道	风道	烟道	风道				

施工单位	项目专业质量检查员： 项目(专业)技术负责人： 　　　　　　　　年　月　日	监理(建设)单位	专业监理工程师： (建设单位项目技术负责人) 　　　　　　　　年　月　日

2.3.8 混凝土结构子分部工程结构实体检验

对涉及混凝土结构安全的有代表性的部位应进行结构实体检验。结构实体检验应包括混凝土强度、钢筋保护层厚度、结构位置与尺寸偏差以及合同约定的项目，必要时可检验其他项目。

结构实体检验应由监理单位组织施工单位实施，并见证实施过程。施工单位应制定结构实体检验专项方案，并经监理单位审核批准后实施。除结构位置与尺寸偏差外的结构实体检验项目，应由具有相应资质的检测机构完成。

在结构实体检验中，当混凝土强度或钢筋保护层厚度检验结果不满足要求时，应委托具有相应资质的检测机构按国家现行有关标准的规定进行检测。

1. 结构实体混凝土同条件养护试件强度检验

(1)《混凝土结构工程施工质量验收规范》(GB 50204—2015)第10.1.2条要求：结构实体混凝土强度应按不同强度等级分别检验，检验方法宜采用同条件养护试件方法；当未取得同条件养护试件强度或同条件养护试件强度不符合要求时，可采用回弹—取芯法进行检验。

结构实体混凝土同条件养护试件强度检验应符合《混凝土结构工程施工质量验收规范》(GB 50204—2015)附录C的规定。结构实体混凝土回弹—取芯法强度检验应符合《混凝土结构工程施工质量验收规范》(GB 50204—2015)附录D的规定。

混凝土强度检验时的等效养护龄期可取日平均温度逐日累计达到600 ℃·d时所对应的龄期，且不应小于14 d，日平均温度为0 ℃及以下的龄期不计入。

冬期施工时，等效养护龄期计算时温度可取结构构件实际养护温度，也可根据结构构件的实际养护条件，按照同条件养护试件强度与在标准养护条件下28 d龄期试件强度相等的原则，由监理、施工等各方共同确定。

(2)结构实体检验用同条件养护试件强度检验。同条件养护试件的留置方式和取样数量，应符合下列要求：

①同条件养护试件所对应的结构构件或结构部位，应由施工、监理等各方共同选定，且同条件养护试件的取样宜均匀分布于工程施工周期内；

②同条件养护试件应在混凝土浇筑入模处见证取样；

③同条件养护试件应留置在靠近相应结构构件的适当位置，并应采取相同的养护方法；

④同一强度等级的同条件养护试件不宜少于10组，且不应少于3组。每连续两层楼取样不应少于1组；每2 000 m³取样不得少于1组。

(3)每组同条件养护试件的强度值应根据强度试验结果按现行国家标准《普通混凝土力学性能试验方法标准》(GB/T 50081—2002)的规定确定。

(4)对同一强度等级的同条件养护试件，其强度值应除以0.88后按现行国家标准《混凝土强度检验评定标准》(GB/T 50107—2010)的有关规定进行评定，评定结果符合要求时可判结构实体混凝土强度合格。

混凝土结构子分部工程结构实体混凝土强度验收记录，见表2-51。

表 2-51　混凝土结构子分部工程结构实体混凝土强度验收记录

工程名称		结构类型		强度等级数量	
施工单位		项目经理		项目技术负责人	

强度等级	试件强度代表值/MPa	强度判定式	监理（建设）单位验收结果
		（一）标准差未知统计方法（$n \geq 10$ 组）	
		（二）非统计方法（$n = 2 \sim 9$ 组）	
强度判定结果（列算式）			

检查结论	项目（专业）技术负责人： 年　月　日	验收结论	监理工程师 （建设单位项目专业技术负责人） 年　月　日

注：1. 本表中强度等级数量应根据实际情况确定；
2. 同条件养护试件的取样、留置、养护和强度代表值的确定应符合《混凝土结构工程施工质量验收规范》（GB 50204—2015）10.1 节和附录 C 的规定；
3. 表中与某一强度等级对应的试件强度代表值，上一行填写根据《混凝土强度检验评定标准》（GB/T 50107—2010）确定的数值，下一行填写乘以折算系数后的数值；
4. 表中对每一强度等级可填写 10 组试件的强度代表值，试件的具体组数应根据实际情况确定；
5. 同条件养护试件的留置组数、取样部位、放置位置、等效养护龄期、实际养护龄期和相应的温度测量等记录与资料应作为本表的附件。

2. 结构实体钢筋保护层厚度检验

(1)结构实体钢筋保护层厚度检验构件的选取应均匀分布,并应符合下列规定:

①钢筋保护层厚度检验的结构部位,应由监理(建设)施工等各方根据结构构件的重要性共同选定。

②对非悬挑梁板类构件,应各抽取构件数量的2%,且不少于5个构件进行检验。

③对悬挑梁,应抽取构件数量的5%且不少于10个构件进行检验;当悬挑梁数量少于10个时,应全数检验。

④对悬挑板,应抽取构件数量的10%且不少于20个构件进行检验;当悬挑板数量少于20个时,应全数检验。

(2)对选定的梁类构件,应对全部纵向受力钢筋的保护层厚度进行检验;对选定的板类构件,应抽取不少于6根纵向受力钢筋的保护层厚度进行检验。对每根钢筋,应选择有代表性的不同部位量测3点取平均值。

(3)钢筋保护层厚度的检验,可采用非破损或局部破损的方法;也可采用非破损的方法,并用局部破损方法进行校准;当采用非破损方法检验时,所使用的检测仪器应经过计量检验,检测操作应符合相应规程的规定,钢筋保护层厚度检验的检测误差不应大于1 mm。

(4)检验钢筋保护层厚度时,纵向受力钢筋保护层厚度的允许偏差对梁类构件为+10 mm、-7 mm,对板类构件为+8 mm、-5 mm。

(5)对梁类、板类构件纵向受力钢筋的保护层厚度,应分别进行验收。并应符合下列规定:

①当全部钢筋保护层厚度检验的合格率为90%及以上时,可判为合格;

②当全部钢筋保护层厚度检验的合格率小于90%,但不小于80%,可再抽取相同数量的构件进行检验;当按两次抽样总和计算的合格率为90%及以上时,仍可判为合格;

③每次抽样检验结果中不合格点的最大偏差均不应大于规范中规定允许偏差的1.5倍。

混凝土结构子分部工程结构实体钢筋保护层厚度验收记录,见表2-52。

3. 混凝土结构子分部工程结构实体位置与尺寸偏差检验

(1)结构实体位置与尺寸偏差检验构件的选取应均匀分布,并应符合下列规定:

①梁、柱应抽取构件数量的1%,且不应少于3个构件;

②墙、板应按有代表性的自然间抽取1%,且不应少于3间;

③层高应按有代表性的自然间抽查1%,且不应少于3间。

(2)混凝土结构子分部工程结构实体位置与尺寸偏差检验为在现浇结构分项工程和装配式结构分项工程验收后,在混凝土结构子分部验收阶段进行的抽检。对选定的构件,检验项目及检验方法应符合表2-53的规定,允许偏差及检验方法应符合《混凝土结构工程施工质量验收规范》(GB 50204—2015)的规定,精确至1 mm。

(3)墙厚、板厚、层高的检验可采用非破损或局部破损的方法,也可采用非破损方法并用局部破损方法进行校准。当采用非破损方法检验时,所使用的检测仪器应经过计量检验,检测操作应符合国家现行有关标准的规定。

(4)结构实体位置与尺寸偏差项目应分别进行验收,并应符合下列规定:

①当检验项目的合格率为80%及以上时,可判为合格;

②当检验项目的合格率小于80%但不小于70%时,可再抽取相同数量的构件进行检验;当按两次抽样总和计算的合格率为80%及以上时,仍可判为合格。

混凝土结构子分部工程结构实体位置与尺寸偏差检验记录,见表2-54。

表 2-52　混凝土结构子分部工程结构实体钢筋保护层厚度验收记录

工程名称				结构类型			检测钢筋型号、规格			
施工单位				项目经理			项目技术负责人			

构件类型	构件部位	厚度允许偏差	钢筋保护层厚度/mm		超差点数	合格点率	评定结果	监理(建设)单位验收结果
			设计值	实测值				
梁(板)	1							
	2							
	3							
	4							
	5							
	6							
	7							

附图	

	主检		审核	
检查结论	项目(专业)技术负责人　　　　　　　　年　月　日	验收结论	监理工程师 (建设单位项目专业技术负责人)　　　　　　　　年　月　日	

备注	仪器设备：　　　　　　　　使用前状态： 　　　　　　　　　　　　使用后状态：

注：1. 本表中梁类、板类构件数量应根据实际情况确定。
　　2. 表中对每一构件可填写 6 根钢筋的保护层厚度实测值，钢筋的具体数量应根据实际情况确定。
　　3. 钢筋保护层厚度检验的结构部位、构件数量、检验方法和验收符合《混凝土结构工程施工质量验收规范》(GB 50204—2015)第 10.1 节和附录 E 的规定。
　　4. 钢筋保护层厚度检验的结构部位、构件数量、检测钢筋数量和位置等记录及资料应作为本表的附件。

表 2-53 结构实体位置与尺寸偏差检验项目及检验方法

项目	检验方法
柱截面尺寸	选取柱的一边量测柱中部、下部及其他部位，取 3 点平均值
柱垂直度	沿两个方向分别量测，取较大值
墙厚	墙身中部量测 3 点，取平均值；测点间距不应小于 1 m
梁高	量测一侧边跨中及两个距离支座 0.1 m 处，取 3 点平均值；量测值可取腹板高度加上此处楼板的实测厚度
板厚	悬挑板取距离支座 0.1 m 处，沿宽度方向取包括中心位置在内的随机 3 点取平均值；其他楼板，在同一对角线上量测中间及距离两端各 0.1 m 处，取 3 点平均值
层高	与板厚测点相同，量测板顶至上层楼板板底净高，层高量测值为净高与板厚之和，取 3 点平均值

表 2-54 混凝土结构子分部工程结构实体位置与尺寸偏差检验记录

单位(子分部)工程名称			结构类型		检测数量	
施工单位			项目负责人		项目技术负责人	
序号	检验项目		设计要求及规范规定/mm	样本总数	抽样数量	施工单位检查结果	监理单位验收结论
1	柱截面尺寸		+10，-5				
2	柱垂直度	层高≤6 m	10				
		层高≥6 m	12				
3	墙 厚		+10，-5				
4	梁 高		+10，-5				
5	板 厚		+10，-5				
6	层 高		±10				
检查结论	项目专业技术负责人： 年 月 日				验收结论	监理工程师： 年 月 日	

2.4 施工安全管理资料

2.4.1 建筑施工现场安全管理基础知识

1. 建筑施工安全的特点

(1)建筑产品的多样性和施工条件的差异性决定了建筑工程施工没有固定的通用的施工方案,因此不存在通用的安全技术措施。

(2)建筑施工的季节性和人员的流动性决定了在建筑施工企业中季节工、临时工和劳务人员占相当大的比例。因此,安全教育和培训任务重、工作量大。

(3)建筑安全技术涉及面广,包括高处作业、电气、起重、运输、机械加工和防火、防爆、防尘、防毒等多专业的安全技术。

(4)施工的流动性与施工设施、防护设施的临时性,不容易引起施工人员的重视,施工人员忽视这些设施的质量,使安全隐患不能及时消除,以致造成事故。

(5)建筑施工行业容易发生伤亡事故的有高处坠落、起重伤害、触电、坍塌和物体打击,防止这些事故的发生是建筑施工安全工作的重点。

2. 建筑施工安全的一般要求

(1)各级施工管理单位的干部和工程技术人员,必须认真掌握和执行《建筑施工安全检查标准》(JGJ 59—2011)的各项规定;各工种的工人,必须熟悉本工种的安全技术操作规程,凡是不了解建筑安全规程的技术人员和未经过安全技术培训的工人、农民工,都不得参与施工。

(2)为了做到安全生产、文明生产,必须在施工前编制施工组织设计,做好施工平面布置。一切附属设施的搭设、机械安装、运输道路、上下水道、电力网、蒸汽管道和其他临时工程的位置,都须在施工组织设计场区规划中仔细、合理安排,做到既安全文明,又合理使用平面和空间。

(3)施工现场周围应设栅栏,有悬崖、陡坡等危险的地区设栅栏和警戒标志,夜间要设红灯示警。施工现场地面应平整,沟、坑应填平或设置盖板。

(4)按规定使用安全"三宝"(安全帽、安全带、安全网)。任何人员进入施工现场必须戴安全帽。

(5)施工现场的一切机械、电气设备、安全防护装置都要齐全、可靠。

(6)塔式起重机等起重设备必须有限位保险装置,不准"带病"运转,不准超负荷作业,不准在运转中维修保养。

(7)施工现场内一般不准架设高压线路,若必须架设,应与建筑物、工作地点保持足够的安全距离。工地内架设电气线路,必须符合有关规定。电气设备必须全部接零、接地。

(8)电动机械和手持电动工具(电钻、电刨等),必须安装漏电保护装置。

(9)脚手架材料及脚手架的搭设,必须符合规程要求。

(10)各种揽风绳及楼梯口、电梯口、预留洞口、通道口、上料口,必须有防护措施。

(11)严禁赤脚、穿高跟鞋或拖鞋进入施工现场,高空作业不准穿硬底鞋与带钉、易滑的鞋、靴。

(12)施工中必备的炸药、雷管、油漆、氧气等危险物品,应按国家规定妥善保管。

(13)自然光线不足的工作地点或夜间施工,应设置足够的照明设备;在坑井、隧道和沉箱中施工,除应有常用电灯外,还要备有独立电源的照明灯。

(14)寒冷地区冬期施工,应在施工地区附近设置有取暖设备的休息室。施工现场和职工休息处的一切取暖、保暖措施,都应符合防火和安全、卫生要求。

3. 施工现场安全要求

随着城市内建筑的增多,高层建筑的高速发展,建筑场地越来越狭窄,对文明施工的要求也越来越高。从施工现场保证安全出发,要求做到以下几点:

(1)施工现场的周围要设置围栏、屏障等,并张贴标志或悬挂标志牌,夜间要设置红灯,防止人员误入,发生危险。

(2)施工现场一切材料按规定堆放。砂石成方,砖、木成垛。对于预制构件的堆放,大型屋面板一摞不超过6块,小型空心板、槽形板一摞不超过8块。现场中拆除的模板和废料应及时清理或堆放在指定地点。

(3)施工现场应符合安全卫生要求。

(4)建筑施工场地如面临马路、住宅、厂区,在建筑物的毗邻一侧要随着建筑物的升高而加设安全立网,防止杂物落下,保持美观、文明。

(5)施工现场的道路要尽量减少交叉,而且要宽、直、平,保证车辆和人员安全通行。

4. 土石方工程安全要求

(1)一般要求。在建筑施工中,土石方工程很多,施工时要挖掘许多坑、沟、槽,容易发生意外事故。为了防止意外的发生,要求土石方工程施工前应做好地质、水文和地下设备(如天然气管道、煤气管道、电缆等)的调查和勘察工作。挖基坑、井坑时,应视土壤的性质、湿度和深度设计安全边坡或固壁支撑。对特殊的沟坑,必须专门设计后再开挖。在建筑物旁开挖基槽或深坑,一般不许超过原建筑物的基础深。挖出的泥土和坑边堆放的料具,必须堆积在坑边0.8 m以外,高度不得超过1.5 m。另外,挖掘中若发现不能辨认的物品,应立即报上级进行处理。

(2)手工挖掘安全要求。手工挖掘土石方应自上而下进行,不可掏空底脚,以免塌方。在同一坡面作业时,不得上下同时开挖,也不得上挖下运。为了避免塌方和保证安全,开挖深度和坡度要符合有关规定。

(3)机械挖掘安全要求。使用机械挖掘土石方前,应发出信号。在挖掘机推杆旋转范围内,不准进行其他作业。推土机推土时,禁止驶至坑、槽和山坡边缘,以防滑下翻车。推土机推土的最大上坡坡度不得超过25°,最大下坡坡度不得超过35°。

5. 高处作业安全要点

高处作业是指在坠落高度基准面2 m以上(含2 m)有可能坠落的高处进行的作业。在建筑施工中,高处作业占很大的比重,高空坠落事故也很多。按以下要点作业,有利于保证作业安全:

(1)从事高处作业的人员必须定期进行身体检查。

(2)高处作业人员要按规定穿戴防护用品,如穿软底鞋、戴安全帽;悬空高处作业必须系好安全带,安全带应高挂低用。

(3)高处作业点下方必须设安全网。凡无外架防护的工程,必须在高度4~6 m外设一层固定的安全网,每隔四层楼再设一道固定的安全网,并同时设一道随墙体逐层上升的安全网。

(4)电梯口、楼梯口、预留洞口和上料口,均要设围栏、盖板或架网;正在施工的建筑物所有的出入口,必须搭设板棚或网席棚。

(5)在施工过程中,对尚未安装的阳台周边、无边架防护的屋面周边、框架工程楼层周边、脚手架外侧、跑道(斜道)两侧和卸料台的外侧,都必须设置高为1 m的双层围栏或搭设安全网。

(6)脚手架必须坚固、稳定,能承受允许的荷载,在各种气候条件下不变形、不倾斜、不摇晃,对高度在10 m以上的脚手架,应在操作层下面增设一层架板或安全网,作为安全层。

(7)在顶棚或轻型屋面上操作或行走,必须先在上面搭设跳板或在下方满搭安全网。

(8)层高在3.6 m以下的室内作业所用的铁凳、木凳及人字梯等,一定要拴牢固,并设置防滑装置;直梯底部要采取防滑措施,顶端应捆扎牢固或设专人扶梯。

6. 拆除工程作业安全要点

对建筑物进行拆除,称为拆除工程作业。由于需拆除的建筑物多已危旧,作业地点也较为杂乱,因此,在作业中要特别注意安全。进行拆除工程作业的安全要点如下:

(1)拆除作业前,先对被拆除物结构强度进行全面、详细调查,制定拆除施工方案。

(2)将各种管线切段或迁移。

(3)在拆除物周围设安全围栏,无关人员不得进入。

(4)对有倒塌危险的结构物要临时加固。

(5)遵照拆除方案,自上而下地顺序进行,禁止数层或室内外同时拆除。

(6)拆除建筑物时,楼板上不准多人聚集或集中堆放材料。

(7)采用推到拆除法和爆破拆除法时,必须先经设计、计算,并制定专项安全技术措施以后再行拆除。

2.4.2 建筑施工安全管理检查评定

1. 安全管理检查评定保证项目

安全管理检查评定保证项目应包括安全生产责任制、施工组织设计及专项施工方案、安全技术交底、安全检查、安全教育、应急救援;一般项目应包括分包单位安全管理、特种作业持证上岗、生产安全事故处理、安全标志。

2. 检查评定应符合的规定

(1)安全管理保证项目的检查评定应符合的规定。

①安全生产责任制。

a. 工程项目部应建立以项目经理为第一责任人的各级管理人员安全生产责任制;

b. 安全生产责任制应经责任人签字确认;

c. 工程项目部应有各工种安全技术操作规程;

d. 工程项目部应按规定配备专职安全员;

e. 对实行经济承包的工程项目,承包合同中应有安全生产考核指标;

f. 工程项目部应制定安全生产资金保障制度;

g. 按安全生产资金保障制度,应编制安全资金使用计划,并应按计划实施;

h. 工程项目部应制定以伤亡事故控制、现场安全达标、文明施工为主要内容的安全生产管理目标;

i. 按安全生产管理目标和项目管理人员的安全生产责任制,应进行安全生产责任目标分解;

j. 应建立对安全生产责任制和责任目标的考核制度;

k. 按考核制度,应对项目管理人员定期进行考核。

②施工组织设计及专项施工方案。

a. 工程项目部在施工前应编制施工组织设计，施工组织设计应针对工程特点、施工工艺制定安全技术措施；

b. 危险性较大的分部分项工程应按规定编制安全专项施工方案，专项施工方案应有针对性，并按有关规定进行设计计算；

c. 超过一定规模危险性较大的分部分项工程，施工单位应组织专家对专项施工方案进行论证；

d. 施工组织设计、安全专项施工方案，应由有关部门审核，施工单位技术负责人、监理单位项目总监批准；

e. 工程项目部应按施工组织设计、专项施工方案组织实施。

③安全技术交底。

a. 施工负责人在分派生产任务时，应对相关管理人员、施工作业人员进行书面安全技术交底；

b. 安全技术交底应按施工工序、施工部位、施工栋号、分部、分项进行；

c. 安全技术交底应结合施工作业场所状况、特点、工序，对危险因素、施工方案、规范标准、操作规程和应急措施进行交底；

d. 安全技术交底应由交底人、被交底人、专职安全员进行签字确认。

④安全检查。

a. 工程项目部应建立安全检查制度；

b. 安全检查应由项目负责人组织，专职安全员及相关专业人员参加，定期填写检查记录；

c. 对检查中发现的事故隐患应下达隐患整改通知单，定人、定时间、定措施进行整改。重大事故隐患整改后，应由相关部门组织复查。

⑤安全教育。

a. 工程项目部应建立安全教育培训制度；

b. 当施工人员入场时，工程项目部应组织进行以国家安全法律法规、企业安全制度、施工现场安全管理规定及各工种安全技术操作规程为主要内容的三级安全教育培训和考核；

c. 当施工人员变换工种或采用新技术、新工艺、新设备、新材料施工时，应进行安全教育培训；

d. 施工管理人员、专职安全员每年度应进行安全教育培训和考核。

⑥应急救援。

a. 工程项目部应针对工程特点，进行重大危险源的辨识。应制定防触电、防坍塌、防高处坠落、防起重及机械伤害、防火灾、防物体打击等主要内容的专项应急救援预案，并对施工现场易发生重大安全事故的部位、环节进行监控；

b. 施工现场应建立应急救援组织，培训、配备应急救援人员，定期组织员工进行应急救援演练；

c. 按应急救援预案要求，应配备应急救援器材和设备。

(2)安全管理一般项目的检查评定应符合下列规定：

①分包单位安全管理。

a. 总包单位应对承揽分包工程的分包单位进行资质、安全生产许可证和相关人员安全生产资格的审查；

b. 当总包单位与分包单位签订分包合同时，应签订安全生产协议书，明确双方的安全责任；

c. 分包单位应按规定建立安全机构，配备专职安全员。

②持证上岗。

a. 从事建筑施工的项目经理、专职安全员和特种作业人员,必须经行业主管部门培训考核合格,取得相应资格证书,方可上岗作业;

b. 项目经理、专职安全员和特种作业人员应持证上岗。

③生产安全事故处理。

a. 当施工现场发生生产安全事故时,施工单位应按规定及时报告;

b. 施工单位应按规定对生产安全事故进行调查分析,制订防范措施;

c. 应依法为施工作业人员办理保险。

④安全标志。

a. 施工现场入口处及主要施工区域、危险部位应设置相应的安全警示标志牌;

b. 施工现场应绘制安全标志布置图;

c. 应根据工程部位和现场设施的变化,调整安全标志牌设置;

d. 施工现场应设置重大危险源公示牌。

2.4.3 文明施工

文明施工检查评定应符合现行国家标准《建设工程施工现场消防安全技术规范》(GB 50720—2011)、《建设工程施工现场环境与卫生标准》(JGJ 146—2013)、《施工现场临时建筑物技术规范》(JGJ/T 188—2009)的规定。

1. 文明施工检查评定项目

文明施工检查评定保证项目应包括现场围挡、封闭管理、施工场地、材料管理、现场办公与住宿、现场防火。

一般项目应包括综合治理、公示标牌、生活设施、保健急救、社区服务。

2. 检查评定应符合的规定

(1)文明施工保证项目的检查评定应符合的规定。

①现场围挡。

a. 市区主要路段的工地应设置高度不小于2.5 m的封闭围挡;

b. 一般路段的工地应设置高度不小于1.8 m的封闭围挡;

c. 围挡应坚固、稳定、整洁、美观。

②封闭管理。

a. 施工现场进出口应设置大门,并应设置门卫值班室;

b. 应建立门卫职守管理制度,并应配备门卫职守人员;

c. 施工人员进入施工现场应佩戴工作卡;

d. 施工现场出入口应标有企业名称或标识,并应设置车辆冲洗设施。

③施工场地。

a. 施工现场的主要道路及材料加工区地面应进行硬化处理;

b. 施工现场道路应畅通,路面应平整坚实;

c. 施工现场应有防止扬尘措施;

d. 施工现场应设置排水设施,且排水通畅;

e. 施工现场应有防止泥浆、污水、废水污染环境的措施;

f. 施工现场应设置专门的吸烟处,严禁随意吸烟;

g. 温暖季节应有绿化布置。

④材料管理。

a. 建筑材料、构件、料具应按总平面布局进行码放;

b. 材料应码放整齐,并应标明名称、规格等;

c. 施工现场材料的码放应采取防火、防锈蚀、防雨等措施;

d. 建筑物内施工垃圾的清运,应采用器具或管道运输,严禁随意抛掷;

e. 易燃易爆物品应分类储藏在专用库房内,并应制定防火措施。

⑤现场办公与住宿。

a. 施工作业、材料存放区与办公、生活区应划分清晰,并应采取相应的隔离措施;

b. 在施工程伙房、库房不得兼做宿舍;

c. 宿舍、办公用房的防火等级应符合规范要求;

d. 宿舍应设置可开启式窗户,床铺不得超过2层,通道宽度不应小于0.9m;

e. 宿舍内住宿人员人均面积不应小于 $2.5m^2$,且不得超过 16 人;

f. 冬季宿舍内应有采暖和防一氧化碳中毒措施;

g. 夏季宿舍内应有防暑降温和防蚊蝇措施;

h. 生活用品应摆放整齐,环境卫生应良好。

⑥现场防火。

a. 施工现场应建立消防安全管理制度,制定消防措施;

b. 施工现场临时用房和作业场所的防火设计应符合规范要求;

c. 施工现场应设置消防通道、消防水源,并应符合规范要求;

d. 施工现场灭火器材应保证可靠有效,布局配置应符合规范要求;

e. 明火作业应履行动火审批手续,配备动火监护人员。

(2)文明施工一般项目的检查评定应符合的规定。

①综合治理。

a. 生活区内应设置供作业人员学习和娱乐的场所;

b. 施工现场应建立治安保卫制度,责任分解落实到人;

c. 施工现场应制订治安防范措施。

②公示标牌。

a. 大门口处应设置公示标牌,主要内容应包括:工程概况牌、消防保卫牌、安全生产牌、文明施工牌、管理人员名单及监督电话牌、施工现场总平面图;

b. 标牌应规范、整齐、统一;

c. 施工现场应有安全标语;

d. 应有宣传栏、读报栏、黑板报。

③生活设施。

a. 应建立卫生责任制度并落实到人;

b. 食堂与厕所、垃圾站、有毒有害所等污染源的距离应符合规范要求;

c. 食堂必须有卫生许可证,炊事人员必须持身体健康证上岗;

d. 食堂使用的燃气罐应单独设置存放间,存放间应通风良好,并严禁存放其他物品;

e. 食堂的卫生环境应良好,且应配备必要的排风、冷藏、消毒、防鼠、防蚊蝇等设施;

f. 厕所内的设施数量和布局应符合规范要求;

g. 厕所必须符合卫生要求;

h. 必须保证现场人员卫生饮水;

i. 应设置淋浴室,且能满足现场人员需求;

j. 生活垃圾应装入密闭式容器内,并应及时清理。

④保健急救。

a. 制定相应的应急预案且预案实际操作性较好;
b. 设置经培训的急救人员及急救器材;
c. 开展卫生防病宣传教育,并提供必备防护用品;
d. 设置保健医药箱。

⑤社区服务。

a. 夜间施工前,必须经批准后方可进行施工;
b. 施工现场严禁焚烧各类废弃物;
c. 施工现场应制订防粉尘、防噪声、防光污染等措施;
d. 应制订施工不扰民措施。

2.4.4 检查评分办法

1. 评分办法

(1)建筑施工安全检查评定中,保证项目应全数检查。

(2)建筑施工安全检查评定应符合《建筑施工安全检查标准》(JGJ 59—2011)第 3 章中各检查评定项目的有关规定,并应按《建筑施工安全检查标准》(JGJ 59—2011)中的评分表进行评分。检查评分表分为安全管理、文明施工、脚手架、基坑工程、模板支架、高处作业、施工用电、物料提升机与施工升降机、塔式起重机与起重吊装、施工机具分项检查评分表和检查评分汇总表。建筑施工安全检查评分汇总表见表 2-55,安全管理检查评分表见表 2-56,文明施工检查评分表见表 2-57,扣件式钢管脚手架检查评分表见表 2-58,悬挑式脚手架检查评分表见表 2-59,门式钢管脚手架检查评分表见表 2-60,碗扣式钢管脚手架检查评分表见表 2-61,附着式升降脚手架检查评分表见表 2-62,承插型盘扣式钢管支架检查评分表见表 2-63,高处作业吊篮检查评分表见表 2-64,满堂式脚手架检查评分表见表 2-65,基坑支护、土方作业检查评分表见表 2-66,模板支架检查评分表见表 2-67,"三宝、四口"及临边防护检查评分表见表 2-68,施工用电检查评分表见表 2-69,物料提升机检查评分表见表 2-70,施工升降机检查评分表见表 2-71,塔式起重机检查评分表见表 2-72,起重吊装检查评分表见表 2-73,施工机具检查评分表见表 2-74。

(3)各评分表的评分应符合下列规定:

①分项检查评分表和检查评分汇总表的满分分值均应为 100 分,评分表的实得分值应为各检查项目所得分值之和;

②评分应采用扣减分值的方法,扣减分值总和不得超过该检查项目的应得分值;

③当按分项检查评分表评分时,保证项目中有一项未得分或保证项目小计得分不足 40 分,此分项检查评分表不应得分;

④检查评分汇总表中各分项项目实得分值应按下式计算:

$$A_1 = B \times C/100 \tag{2-6}$$

式中 A_1——汇总表中各分项项目实得分值;

B——汇总表中该项应得满分值;

C——该项检查评分表实得分值。

⑤当评分遇有缺项时,分项检查评分表或检查评分汇总表的总得分值应按下式计算:

$$A_2 = D/E \times 100 \tag{2-7}$$

式中 A_2——遇有缺项时总得分值;

D——实查项目在该表的实得分值之和；

E——实查项目在该表的应得满分值之和。

⑥脚手架、物料提升机与施工升降机、塔式起重机与起重吊装项目的实得分值，应为所对应专业的分项检查评分表实得分值的算术平均值。

2. 检查评定等级

(1)应按汇总表的总得分和分项检查评分表的得分，将建筑施工安全检查评定划分为优良、合格、不合格三个等级。

(2)建筑施工安全检查评定的等级划分应符合下列规定：

①优良：分项检查评分表无零分，汇总表得分值应在80分及以上。

②合格：分项检查评分表无零分，汇总表得分值应在80分以下，70分及以上。

③不合格：

a. 当汇总表得分值不足70分；

b. 当有一分项检查评分表得零分时。

(3)当建筑施工安全检查评定的等级为不合格时，必须限期整改达到合格。

表 2-55　建筑施工安全检查评分汇总表

企业名称：　　　　　　　　　　　　资质等级：　　　　　　　　　　　年　月　日

单位工程(施工现场)名称	建筑面积/m²	结构类型	总计得分(满分分值100分)	项目名称及分值									
				安全管理(满分10分)	文明施工(满分15分)	脚手架(满分10分)	基坑工程(满分10分)	模板支架(满分10分)	高处作业(满分10分)	施工用电(满分10分)	物料提升机与施工升降机(满分10分)	塔式起重机与起重吊装(满分10分)	施工机具(满分5分)

评语：

检查单位		负责人		受检项目		项目经理	

表 2-56　安全管理检查评分表

序号	检查项目		扣分标准	应得分数	扣减分数	实得分数
1	保证项目	安全生产责任制	未建立安全责任制扣 10 分 安全生产责任制未经责任人签字确认扣 3 分 未制定各工种安全技术操作规程扣 10 分 未按规定配备专职安全员扣 10 分 工程项目部承包合同中未明确安全生产考核指标扣 8 分 未制定安全资金保障制度扣 5 分 未编制安全资金使用计划及实施扣 2～5 分 未制定安全生产管理目标(伤亡控制、安全达标、文明施工)扣 5 分 未进行安全责任目标分解的扣 5 分 未建立安全生产责任制、责任目标考核制度扣 5 分 未按考核制度对管理人员定期考核扣 2～5 分	10		
2		施工组织设计	施工组织设计中未制定安全措施扣 10 分 危险性较大的分部分项工程未编制安全专项施工方案，扣 3～8 分 未按规定对专项方案进行专家论证扣 10 分 施工组织设计、专项方案未经审批扣 10 分 安全措施、专项方案无针对性或缺少设计计算扣 6～8 分 未按方案组织实施扣 5～10 分	10		
3		安全技术交底	未采取书面安全技术交底扣除 10 分 交底未做到分部分项扣 5 分 交底内容针对性不强扣 3～5 分 交底内容不全面扣 4 分 交底未履行签字手续扣 2～4 分	10		
4		安全检查	未建立安全检查(定期、季节性)制度扣 5 分 未留有定期、季节性安全检查记录扣 5 分 事故隐患的整改未做到定人、定时间、定措施扣 2～6 分 对重大事故隐患整改通知书所列项目未按期整改和复查扣 8 分	10		
5		安全教育	未建立安全培训、安全教育制度扣 10 分 新入厂工人未进行三级安全教育和考核扣 10 分 未明确具体安全教育内容扣 6～8 分 变换工种时未进行安全教育扣 10 分 施工管理人员、专职安全员未按规定进行年度培训考核扣 5 分	10		
6		应急预案	未制定安全生产应急预案扣 10 分 未建立应急救援组织、配备救援人员扣 3～6 分 未配置应急救援器材扣 5 分 未进行应急救援演练扣 5 分	10		
		小　　计		60		
7	一般项目	分包单位安全管理	分包单位资质、资格、分包手续不全或失效扣 10 分 未签订安全生产协议书扣 5 分 分包合同、安全协议书，签字盖章手续不全扣 2～6 分 分包单位未按规定建立安全组织、配备安全员扣 3 分	10		
		小　　计		10		

续表

序号	检查项目		扣分标准	应得分数	扣减分数	实得分数
8	一般项目	特种作业持证上岗	一人未经培训从事特种作业扣4分 一人特种作业人员资格证书未延期复核扣4分 一人未持操作证上岗扣2分	10		
9		生产安全事故处理	生产安全事故未按规定报告扣3~5分 生产安全事故未按规定进行调查分析处理、制定防范措施扣10分 未办理工伤保险扣5分	10		
10		安全标志	主要施工区域、危险部位、设施未按规定悬挂安全标志扣5分 未绘制现场安全标志布置总平面图扣5分 未按部位和现场设施的改变调整安全标志设置扣5分	10		
		小 计		30		
检查项目合计				100		

表 2-57 文明施工检查评分表

序号	检查项目		扣分标准	应得分数	扣减分数	实得分数
1	保证项目	现场围挡	在市区主要路段的工地周围未设置高2.5m的围挡扣10分 一般路段的工地周围未设置高于1.8m的围挡扣10分 围挡材料不坚固、不稳定、不整洁、不美观扣5~7分 围挡没有沿工地四周连续设置的扣3~5分	10		
2		封闭管理	施工现场出入口未设置大门扣3分 未设置门卫室扣2分 未设门卫或未建立门卫制度扣3分 进入施工现场未佩戴工作卡扣3分 施工现场出入口未标有企业名称或标识,且未设置车辆冲洗设施扣3分	10		
3		施工场地	现场主要道路未进行硬化处理扣5分 现场道路不畅通、路面不平整坚实扣5分 现场作业、运输、存放材料等采取的防尘措施不齐全、不合理扣5分 排水设施不齐全或排水不畅通、有积水扣4分 未采取防止泥浆、污水、废水外流或堵塞下水道和排水河道措施扣3分 未设置吸烟处、随意吸烟扣2分 温暖季节未进行绿化布置扣3分	10		
4		现场材料	建筑材料、构件、料具不按总平面布局码放扣4分 材料布局不合理、堆放不整齐、未标明名称、规格扣2分 建筑物内施工垃圾的清运,未采用合理器具或随意凌空抛掷扣5分 未做到工完场地清扣3分 易燃易爆物品未采取防护措施或未进行分类存放扣4分	10		
		小 计		40		

续表

序号	检查项目		扣分标准	应得分数	扣减分数	实得分数
5	保证项目	现场住宿	在建工程伙房、库房兼作住宿扣8分 施工作业区、材料存放区与办公区、生活区不能明显划分扣6分 宿舍未设置可开启式窗户扣4分 未设置床铺、床铺超过2层、使用通铺、未设置通道或人员超编扣6分 宿舍未采取保暖和防煤气中毒措施扣5分 宿舍未采取消暑和防蚊蝇措施扣5分 生活用品摆放混乱、环境不卫生扣3分	10		
6		现场防火	未制定消防措施、制度或未配备灭火器材扣10分 现场临时设施的材质和选址不符合环保、消防要求扣8分 易燃材料随意码放,灭火器材布局、配置不合理或灭火器材失效扣5分 未设置消防水源(高层建筑)或不能满足消防要求扣8分 未办理动火审批手续或无动火监护人员扣5分	10		
		小　计		20		
7	一般项目	治安综合治理	生活区未给作业人员设置学习和娱乐场所扣4分 未建立治安保卫制度,责任未分解到人扣3~5分 治安防范措施不利,常发生失盗事件的扣3~5分	8		
8		施工现场标牌	大门扣处设置的"五牌一图"内容不全,缺一项扣2分 标牌不规范、不整齐扣3分 无张挂安全标语扣5分 未设置宣传栏、读报栏、黑板报扣4分	8		
9		生活设施	食堂与厕所、垃圾站、有毒有害场所距离较近扣6分 食堂未办理卫生许可证或未办理炊事人员健康证扣5分 食堂使用的燃气罐未单独设置存放间或存放间通风条件不好扣4分 食堂的卫生环境差,未配备排风、冷藏、隔油池、防鼠等设施扣4分 厕所的数量或布局不满足现场人员需求扣6分 厕所不符合卫生要求扣4分 不能保证现场人员卫生饮水扣8分 未设置淋浴室或淋浴室不能满足现场人员需求扣4分 未建立卫生责任制度、生活垃圾未装容器或未及时清理扣3~5分	8		
10		保健急救	现场未制定相应的应急预案,或预案实际操作性差扣6分 未设置经培训的急救人员或未设置急救器材扣4分 未开展卫生防病宣传教育或未提供必备防护用品扣4分 未设置保健医药箱扣5分	8		
11		社区服务	夜间未经许可施工扣8分 施工现场焚烧各类废弃物扣8分 未采取防粉尘、防噪声、防光污染措施扣5分 未建立施工不扰民措施扣5分	8		
		小　计		40		
	检查项目合计			100		

表 2-58　扣件式钢管脚手架检查评分表

序号	检查项目		扣分标准	应得分数	扣减分数	实得分数
1	保证项目	施工方案	架体搭设未编制施工方案或搭设高度超过 24 m 未编制专项施工方案扣 10 分 架体搭设高度超过 24 m，未进行设计计算或按规定审核、审批扣 10 分 架体搭设高度超过 50 m，专项施工方案未按规定组织专家论证或未按专家论证意见组织实施扣 10 分 施工方案不完整或不能指导施工作业扣 5～8 分	10		
2		立杆基础	立杆基础不平、不实、不符合方案设计要求扣 10 分 立杆底部底座、垫板或垫板的规格不符合规范要求每一处扣 2 分 未按规范要求设置纵、横向扫地杆扣 5～10 分 扫地杆的设置和固定不符合规范要求扣 5 分 未设置排水措施扣 8 分	10		
3		架体与建筑结构拉结	架体与建筑结构拉结不符合规范要求每处扣 2 分 连墙件距主节点距离不符合规范要求每处扣 4 分 架体底层第一步纵向水平杆处未按规定设置连墙件或未采用其他可靠措施固定每处扣 2 分 搭设高度超过 24 m 的双排脚手架，未采用刚性连墙件与建筑结构可靠连接扣 10 分	10		
4		杆件间距与剪刀撑	立杆、纵向水平杆、横向水平杆间距超过规范要求每处扣 2 分 未按规定设置纵向剪刀撑或横向斜撑每处扣 5 分 剪刀撑未沿脚手架高度连续设置或角度不符合要求扣 5 分 剪刀撑斜杆的接长或剪刀撑斜杆与架体杆件固定不符合要求每处扣 2 分	10		
5		脚手板与防护栏杆	脚手板未满铺或铺设不牢、不稳扣 7～10 分 脚手板规格或材质不符合要求扣 7～10 分 每有一处探头板扣 2 分 架体外侧未设置密目式安全网封闭或网间不严扣 7～10 分 作业层未在高度 1.2 m 和 0.6 m 处设置上、中两道防护栏杆扣 5 分 作业层未设置高度不小于 180 mm 的挡脚板扣 5 分	10		
6		交底与验收	架体搭设前未进行交底或交底未留有记录扣 5 分 架体分段搭设、分段使用未办理分段验收扣 5 分 架体搭设完毕未办理验收手续扣 10 分 未记录量化的验收内容扣 5 分	10		
		小计		60		
7	一般项目	横向水平杆设置	未在立杆与纵向水平杆交点处设置横向水平杆每处扣 2 分 未按脚手板铺设的需要增加设置横向水平杆每处扣 2 分 横向水平杆只固定一端每处扣 1 分 单排脚手架横向水平杆插入墙内小于 18 cm 每处扣 2 分	10		
8		杆件搭接	纵向水平杆搭接长度小于 1 m 或固定不符合要求每处扣 2 分 立杆除顶层顶步外采用搭接每处扣 4 分	10		
9		架体防护	作业层未用安全平网双层兜底，且以下每隔 10 m 未用安全平网封闭扣 10 分 作业层与建筑物之间未进行封闭扣 10 分	10		
10		脚手架材质	钢管直径、壁厚、材质不符合要求扣 5 分 钢管弯曲、变形、锈蚀严重扣 4～5 分 扣件未进行复试或技术性能不符合标准扣 5 分	5		
11		通道	未设置人员上下专用通道扣 5 分 通道设置不符合要求扣 1～3 分	5		
		小计		40		
检查项目合计				100		

表 2-59 悬挑式脚手架检查评分表

序号	检查项目		扣分标准	应得分数	扣减分数	实得分数
1	保证项目	施工方案	未编制专项施工方案或未进行设计计算扣 10 分 专项施工方案未经审核、审批或架体搭设高度超过 20 m 未按规定组织进行专家论证扣 10 分	10		
2		悬挑钢梁	钢梁截面高度未按设计确定或截面高度小于 160 mm 扣 10 分 钢梁固定段长度小于悬挑段长度的 1.25 倍扣 10 分 钢梁外端未设置钢丝绳或钢拉杆与上一层建筑结构拉结每处扣 2 分 钢梁与建筑结构锚固措施不符合规范要求每处扣 5 分 钢梁间距未按悬挑架体立杆纵距设置扣 6 分	10		
3		架体稳定	立杆底部与钢梁连接处未设置可靠固定措施每处扣 2 分 承插式立杆接长未采取螺栓或销钉固定每处扣 2 分 未在架体外侧设置连续式剪刀撑扣 10 分 未按规定在架体内侧设置横向斜撑扣 5 分 架体未按规定与建筑结构拉结每处扣 5 分	10		
4		脚手板	脚手板规格、材质不符合要求扣 7~10 分 脚手板未满铺或铺设不严、不牢、不稳扣 7~10 分 每处探头板扣 2 分	10		
5		荷载	架体施工荷载超过设计规定扣 10 分 施工荷载堆放不均匀每处扣 5 分	10		
6		交底与验收	架体搭设前未进行交底或交底未留有记录扣 5 分 架体分段搭设、分段使用,未办理分段验收扣 7~10 分 架体搭设完毕未保留验收资料或未记录量化的验收内容扣 5 分	10		
		小 计		60		
7	一般项目	杆件间距	立杆间距超过规范要求,或立杆底部未固定在钢梁上每处扣 2 分 纵向水平杆步距超过规范要求扣 5 分 未在立杆与纵向水平杆交点处设置横向水平杆每处扣 1 分	10		
8		架体防护	作业层外侧未在高度 1.2 m 和 0.6 m 处设置上、中两道防护栏杆扣 5 分 作业层未设置高度不小于 180 mm 的挡脚板扣 5 分 架体外侧未采用密目式安全网封闭或网间不严扣 7~10 分	10		
9		层间防护	作业层未用安全平网双层兜底,且以下每隔 10 m 未用安全平网封闭扣 10 分 架体底层未进行封闭或封闭不严扣 10 分	10		
10		脚手架材质	型钢、钢管、构配件规格及材质不符合规范要求扣 7~10 分 型钢、钢管弯曲、变形、锈蚀严重扣 7~10 分	10		
		小 计		40		
	检查项目合计			100		

表 2-60 门式钢管脚手架检查评分表

序号	检查项目		扣分标准	应得分数	扣减分数	实得分数
1	保证项目	施工方案	未编制专项施工方案或未进行设计计算扣 10 分 专项施工方案未按规定审核、审批或架体搭设高度超过 50m 未按规定组织专家论证扣 10 分	10		
2		架体基础	架体基础不平、不实、不符合专项施工方案要求扣 10 分 架体底部未设垫板或垫板底部的规格不符合要求扣 10 分 架体底部未按规范要求设置底座每处扣 1 分 架体底部未按规范要求设置扫地杆扣 5 分 未设置排水措施扣 8 分	10		
3		架体稳定	未按规定间距与结构拉结每处扣 5 分 未按规范要求设置剪刀撑扣 10 分 未按规范要求高度做整体加固扣 5 分 架体立杆垂直偏差超过规定扣 5 分	10		
4		杆件锁件	未按说明书规定组装,或漏装杆件、锁件扣 6 分 未按规范要求设置纵向水平加固杆扣 10 分 架体组装不牢或紧固不符合要求每处扣 1 分 使用的扣件与连接的杆件参数不匹配每处扣 1 分	10		
5		脚手板	脚手板未满铺或铺设不牢、不稳扣 5 分 脚手板规格或材质不符合要求的扣 5 分 采用钢脚手板时挂钩未挂扣在水平杆上或挂钩未处于锁住状态每处扣 2 分	10		
6		交底与验收	脚手架搭设前未进行交底或交底未留有记录扣 6 分 脚手架分段搭设分段使用未办理分段验收扣 6 分 脚手架搭设完毕未办理验收手续扣 6 分 未记录量化的验收内容扣 5 分	10		
		小计		60		
7	一般项目	架体防护	作业层脚手架外侧未在 1.2 m 和 0.6 m 高度设置上、中两道防护栏杆扣 10 分 作业层未设置高度不小于 180 mm 的挡脚板扣 3 分 脚手架外侧未设置密目式安全网封闭或网间不严扣 7~10 分 作业层未用安全平网双层兜底,且以下每隔 10 m 未用安全平网封闭扣 5 分	10		
8		材质	杆件变形、锈蚀严重扣 10 分 门架局部开焊扣 10 分 构配件的规格、型号、材质或产品质量不符合规范要求扣 10 分	10		
9		荷载	施工荷载超过设计规定扣 10 分 荷载堆放不均匀每处扣 5 分	10		
10		通道	未设置人员上下专用通道扣 10 分 通道设置不符合要求扣 5 分	10		
		小计		40		
	检查项目合计			100		

表 2-61 碗扣式钢管脚手架检查评分表

序号	检查项目		扣分标准	应得分数	扣减分数	实得分数
1	保证项目	施工方案	未编制专项施工方案或未进行设计计算扣 10 分 专项施工方案未按规定审核、审批或架体高度超过 50 m 未按规定组织专家论证扣 10 分	10		
2		架体基础	架体基础不平、不实,不符合专项施工方案要求扣 10 分 架体底部未设置垫板或垫板的规格不符合要求扣 10 分 架体底部未按规范要求设置底座每处扣 1 分 架体底部未按规范要求设置扫地杆扣 5 分 未设置排水措施扣 8 分	10		
3		架体稳定	架体与建筑结构未按规范要求拉结每处扣 2 分 架体底层第一步水平杆处未按规范要求设置连墙件或未采用其他可靠措施固定每处扣 2 分 连墙件未采用刚性杆件扣 10 分 未按规范要求设置竖向专用斜杆或八字形斜撑扣 5 分 竖向专用斜杆两端未固定在纵、横向水平杆与立杆汇交的碗扣结点处每处扣 2 分 竖向专用斜杆或八字形斜撑未沿脚手架高度连续设置或角度不符合要求扣 5 分	10		
4		杆件锁件	立杆间距、水平杆步距超过规范要求扣 10 分 未按专项施工方案设计的步距在立杆连接碗扣结点处设置纵、横向水平杆扣 10 分 架体搭设高度超过 24 m 时,顶部 24 m 以下的连墙件层未按规定设置水平斜杆扣 10 分 架体组装不牢或上碗扣紧固不符合要求每处扣 1 分	10		
5		脚手板	脚手板未满铺或铺设不牢、不稳扣 7～10 分 脚手板规格或材质不符合要求扣 7～10 分 采用钢脚手板时挂钩未挂扣在横向水平杆上或挂钩未处于锁住状态每处扣 2 分	10		
6		交底与验收	架体搭设前未进行交底或交底未留有记录扣 6 分 架体分段搭设、分段使用未办理分段验收扣 6 分 架体搭设完毕未办理验收手续扣 6 分 未记录量化的验收内容扣 5 分	10		
		小计		60		
7	一般项目	架体防护	架体外侧未设置密目式安全网封闭或网间不严扣 7～10 分 作业层未在外侧立杆的 1.2 m 和 0.6 m 的碗扣结点设置上、中两道防护栏杆扣 5 分 作业层外侧未设置高度不小于 180 mm 的挡脚板扣 3 分 作业层未用安全平网双层兜底,且以下每隔 10 m 未用安全平网封闭扣 5 分	10		
8		材质	杆件弯曲、变形、锈蚀严重扣 10 分 钢管、构配件的规格、型号、材质或产品质量不符合规范要求扣 10 分	10		
9		荷载	施工荷载超过设计规定扣 10 分 荷载堆放不均匀每处扣 5 分	10		
10		通道	未设置人员上下专用通道扣 10 分 通道设置不符合要求扣 5 分	10		
		小计		40		
	检查项目合计			100		

表 2-62 附着式升降脚手架检查评分表

序号	检查项目		扣分标准	应得分数	扣减分数	实得分数
1	保证项目	施工方案	未编制专项施工方案或未进行设计计算扣 10 分 专项施工方案未按规定审核、审批扣 10 分 脚手架提升高度超过 150 m，专项施工方案未按规定组织专家论证扣 10 分	10		
2		安全装置	未采用机械式的全自动防坠落装置或技术性能不符合规范要求扣 10 分 防坠落装置与升降设备未分别独立固定在建筑结构处扣 10 分 防坠落装置未设置在竖向主框架处与建筑结构附着扣 10 分 未安装防倾覆装置或防倾覆装置不符合规范要求扣 10 分 在升降或使用工况下，最上和最下两个防倾装置之间的最小间距不符合规范要求扣 10 分 未安装同步控制或荷载控制装置扣 10 分 同步控制或荷载控制误差不符合规范要求扣 10 分	10		
3		架体构造	架体高度大于 5 倍楼层高扣 10 分 架体宽度大于 1.2 m 扣 10 分 直线布置的架体支承跨度大于 7 m，或折线、曲线布置的架体支撑跨度的架体外侧距离大于 5.4 m 扣 10 分 架体的水平悬挑长度大于 2 m 或水平悬挑长度未大于 2 m 但大于跨度 1/2 扣 10 分 架体悬臂高度大于架体高度 2/5 或悬臂高度大于 6 m 扣 10 分 架体全高与支撑跨度的乘积大于 110 m² 扣 10 分	10		
4		附着支座	未按竖向主框架所覆盖的每个楼层设置一道附着支座扣 10 分 在使用工况时，未将竖向主框架与附着支座固定扣 10 分 在升降工况时，未将防倾、导向的结构装置设置在附着支座处扣 10 分 附着支座与建筑结构连接固定方式不符合规范要求扣 10 分	10		
5		架体安装	主框架和水平支撑桁架的结点未采用焊接或螺栓连接或各杆件轴线未交汇于主节点扣 10 分 内外两片水平支承桁架的上弦和下弦之间设置的水平支撑杆件未采用焊接或螺栓连接扣 5 分 架体立杆底端未设置在水平支撑桁架上弦各杆件汇交结点处扣 10 分 与墙面垂直的定型竖向主框架组装高度低于架体高度扣 5 分 架体外立面设置的连续式剪刀撑未将竖向主框架、水平支撑桁架和架体构架连成一体扣 8 分	10		
6		架体升降	两跨以上架体同时整体升降采用手动升降设备扣 10 分 升降工况时附着支座在建筑结构连接处混凝土强度未达到设计要求或小于 C10 扣 10 分 升降工况时架体上有施工荷载或有人员停留扣 10 分	10		
		小计		60		
1	一般项目	检查验收	构配件进场未办理验收扣 6 分 分段安装、分段使用未办理分段验收扣 8 分 架体安装完毕未履行验收程序或验收表未经责任人签字扣 10 分 每次提升前未留有具体检查记录扣 6 分 每次提升后、使用前未履行验收手续或资料不全扣 7 分	10		
2		脚手板	脚手板未满铺或铺设不严、不牢扣 3~5 分 作业层与建筑结构之间空隙封闭不严扣 3~5 分 脚手板规格、材质不符合要求扣 5~8 分	10		
3		防护	脚手架外侧未采用密目式安全网封闭或网间不严扣 10 分 作业层未在高度 1.2 m 和 0.6 m 处设置上、中两道防护栏杆扣 5 分 作业层未设置高度不小于 180 mm 的挡脚板扣 5 分	10		
4		操作	操作前未向有关技术人员和作业人员进行安全技术交底扣 10 分 作业人员未经培训或未定岗定责扣 7~10 分 安装拆除单位资质不符合要求或特种作业人员未持证上岗扣 7~10 分 安装、升降、拆除时未采取安全警戒扣 10 分 荷载不均匀或超载扣 5~10 分	10		
		小计		40		
	检查项目合计			100		

表 2-63 承插型盘扣式钢管支架检查评分表

序号	检查项目		扣分标准	应得分数	扣减分数	实得分数
1	保证项目	施工方案	未编制专项施工方案或搭设高度超过24 m未另行专门设计和计算扣10分 专项施工方案未按规定审核、审批扣10分	10		
2		架体基础	架体基础不平、不实、不符合方案设计要求扣10分 架体立杆底部缺少垫板或垫板的规格不符合规范要求每处扣2分 架体立杆底部未按要求设置底座每处扣1分 未按规范要求设置纵、横向扫地杆扣5~10分 未设置排水措施扣8分	10		
3		架体稳定	架体与建筑结构未规范要求拉结每处扣2分 架体底层第一步水平杆处未按规范要求设置连墙件或未采用其他可靠措施固定每处扣2分 连墙件未采用刚性杆件扣10分 未按规范要求设置竖向斜杆或剪刀撑扣5分 竖向斜杆两端未固定在纵、横向水平杆与立杆汇交的盘扣结点处每处扣2分 斜杆或剪刀撑未沿脚手架高度连续设置或角度不符合要求扣5分	10		
4		杆件	架体立杆间距、水平杆步距超过规范要求扣2分 未按专项施工方案设计的步距在立杆连接盘处设置纵、横向水平杆扣10分 双排脚手架的每步水平杆层，当无挂扣钢脚手板时未按规范要求设置水平斜杆扣5~10分	10		
5		脚手板	脚手板不满铺或铺设不牢、不稳扣7~10分 脚手板规格或材质不符合要求扣7~10分 采用钢脚手板时挂钩未挂扣在水平杆上或挂钩未处于锁住状态每处扣2分	10		
6		交底与验收	脚手架搭设前未进行交底或未留有交底记录扣5分 脚手架分段搭设、分段使用未办理分段验收扣10分 脚手架搭设完毕未办理验收手续扣10分 未记录量化的验收内容扣5分	10		
		小计		60		
7	一般项目	架体防护	架体外侧未设置密目式安全网封闭或网间不严扣7~10分 作业层未在外侧立杆的1 m和0.5 m的盘扣节点处设置上、中两道水平防护栏杆扣5分 作业层外侧未设置高度不小于180 mm的挡脚板扣3分	10		
8		杆件接长	立杆竖向接长位置不符合要求扣5分 搭设悬挑脚手架时，立杆的承插接长部位未采用螺栓作为立杆连接件固定扣7~10分 剪刀撑的斜杆接长不符合要求扣5~8分	10		
9		架体内封闭	作业层未用安全平网双层兜底，且以下每隔10 m未用安全平网封闭扣7~10分 作业层与主体结构间的空隙未封闭扣5~8分	10		
10		材质	钢管、构配件的规格、型号、材质或产品质量不符合规范要求扣5分 钢管弯曲、变形、锈蚀严重扣5分	5		
11		通道	未设置人员上下专用通道扣5分 通道设置不符合要求扣3分	5		
		小计		40		
	检查项目合计			100		

表 2-64 高处作业吊篮检查评分表

序号	检查项目		扣分标准	应得分数	扣减分数	实得分数
1	保证项目	施工方案	未编制专项施工方案或未对吊篮支架支撑处结构的承载力进行验算扣10分 专项施工方案未按规定审核、审批扣10分	10		
2		安全装置	未安装安全锁或安全锁失灵扣10分 安全锁超过标定期限仍在使用扣10分 未设置挂设安全带专用安全绳及安全锁扣,或安全绳未固定在建筑物可靠位置扣10分 吊篮未安装上限位装置或限位装置失灵扣10分	10		
3		悬挂机构	悬挂机构前支架支撑在建筑物女儿墙上或挑檐边缘扣10分 前梁外伸长度不符合产品说明书规定扣10分 前支架与支撑面不垂直或脚轮受力扣10分 前支架调节杆未固定在上支架与悬挑梁连接的结点处扣10分 使用破损的配重件或采用其他替代物扣10分 配重件的重量不符合设计规定扣10分	10		
4		钢丝绳	钢丝绳磨损、断丝、变形、锈蚀达到报废标准扣10分 安全绳规格、型号与工作钢丝绳不相同或未独立悬挂每处扣5分 安全绳不悬垂扣10分 利用吊篮进行电焊作业未对钢丝绳采取保护措施扣6~10分	10		
5		安装	使用未经检测或检测不合格的提升机扣10分 吊篮平台组装长度不符合规范要求扣10分 吊篮组装的构配件不是同一生产厂家的产品扣5~10分	10		
6		升降操作	操作升降人员未经培训合格扣10分 吊篮内作业人员数量超过2人扣10分 吊篮内作业人员未将安全带使用安全锁扣正确挂置在独立设置的专用安全绳上扣10分 吊篮正常使用,人员未从地面进入篮内扣10分	10		
		小计		60		
7	一般项目	交底与验收	未履行验收程序或验收表未经责任人签字扣10分 每天班前、班后未进行检查扣5~10分 吊篮安装、使用前未进行交底扣5~10分	10		
8		防护	吊篮平台周边的防护栏杆或挡脚板的设置不符合规范要求扣5~10分 多层作业未设置防护顶板扣7~10分	10		
9		吊篮稳定	吊篮作业未采取防摆动措施扣10分 吊篮钢丝绳不垂直或吊篮距建筑物空隙过大扣10分	10		
10		荷载	施工荷载超过设计规定扣5分 荷载堆放不均匀扣10分 利用吊篮作为垂直运输设备扣10分	10		
		小计		40		
	检查项目各计			100		

表 2-65 满堂式脚手架检查评分表

序号	检查项目		扣分标准	应得分数	扣减分数	实得分数
1	保证项目	施工方案	未编制专项施工方案或未进行设计计算扣 10 分 专项施工方案未按规定审核、审批扣 10 分	10		
2		架体基础	架体基础不平、不实、不符合专项施工方案要求扣 10 分 架体底部未设置垫木或垫木的规格不符合要求扣 10 分 架体底部未按规范要求设置底座每处扣 1 分 架体底部未按规范要求设置扫地杆扣 5 分 未设置排水措施扣 5 分	10		
3		架体稳定	架体四周与中间未按规范要求设置竖向剪刀撑或专用斜杆扣 10 分 未按规范要求设置水平剪刀撑或专用水平斜杆扣 10 分 架体高宽比大于 2 时未按要求采取与结构刚性连接或扩大架体底脚等措施扣 10 分	10		
4		杆件锁件	架体搭设高度超过规范或设计要求扣 10 分 架体立杆间距水平杆步距超过规范要求扣 10 分 杆件接长不符合要求每处扣 2 分 架体搭设不牢或杆件结点紧固不符合要求每处扣 1 分	10		
5		脚手板	脚手板不满铺或铺设不牢、不稳扣 5 分 脚手板规格或材质不符合要求扣 5 分 采用钢脚手板时挂钩未挂扣在水平杆上或挂钩未处于锁住状态每处扣 2 分	10		
6		交底与验收	架体搭设前未进行交底或交底未留有记录扣 6 分 架体分段搭设、分段使用未办理分段验收扣 6 分 架体搭设完毕未办理验收手续扣 6 分 未记录量化的验收内容扣 5 分	10		
		小计		60		
7	一般项目	架体防护	作业层脚手架周边,未在高度 1.2 m 和 0.6 m 处设置上、中两道防护栏杆扣 10 分 作业层外侧未设置 180 mm 高挡脚板扣 5 分 作业层未用安全平网双层兜底,且以下每隔 10 m 未用安全平网封闭扣 5 分	10		
8		材质	钢管、构配件的规格、型号、材质或产品质量不符合规范要求扣 10 分 杆件弯曲、变形、锈蚀严重扣 10 分	10		
9		荷载	施工荷载超过设计规定扣 10 分 荷载堆放不均匀每处扣 5 分	10		
10		通道	未设置人员上下专用通道扣 10 分 通道设置不符合要求扣 5 分	10		
		小计		40		
	检查项目合计			100		

表 2-66 基坑支护、土方作业检查评分表

序号	检查项目		扣分标准	应得分数	扣减分数	实得分数
1	保证项目	施工方案	深基坑施工未编制支护方案扣 20 分 基坑深度超过 5 m 未编制专项支护设计扣 20 分 开挖深度 3 m 及以上未编制专项方案扣 20 分 开挖深度 5 m 及以上专项方案未经过专家论证扣 20 分 支护设计及土方开挖方案未经审批扣 15 分 施工方案针对性差不能指导施工扣 12～15 分	20		
2		临边防护	深度超过 2 m 的基坑施工未采取临边防护措施扣 10 分 临边及其他防护不符合要求扣 5 分	10		
3		基坑支护及支撑拆除	坑槽开挖设置安全边坡不符合安全要求扣 10 分 特殊支护的作法不符合设计方案扣 5～8 分 支护设施已产生局部变形又未采取措施调整扣 6 分 混凝土支护结构未达到设计强度提前开挖、超挖扣 10 分 支撑拆除没有拆除方案扣 10 分 未按拆除方案施工扣 5～8 分 用专业方法拆除支撑，施工队伍没有专业资质扣 10 分	10		
4		基坑降排水	高水位地区深基坑内未设置有效降水措施扣 10 分 深基坑边界周围地面未设置排水沟扣 10 分 基坑施工未设置有效排水措施扣 10 分 深基础施工采用坑外降水，未采取防止临近建筑和管线沉降措施扣 10 分	10		
5		坑边荷载	积土、料具堆放距槽边距离小于设计规定扣 10 分 机械设备施工与槽边距离不符合要求且未采取措施扣 10 分	10		
		小计		60		
6	一般项目	上下通道	人员上下未设置专用通道扣 10 分 设置的通道不符合要求扣 6 分	10		
7		土方开挖	施工机械进场未经检验扣 5 分 挖土机作业时，有人员进入挖土机作业半径内扣 6 分 挖土机作业位置不牢、不安全扣 10 分 司机无证作业扣 10 分 未按规定程序挖土或超挖扣 10 分	10		
8		基坑支护变形监测	未按规定进行基坑工程监测扣 10 分 未按规定对毗邻建筑物和重要管线和道路进行沉降观测扣 10 分	10		
9		作业环境	基坑内作业人员缺少安全作业面扣 10 分 垂直作业上下未采取隔离防护措施扣 10 分 光线不足，未设置足够照明扣 5 分	10		
		小计		40		
	检查项目合计			100		

表 2-67 模板支架检查评分表

序号	检查项目		扣分标准	应得分数	扣减分数	实得分数
1	保证项目	施工方案	未按规定编制专项施工方案或结构设计未经设计计算扣 15 分 专项施工方案未经审核、审批扣 15 分 超过一定规模的模板支架,专项施工方案未按规定组织专家论证扣 15 分 专项施工方案未明确混凝土浇筑方式扣 10 分	15		
2		立杆基础	立杆基础承载力不符合设计要求扣 10 分 基础未设排水设施扣 8 分 立杆底部未设置底座、垫板或垫板规格不符合规范要求每处扣 3 分	10		
3		支架稳定	支架高宽比大于规定值时,未按规定要求设置连墙杆扣 15 分 连墙杆设置不符合规范要求每处扣 5 分 未按规定设置纵、横向及水平剪刀撑扣 15 分 纵、横向及水平剪刀撑设置不符合规范要求扣 5~10 分	15		
4		施工荷载	施工均布荷载超过规定值扣 10 分 施工荷载不均匀,集中荷载超过规定值扣 10 分	10		
5		交底与验收	支架搭设(拆除)前未进行交底或无交底记录扣 10 分 支架搭设完毕未办理验收手续扣 10 分 验收无量化内容扣 5 分	10		
		小计		60		
6	一般项目	立杆设置	立杆间距不符合设计要求扣 10 分 立杆未采用对接连接每处扣 5 分 立杆伸出顶层水平杆中心线至支撑点的长度大于规定值每处扣 2 分	10		
7		水平杆设置	未按规定设置纵、横向扫地杆或设置不符合规范要求每处扣 5 分 纵、横向水平杆间距不符合规范要求每处扣 5 分 纵、横向水平杆件连接不符合规范要求每处扣 5 分	10		
8		支架拆除	混凝土强度未达到规定值,拆除模板支架扣 10 分 未按规定设置警戒区或未设置专人监护扣 8 分	10		
9		支架材质	杆件弯曲、变形、锈蚀超标扣 10 分 构配件材质不符合规范要求扣 10 分 钢管壁厚不符合要求扣 10 分	10		
		小计		40		
检查项目合计				100		

表2-68 "三宝、四口"及临边防护检查评分表

序号	检查项目	扣分标准	应得分数	扣减分数	实得分数
1	安全帽	作业人员未佩戴安全帽每人扣2分 作业人员未按规定佩戴安全帽每人扣1分 安全帽不符合标准每顶扣1分	10		
2	安全网	在建工程外侧未采用密目式安全网封闭或网间不严扣10分 安全网规格、材质不符合要求扣10分	10		
3	安全带	作业人员未系挂安全带每人扣5分 作业人员未按规定系挂安全带每人扣3分 安全带不符合标准每条扣2分	10		
4	临边防护	工作面临边无防护每处扣5分 临边防护不严或不符合规范要求每处扣5分 防护设施未形成定型化、工具化扣5分	10		
5	洞口防护	在建工程的预留洞口、楼梯口、电梯井口,未采取防护措施每处扣3分 防护措施、设施不符合要求或不严密每处扣3分 防护设施未形成定型化、工具化扣5分 电梯井内每隔两层(不大于10 m)未按要求设置安全平网每处扣5分	10		
6	通道口防护	未搭设防护棚或防护不严、不牢固可靠每处扣5分 防护棚两侧未进行防护每处扣6分 防护棚宽度不大于通道口宽度每处扣4分 防护棚长度不符合要求每处扣6分 建筑物高度超过30 m,防护棚顶未采用双层防护每处扣5分 防护棚的材质不符合要求每处扣5分	10		
7	攀登作业	移动式梯子的梯脚底部垫高使用每处扣5分 折梯使用未有可靠拉撑装置每处扣5分 梯子的制作质量或材质不符合要求每处扣5分	5		
8	悬空作业	悬空作业处未设置防护栏杆或其他可靠的安全设施每处扣5分 悬空作业所用的索具、吊具、料具等设备,未经过技术鉴定或验证、验收每处扣5分	5		
9	移动式操作平台	操作平台的面积超过10 m² 或高度超过5 m扣6分 移动式操作平台,轮子与平台的连接不牢固可靠或立柱底端距离地面超过80 mm扣10分 操作平台的组装不符合要求扣10分 平台台面铺板不严扣10分 操作平台四周未按规定设置防护栏杆或未设置登高扶梯扣10分 操作平台的材质不符合要求扣10分	10		
10	物料平台	物料平台未编制专项施工方案或未经设计计算扣10分 物料平台搭设不符合专项方案要求扣10分 物料平台支撑架未与工程结构连接或连接不符合要求扣8分 平台台面铺板不严或台面层下方未按要求设置安全平网扣10分 材质不符合要求扣10分 物料平台未在明显处设置限定荷载标牌扣3分	10		
11	悬挑式钢平台	悬挑式钢平台未编制专项施工方案或未经设计计算扣10分 悬挑式钢平台的搁支点与上部拉结点,未设置在建筑物结构上扣10分 斜拉杆或钢丝绳,未按要求在平台两边各设置两道扣10分 钢平台未按要求设置固定的防护栏杆和挡脚板或栏杆扣10分 钢平台台面铺板不严,或钢平台与建筑结构之间铺板不严扣10分 平台上未在明显处设置限定荷载标牌扣6分	10		
	检查项目合计		100		

表 2-69　施工用电检查评分表

序号	检查项目		扣分标准	应得分数	扣减分数	实得分数
1	保证项目	外电防护	外电线路与在建工程(含脚手架)、高大施工设备、场内机动车道之间小于安全距离且未采取防护措施扣 10 分 防护设施和绝缘隔离措施不符合规范扣 5~10 分 在外电架空线路正下方施工、建造临时设施或堆放材料物品扣 10 分	10		
2		接地与接零保护系统	施工现场专用变压器配电系统未采用 TN-S 接零保护方式扣 20 分 配电系统未采用同一保护方式扣 10~20 分 保护零线引出位置不符合规范扣 10~20 分 保护零线装设开关、熔断器或与工作零线混接扣 10~20 分 保护零线材质、规格及颜色标记不符合规范每处扣 3 分 电气设备未接保护零线每处扣 3 分 工作接地与重复接地的设置和安装不符合规范扣 10~20 分 工作接地电阻大于 4 Ω，重复接地电阻大于 10 Ω 扣 10~20 分 施工现场防雷措施不符合规范扣 5~10 分	20		
3		配电线路	线路老化破损，接头处理不当扣 10 分 线路未设短路、过载保护扣 5~10 分 线路截面不能满足负荷电流每处扣 2 分 线路架设或埋设不符合规范扣 5~10 分 电缆沿地面明敷扣 10 分 使用四芯电缆外加一根线替代五芯电缆扣 10 分 电杆、横担、支架不符合要求每处扣 2 分	10		
4		配电箱与开关箱	配电系统未按"三级配电、二级漏电保护"设置扣 10~20 分 用电设备违反"一机、一闸、一漏、一箱"每处扣 5 分 配电箱与开关箱结构设计、电器设置不符合规范扣 10~20 分 总配电箱与开关箱未安装漏电保护器每处扣 5 分 漏电保护器参数不匹配或失灵每处扣 3 分 配电箱与开关箱内闸具损坏每处扣 3 分 配电箱与开关箱进线和出线混乱每处扣 3 分 配电箱与开关箱内未绘制系统接线图和分路标记每处扣 3 分 配电箱与开关箱未设门锁、未采取防雨措施每处扣 3 分 配电箱与开关箱安装位置不当、周围杂物多等不便操作每处扣 3 分 分配电箱与开关箱的距离、开关箱与用电设备的距离不符合规范每处扣 3 分	20		
		小计		60		
5	一般项目	配电室与配电装置	配电室建筑耐火等级低于 3 级扣 15 分 配电室未配备合格的消防器材扣 3~5 分 配电室、配电装置布设不符合规范扣 5~10 分 配电装置中的仪表、电器元件设置不符合规范或损坏、失效扣 5~10 分 备用发电机组未与外电线路进行连锁扣 15 分 配电室未采取防雨雪和小动物侵入的措施扣 10 分 配电室未设警示标志、工地供电平面图和系统图扣 3~5 分	15		
6		现场照明	照明用电与动力用电混用每处扣 3 分 特殊场所未使用 36 V 及以下安全电压扣 15 分 手持照明灯未使用 36 V 以下电源供电扣 10 分 照明变压器未使用双绕组安全隔离变压器扣 15 分 照明专用回路未安装漏电保护器每处扣 3 分 灯具金属外壳未接保护零线每处扣 3 分 灯具与地面、易燃物之间小于安全距离每处扣 3 分 照明线路接线混乱和安全电压线路接头处未使用绝缘布包扎扣 10 分	15		
7		用电档案	未制定专项用电施工组织设计或设计缺乏针对性扣 5~10 分 专项用电施工组织设计未履行审批程序，实施后未组织验收扣 5~10 分 接地电阻、绝缘电阻和漏电保护器检测记录未填写或填写不真实扣 3 分 安全技术交底、设备设施验收记录未填写或填写不真实扣 3 分 定期巡视检查、隐患整改记录未填写或填写不真实扣 3 分 档案资料不齐全、未设专人管理扣 5 分	10		
		小计		40		
	检查项目合计			100		

表 2-70 物料提升机检查评分表

序号	检查项目		扣分标准	应得分数	扣减分数	实得分数
1	保证项目	安全装置	未安装起重限制器、防坠安全器扣 15 分 起重量限制器、防坠安全器不灵敏扣 15 分 安全停层装置不符合规范要求，未达到定型化扣 10 分 未安装上限位开关的扣 15 分 上限位开关不灵敏，安全越程不符合规范要求的扣 10 分 物料提升机安装高度超过 30 m，未安装渐进式防坠安全器、自动停层、语音及影像信号装置每项扣 5 分	15		
2		防护设施	未设置防护围挡或设置不符合规范要求扣 5 分 未设置进料口防护棚或设置不符合规范要求扣 5~10 分 停层平台两侧未设置防护栏杆、挡脚板每处扣 5 分，设置不符合规范要求每处扣 2 分 停层平台脚手板铺设不严、不牢每处扣 2 分 未安装平台门或平台门不起作用每处扣 5 分，平台门安装不符合规范要求、未达到定型化每处扣 2 分 吊笼门不符合规范要求扣 10 分	15		
3		附墙架与缆风绳	附墙架结构、材质、间距不符合产品说明书要求扣 10 分 附墙架未与建筑结构可靠连接或附墙架与脚手架连接扣 10 分 缆风绳设置数量、位置不符合规范要求扣 5 分 缆风绳未使用钢丝绳或未与地锚连接扣 10 分 钢丝绳直径小于 8 mm 或角度不符合 45°~60°要求每处扣 4 分 安装高度超过 30 m 的物料提升机使用缆风绳扣 10 分 地锚设置不符合规范要求每处扣 5 分	10		
4		钢丝绳	钢丝绳磨损、变形、锈蚀达到报废标准扣 10 分 钢丝绳绳夹设置不符合规范要求每处扣 2 分 吊笼处于最低位置，卷筒上钢丝绳少于 3 圈扣 10 分 未设置钢丝绳过路保护措施或钢丝绳拖地扣 5 分	10		
5		安装与验收	安装单位未取得相应资质或特种作业人员未持证上岗扣 10 分 未制定安装（拆卸）安全专项方案扣 10 分，内容不符合规范要求扣 5 分 未履行验收程序或验收表未经责任人签字扣 5 分 验收表填写不符合规范要求每项扣 2 分	10		
		小计		60		
6	一般项目	导轨架	基础设置不符合规范扣 10 分 导轨架垂直度偏差大于导轨架高度 0.15%扣 5 分 导轨结合面阶差大于 1.5 m 扣 2 分 井架停层平台通道处未进行结构加强的扣 5 分	10		
7		动力与传动	卷扬机、曳引机安装不牢固扣 10 分 卷筒与导轨架底导向轮的距离小于 20 倍卷筒宽度，未设置排绳器扣 5 分 钢丝绳在卷筒上排列不整齐扣 5 分 滑轮与导轨架、吊笼未采用刚性连接扣 10 分 滑轮与钢丝绳不匹配扣 10 分 卷筒、滑轮未设置防止钢丝绳脱出装置扣 5 分 曳引钢丝绳为 2 根及以上时，未设置曳引力平衡装置扣 5 分	10		
8		通信装置	未按规要求设置通信装置扣 5 分 通信装置未设置语音和影响显示扣 3 分	5		
9		卷扬机操作棚	卷扬机未设置操作棚扣 10 分 操作棚搭设不符合规范要求扣 5~10 分	10		
10		避雷装置	物料提升机在其他防雷保护范围以外未设置避雷装置扣 5 分 避雷装置不符合规范要求扣 3 分	5		
		小计		40		
	检查项目合计			100		

表 2-71　施工升降机检查评分表

序号	检查项目		扣分标准	应得分数	扣减分数	实得分数
1	保证项目	安全装置	未安装起重量限制器或起重量限制器不灵敏扣 10 分 未安装渐进式防坠安全器或防坠安全器不灵敏扣 10 分 防坠安全器超过有效标定期限扣 10 分 对重钢丝绳未安装防松绳装置或防松绳装置不灵敏扣 6 分 未安装急停开关，急停开关不符合规范要求扣 3～5 分 未安装吊笼和对重用的缓冲器扣 5 分 未安装安全钩扣 5 分	10		
2		限位装置	未安装极限开关或极限开关不灵敏扣 10 分 未安装上限位开关或上限位开关不灵敏扣 10 分 未安装下限位开关或下限位开关不灵敏扣 8 分 极限开关与上限位开关安全越程不符合规范要求扣 5 分 极限开关与上、下限位开关共用一个触发元件扣 4 分 未安装吊笼门机电连锁装置或不灵敏扣 8 分 未安装吊笼顶窗电气安全开关或不灵敏扣 4 分	10		
3		防护设施	未设置防护围栏或设置不符合规范要求扣 8～10 分 未安装地面防护围栏门连锁保护装置或连锁保护装置不灵敏扣 8 分 未设置出入口防护棚或设置不符合规范要求扣 6～10 分 停层平台搭设不符合规范要求扣 5～8 分 未安装平台门或平台门不起作用每一处扣 4 分，平台门不符合规范要求、未达到定型化每处扣 2～4 分	10		
4		附着	附墙架未采用配套标准产品扣 8～10 分 附墙架与建筑结构连接方式、角度不符合说明书要求扣 6～10 分 附墙架间距、最高附着点以上导轨架的自由高度超过说明书要求扣 8～10 分	10		
5		钢丝绳、滑轮与对重	对重钢丝绳绳数少于 2 根或未相对独立扣 10 分 钢丝绳磨损、变形、锈蚀达到报废标准扣 6～10 分 钢丝绳的规格、固定、缠绕不符合说明书及规范要求扣 5～8 分 滑轮未安装钢丝绳防脱装置或不符合规范要求扣 4 分 对重重量、固定、导轨不符合说明书及规范要求扣 6～10 分 对重未安装防脱轨保护装置扣 5 分	10		
6		安装、拆卸与验收	安装、拆卸单位无资质扣 10 分 未制定安装、拆卸专项方案扣 10 分，方案无审批或内容不符合规范要求扣 5～8 分 未履行验收程序或验收表未经责任人签字扣 5～8 分 验收表填写不符合规范要求每项 2～4 分 特种作业人员未持证上岗扣 10 分	10		
		小计		60		
7	一般项目	导轨架	导轨架垂直度不符合规范要求扣 10 分 标准节腐蚀、磨损、开焊、变形超过说明书及规范要求扣 7～10 分 标准节结合面偏差不符合规范要求扣 4～6 分 齿条结合面偏差不符合规范要求扣 4～6 分	10		
8		基础	基础制作、验收不符合说明书及规范要求扣 8～10 分 特殊基础未编制制作方案及验收扣 8～10 分 基础未设置排水设施扣 4 分	10		
9		电气安全	施工升降机与架空线路小于安全距离又未采取防护措施扣 10 分 防护措施不符合要求扣 4～6 分 电缆使用不符合规范要求扣 4～6 分 电缆导向架未按规定设置扣 4 分 防雷保护范围以外未设置避雷装置扣 10 分 避雷装置不符合规范要求扣 5 分	10		
10		通信装置	未安装楼层信号联络装置扣 10 分 楼层联络信号不灵敏扣 4～6 分	10		
		小计		40		
	检查项目合计			100		

表 2-72 塔式起重机检查评分表

序号	检查项目		扣分标准	应得分数	扣减分数	实得分数
1	保证项目	载荷限制装置	未安装起重量限制器或不灵敏扣 10 分 未安装力矩限制器或不灵敏扣 10 分	10		
2		行程限位装置	未安装起升高度限位器或不灵敏扣 10 分 未安装幅度限位器或不灵敏扣 10 分 回转不设集电器的塔式起重机未安装回转限位器或不灵敏扣 6 分 行走式塔式起重机未安装行走限位器或不灵敏扣 8 分	10		
3		保护装置	小车变幅的塔式起重机未安装断绳保护及断轴保护装置或不符合规范要求扣 8~10 分 行走及小车变幅的轨道行程末端未安装缓冲器及止挡装置或不符合规范要求扣 6~10 分 起重臂根部绞点高度大于 50 m 的塔式起重机未安装风速仪或不灵敏扣 4 分 塔式起重机顶部高度大于 30 m 且高于周围建筑物未安装障碍指示灯扣 4 分	10		
4		吊钩、滑轮、卷筒与钢丝绳	吊钩未安装钢丝绳防脱钩装置或不符合规范要求扣 8 分 吊钩磨损、变形、疲劳裂纹达到报废标准扣 10 分 滑轮、卷筒未安装钢丝绳防脱装置或不符合规范要求扣 4 分 滑轮及卷筒的裂纹、磨损达到报废标准扣 6~8 分 钢丝绳磨损、变形、锈蚀达到报废标准扣 6~10 分 钢丝绳的规格、固定、缠绕不符合说明书及规范要求扣 5~8 分	10		
5		多塔作业	多塔作业未制定专项施工方案扣 10 分,施工方案未经审批或方案针对性不强扣 6~10 分 任意两台塔式起重机之间的最小架设距离不符合规范要求扣 10 分	10		
6		安装、拆卸与验收	安装、拆卸单位未取得相应资质扣 10 分 未制定安装、拆卸专项方案扣 10 分,方案未经审批或内容不符合规范要求扣 5~8 分 未履行验收程序或验收表未经责任人签字扣 5~8 分 验收表填写不符合规范要求每项扣 2~4 分 特种作业人员未持证上岗扣 10 分 未采取有效联络信号扣 7~10 分	10		
		小计		60		
7	一般项目	附着	塔式起重机高度超过规定未安装附着装置扣 10 分 附着装置水平距离不满足产品说明书要求未进行设计计算和审批扣 6~8 分 安装内爬式塔式起重机的建筑承载结构未进行受力计算扣 8 分 附着装置安装不符合产品说明书及规范要求扣 6~10 分 附着后塔身垂直度不符合规范要求扣 8~10 分	10		
8		基础与轨道	基础未按说明书及有关规定设计、检测、验收扣 8~10 分 基础未设置排水措施扣 4 分 路基箱或枕木铺设不符合说明书及规范要求扣 4~8 分 轨道铺设不符合说明书及规范要求扣 4~8 分	10		
9		结构设施	主要结构件的变形、开焊、裂纹、锈蚀超过规要求扣 8~10 分 平台、走道、梯子、栏杆等不符合规范要求扣 4~8 分 主要受力构件高强螺栓使用不符合规范要求扣 6 分 销轴连接不符合规范要求扣 2~6 分	10		
10		电气安全	未采用 TN-S 接零保护系统供电扣 10 分 塔式起重机与架空线路小于安全距离又未采取防护措施扣 10 分 防护措施不符合规范要求扣 4~6 分 防雷保护范围以外未设置避雷装置扣 10 分 避雷装置不符合规范要求扣 5 分 电缆使用及固定不符合规范要求扣 4~6 分	10		
		小计		40		
	检查项目合计			100		

表 2-73 起重吊装检查评分表

序号	检查项目		扣分标准	应得分数	扣减分数	实得分数
1	保证项目	施工方案	未编制专项施工方案或专项施工方案未经审核扣 10 分 采用起重拔杆或起吊重量超过 100 kN 及以上专项方案未按规定组织专家论证扣 10 分	10		
2		起重机械 / 起重机	未安装荷载限制装置或不灵敏扣 20 分 未安装行程限位装置或不灵敏扣 20 分 吊钩未设置钢丝绳防脱钩装置或不符合规范要求扣 8 分	20		
		起重机械 / 起重拔杆	未按规定安装荷载、行程限位装置每项扣 10 分 起重拔杆组装不符合设计要求扣 10~20 分 起重拔杆组装后未履行验收程序或验收表无责任人签字扣 10 分			
3		钢丝绳与地锚	钢丝绳磨损、断丝、变形、锈蚀达到报废标准扣 10 分 钢丝绳索具安全系数小于规定值扣 10 分 卷筒、滑轮磨损、裂纹达到报废标准扣 10 分 卷筒、滑轮未安装钢丝绳防脱装置扣 5 分 地锚设置不符合设计要求扣 8 分	10		
4		作业环境	起重机行走作业处地面承载能力不符合规定或未采用有效加固措施扣 10 分 起重机与架空线路安全距离不符合规范要求扣 10 分	10		
5		作业人员	起重吊装作业单位未取得相应资质或特种作业人员未持证上岗扣 10 分 未按规定进行技术交底或技术交底未留有文字记录扣 5 分	10		
		小计		40		
7	一般项目	高处作业	未按规定设置高处作业平台扣 10 分 高处作业平台设置不符合规范要求扣 10 分 未按规定设置爬梯或爬梯的强度、构造不符合规定扣 8 分 未按规定设置安全带悬挂点扣 10 分	10		
8		构件码放	构件码放超过作业面承载能力扣 10 分 构件堆放高度超过规定要求扣 4 分 大型构件码放未采取稳定措施扣 8 分	10		
9		信号指挥	未设置信号指挥人员扣 10 分 信号传递不清晰、不准确扣 10 分	10		
10		警戒监护	未按规定设置作业警戒区扣 10 分 警戒区未设专人监护扣 8 分	10		
		小计		40		
	检查项目合计			100		

表 2-74　施工机具检查评分表

序号	检查项目	扣分标准	应得分数	扣减分数	实得分数
1	平刨	平刨安装后无验收合格手续扣 3 分 未设置护手安全装置扣 3 分 传动部位未设置防护罩扣 3 分 未做保护接零、未设置漏电保护器每处扣 3 分 未设置安全防护棚扣 3 分 无人操作时未切断电源的扣 3 分 使用平刨和圆盘锯合用一台电机的多功能木工机具的，平刨和圆盘锯两项扣 12 分	12		
2	圆盘锯	电锯安装后未留有验收合格手续扣 3 分 未设置锯盘护罩、分料器、防护挡板安全装置和传动部位未进行防护，每缺一项扣 3 分 未做保护接零、未设置漏电保护器每处扣 3 分 未设置安全防护棚扣 3 分 无人操作时未切断电源的扣 3 分	10		
3	手持电动工具	Ⅰ类手持电动工具未采取保护接零或漏电保护器扣 8 分 使用Ⅰ类手持电动工具不按规定穿戴绝缘用品扣 4 分 使用手持电动工具随意接长电源线或更换插头的扣 4 分	8		
4	钢筋机械	机械安装后未留有验收合格手续扣 5 分 未做保护接零、未设置漏电保护器每处扣 5 分 钢筋加工区无防护棚，钢筋对焊作业区未采取防止火花飞溅措施，冷拉作业区未设置防护栏每处扣 5 分 传动部位未设置防护罩或限位失灵每处扣 3 分	10		
5	电焊机	电焊机安装后未留有验收合格手续扣 3 分 未做保护接零、未设置漏电保护器每处扣 5 分 未设置二次空载降压保护器或二次侧漏电保护器每处扣 3 分 一次线长度超过规定或不穿管保护的扣 3 分 二次线长度超过规定或未采用防水橡皮护套铜芯软电缆扣 3 分 电源不使用自动开关的扣 2 分 二次线接头超过 3 处或绝缘层老化每处扣 3 分 电焊机未设置防雨罩、接线柱未设置防护罩每处扣 3 分	8		
6	搅拌机	搅拌机安装后未留有验收合格手续的扣 4 分 未做保护接零、无漏电保护器的每处扣 4 分 离合器、制动器、钢丝绳达不到要求的每项扣 2 分 操作手柄无保险丝装置的扣 3 分 未设置安全防护棚和作业台不安全的扣 4 分 上料斗未设置安全挂钩或挂钩不使用的扣 3 分 传动部位未设置防护罩的扣 4 分 限位不灵敏扣 4 分 作业平台不平稳的扣 3 分	8		

续表

序号	检查项目	扣分标准	应得分数	扣减分数	实得分数
7	气瓶	氧气瓶未安装减压器扣5分 各种气瓶未标明标准色标的扣2分 气瓶间距小于5米,距明火小于10米又未采取隔离措施的每处扣2分 乙炔瓶使用或存放时平放的扣3分 气瓶存放不符合要求的扣3分 气瓶未设置防震圈和防护帽的每处扣2分	8		
8	翻斗车	翻斗车制动装置不灵敏的扣5分 无证司机驾车的扣5分 行车载人或违章行车扣5分	8		
9	潜水泵	未做保护接零、未设置漏电保护器的每处扣3分 漏电动作电流大于15 mA、负荷线未使用专用防水橡皮电缆每处扣3分	6		
10	振捣器具	未使用移动式配电箱扣4分 电缆长度超过30 m扣4分 操作人员未穿戴好绝缘防护用品扣4分	8		
11	桩工机械	机械安装后未留有验收合格手续的扣3分 桩工机械未设置安全保护装置的扣3分 机械行走路线地耐力不符合说明书要求的扣3分 施工作业未编制方案的扣3分 桩工机械作业违反操作规程扣3分	6		
12	泵送机械	机械安装后未留有验收合格手续的扣4分 未做保护接零、未设置漏电保护器的每处扣4分 固定式混凝土输送泵未制作良好的设备基础扣4分 移动式混凝土输送泵车未安装在平坦坚实的地坪上扣4分 机械周围排水不通畅的扣3分,积灰扣2分 机械产生的噪声超过《建筑施工场界噪声限值》扣3分 整机不清洁、漏油、漏水每发现一处扣2分	8		
检查项目合计			100		

项目小结

通过本项目的学习,应能够编制施工管理资料、工程质量控制资料、安全和功能检验资料、施工安全管理资料相关典型表格;能够完成建筑施工安全管理检查各分项评分表和汇总表的评分并评定等级。

思考与练习

一、填空题

1. 采用预拌混凝土的,在混凝土出厂前,由_____自行组织相关人员对首次使用的混凝土配合比进行开盘鉴定。

2. 施工日志应以_____为记载对象，从工程_____起至工程_____按专业由专业人员负责逐日记载，并保证内容真实、完整，文字简练，时间_____。

3. 工程质量事故处理记录中经济损失指因质量事故导致的返工、加固等费用，包括_____费、_____费和_____费。

4. 图纸会审记录应由_____、_____、_____和_____的项目相关负责人签认，形成正式图纸会审记录。

5. 工程设计变更经任意一方提出，必须经（　　）确认，（　　）同意后发出。

二、多选题

1. 采用现场搅拌混凝土的，应由施工单位组织（　　）进行开盘鉴定。
   A. 监理单位　　　　B. 建设单位　　　　C. 搅拌机组　　　　D. 混凝土试配单位

2. 工程质量事故的主要原因包括（　　）。
   A. 设计原因　　　　　　　　　　　　B. 施工原因
   C. 设计与施工的共同问题　　　　　　D. 不可抗力

3. 工程质量控制资料包括（　　）资料。
   A. 施工测量资料　　B. 施工物资资料　　C. 施工管理资料　　D. 施工记录资料

4. 工业建筑每个荷载阶段沉降观测应测（　　）次，在整个施工期间的沉降观测不应少于（　　）次。
   A. 1　　　　　　　　B. 2　　　　　　　　C. 3　　　　　　　　D. 4

5. 建筑外窗应有三性试验（　　）检测报告。
   A. 抗风压性能　　　B. 空气渗透性能　　C. 雨水渗透性能　　D. 平面变形性能

三、简答题

1. 什么是施工管理资料，主要包含哪些资料？
2. 混凝土结构子分部工程结构实体检验应检查哪些项目？
3. 建筑施工安全管理检查中各分项评分表的评分如何向汇总表转换？
4. 施工安全管理检查的如何评定等级？

项目 3　建筑工程施工质量验收资料编制

> **学习目标**
>
> 掌握建设工程质量验收的程序和组织；了解住宅工程质量分户验收的概念、内容、组织及相关表格的填表要求和资料的收集整理。

3.1　建筑工程施工质量验收标准

对建筑工程的质量要求，在于以符合适用、可靠、耐久、美观等各项要求和符合当前经济上最优条件所制定的各项工程技术标准、定额、管理标准来最大限度地满足生产和生活需要，因此，制定的各类工程技术标准和管理标准就成为确认工程质量和衡量经济效益的基础。而这些工程技术标准的制定都是通过科研和生产实践，经过鉴定和审批，在不同范围内以国家标准、行业标准、地方标准、企业标准的形式颁布实施。它们不仅是咨询、勘察、设计、施工企业据以生产的标准，也是国家和业主进行质量检查、评价、验收的标准。

现行建筑工程质量标准体系包括《建筑工程施工质量验收统一标准》(GB 50300—2013)和配套的专业验收规范，体现了"验评分离、强化验收、完善手段、过程控制"的指导思想。

(1)验评分离。"验评"就是工程质量的验收与工程质量等级的评定。"88系列标准"将验评合一，工程质量的验收与工程质量等级的评定是同时进行。"验评分离"就是将工程质量的验收与工程质量等级的评定的内容分开，质量验收的依据是国家制定的工程建设强制性标准，是施工质量的最低标准；质量评定的依据是由行业协会等制定的推荐性标准，其质量水平应比工程建设强制性标准要高。

(2)强化验收。施工质量验收规范作为国家的强制性标准，是施工单位必须达到的最低施工质量标准，也是建设单位验收工程质量所必修遵守的最低要求。

图 3-1 体现了"验评分离、强化验收"的关系。

(3)完善手段。一是完善材料与设备的检测；二是完善施工阶段的试验；三是增设竣工过程实体抽查检验和见证检验，减少或避免人为的干扰和主观评价的影响。

(4)过程控制。建筑产品是一种特殊产品，必须加强施工过程的质量控制。质量验收规范设置了控制的要求，强化中间控制、合格控制和综合质量水平的考核，让质量控制在每一过程和工序中有效实施，上一道工序没有验收就不能进行下一道工序，从而达到有效保证工程整体质量的目的。

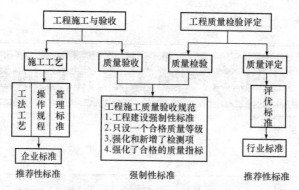

图 3-1　验评分离、强化验收示意

3.2　建筑工程施工质量验收基本规定与质量验收的划分

3.2.1　建筑工程施工质量验收基本规定

(1)施工现场应有健全的质量管理体系、相应的施工技术标准、施工质量检验制度和综合施工质量水平评定考核制度。

施工单位应推行生产控制、合格控制的全过程质量控制,应有健全的生产控制和合格控制的质量管理体系。这里不仅包括原材料控制、工艺流程控制、施工操作控制、每道工序质量检查、各道相关工序间的交接检验以及专业工种间等中间交接环节的质量管理和控制要求,还应包括满足施工图设计和功能要求的抽样检验制度等。

施工单位还应通过内部的审核与管理者的评审,找出质量管理体系中存在的问题和薄弱环节,并制定改进、跟踪检查落实等措施,使单位的质量管理体系不断健全和完善,是该施工单位不断提高建筑工程施工质量的保证。

同时,施工单位还应重视综合质量控制水平,应从施工技术、管理制度、工程质量控制和工程质量等方面制定对施工企业综合质量控制水平的指标,以达到提高整体素质和经济效益。

(2)根据《建设工程监理范围和规模标准规定》(建设部令第86号),对国家重点建设工程、大中型公用事业工程等必须实行监理。对于该规定包含范围以外的工程,也可由建设单位完成相应的施工质量控制及验收工作。未实行监理的建筑工程,建设单位相关人员应履行相应的监理职责。

(3)建筑工程的施工质量控制应符合下列规定:

①建筑工程采用的主要材料、半成品、成品、建筑构配件、器具和设备应进行现场检验。凡涉及安全、节能、环境保护和主要使用功能的重要材料、产品,应按各专业工程施工规范、验收规范和设计文件等规定进行复验,并应经监理工程师检查认可;

②各施工工序应按施工技术标准进行质量控制,每道施工工序完成后,经施工单位自检符合规定后,才能进行下一道工序施工。各专业工种之间的相关工序应进行交接检验,并应记录;

③对于监理单位提出检查要求的重要工序,应经监理工程师检查认可,才能进行下一道工

序施工。

(4)符合下列条件之一时,可按相关专业验收规范的规定适当调整抽样复验、试验数量,调整后的抽样复验、试验方案应由施工单位编制,并报监理单位审核确认:

①同一项目中由相同施工单位施工的多个单位工程,使用同一生产厂家的同品种、同规格、同批次的材料、构配件、设备;

②同一施工单位在现场加工的成品、半成品、构配件用于同一项目中的多个单位工程;

③在同一项目中,针对同一抽样对象已有检验成果可以重复利用。

(5)当专业验收规范对工程中的验收项目未做出相应规定时,应由建设单位组织监理、设计、施工等相关单位制定专项验收要求。涉及安全、节能、环境保护等项目的专项验收要求应由建设单位组织专家论证。

(6)建筑工程施工质量应按下列要求进行验收:

①工程质量验收均应在施工单位自检合格的基础上进行;

②参加工程施工质量验收的各方人员应具备相应的资格;

③检验批的质量应按主控项目和一般项目验收;

④对涉及结构安全、节能、环境保护和主要使用功能的试块、试件以及材料,应在进场时或施工中按规定进行见证检验;

⑤隐蔽工程在隐蔽前应由施工单位通知监理单位进行验收,并应形成验收文件。验收合格后方可继续施工;

⑥对涉及结构安全、节能、环境保护和使用功能的重要分部工程应在验收前按规定进行抽样检验;

⑦工程的观感质量应由验收人员现场检查,并应共同确认。

(7)建筑工程质量验收合格应符合下列规定:

①符合工程勘察、设计文件的要求;

②符合《建筑工程施工质量验收统一标准》(GB 50300—2013)和相关专业验收规范的规定。

(8)检验批的质量检验,应根据检验项目的特点在下列抽样方案中选取:

①计量、计数或计量-计数等抽样方案;

②一次、二次或多次抽样方案;

③对重要的检验项目,当有简易、快速的检验方法时,选用全数检验方案;

④根据生产连续性和生产控制稳定性情况,采用调整型抽样方案;

⑤经实践证明有效的抽样方案。

(9)检验批抽样样本应随机抽取,满足分布均匀、具有代表性的要求,抽样数量应符合有关专业验收规范的规定。当采用计数抽样时,最小抽样数量还应符合表3-1的要求。

表3-1 检验批最小抽样数量

检验批的容量	最小抽样数量	检验批的容量	最小抽样数量
2~15	2	151~280	13
16~25	3	281~500	20
26~90	5	501~1 200	32
91~150	8	1 201~3 200	50

明显不合格的个体可不纳入检验批,但应进行处理,使其满足有关专业验收规范的规定,对处理的情况应予以记录并重新验收。

(10)计量抽样的错判概率α和漏判概率β可按下列规定采取：
①主控项目：对应于合格质量水平的α和β均不宜超过5%；
②一般项目：对应于合格质量水平的α不宜超过5%，β不宜超过10%。

3.2.2 建筑工程质量验收的划分

(1)建筑工程施工质量验收应划分为单位工程、分部工程、分项工程和检验批。
(2)单位工程应按下列原则划分：
①具备独立施工条件并能形成独立使用功能的建筑物或构筑物为一个单位工程；
②对于规模较大的单位工程，可将其能形成独立使用功能的部分划分为一个子单位工程。
(3)分部工程应按下列原则划分：
①可按专业性质、工程部位确定；
②当分部工程较大或较复杂时，可按材料种类、施工特点、施工程序、专业系统及类别将分部工程划分为若干子分部工程。
(4)分项工程可按主要工种、材料、施工工艺、设备类别进行划分。
(5)检验批可根据施工、质量控制和专业验收的需要，按工程量、楼层、施工段、变形缝进行划分。
(6)建筑工程的分部、分项工程划分宜按表3-2采用。
(7)施工前，应由施工单位制定分项工程和检验批的划分方案，并由监理单位审核。对于表3-2及相关专业验收规范未涵盖的分项工程和检验批，可由建设单位组织监理、施工等单位协商确定。
(8)室外工程可根据专业类别和工程规模按表3-3划分为子单位工程、分部工程、分项工程。

表3-2 建筑工程的分部工程、分项工程的划分

序号	分部工程	子分部工程	分项工程
1	地基与基础	土方工程	土方开挖，土方回填，场地平整
		基坑支护	排桩，重力式挡土墙，型钢水泥土搅拌墙，土钉墙与复合土钉墙，地下连续墙，沉井与沉箱，钢或混凝土支撑，锚杆，降水与排水
		地基处理	灰土地基、砂和砂石地基、土工合成材料地基，粉煤灰地基，强夯地基，注浆地基，预压地基，振冲地基，高压喷射注浆地基，水泥土搅拌桩地基，土和灰土挤密桩地基，水泥粉煤灰碎石桩地基，夯实水泥土桩地基，砂桩地基
		桩基础	先张法预应力管桩，混凝土预制桩，钢桩，混凝土灌注桩
		地下防水	防水混凝土，水泥砂浆防水层，卷材防水层，涂料防水层，塑料防水板防水层，金属板防水层，膨润土防水材料防水层，细部构造；锚喷支护，地下连续墙，盾构隧道，沉井，逆筑结构；渗排水、盲沟排水，隧道排水，坑道排水，塑料排水板排水；预注浆、后注浆，结构裂缝注浆
		混凝土基础	模板，钢筋，混凝土，后浇带混凝土，混凝土结构缝处理
		砌体基础	砖砌体，混凝土小型空心砌块砌体，石砌体，配筋砌体
		型钢、钢管混凝土基础	型钢、钢管焊接与螺栓连接，型钢、钢管与钢筋连接，浇筑混凝土
		钢结构基础	钢结构制作，钢结构安装，钢结构涂装

续表

序号	分部工程	子分部工程	分项工程
2	主体结构	混凝土结构	模板,钢筋,混凝土,预应力,现浇结构,装配式结构
		砌体结构	砖砌体,混凝土小型空心砌块砌体、石砌体,配筋砌体,填充墙砌体
		钢结构	钢结构焊接,紧固件连接,钢零部件加工,钢构件组装及预拼装,单层钢结构安装,多层及高层钢结构安装,钢管结构安装,预应力钢索和膜结构,压型金属板,防腐涂料涂装,防火涂料涂装
		钢管混凝土结构	构件现场拼装,构件安装,柱与混凝土梁连接,钢管内钢筋骨架,钢管内混凝土浇筑
		型钢混凝土结构	型钢焊接,紧固件连接,型钢与钢筋连接,型钢构件组装及预拼装,型钢安装,模板,混凝土
		铝合金结构	铝合金焊接,紧固件连接,铝合金零部件加工,铝合金构件组装,铝合金构件预拼装,铝合金框架结构安装,铝合金空间网格结构安装,铝合金面板,铝合金幕墙结构安装,防腐处理
		木结构	方木和原木结构,胶合木结构,轻型木结构,木结构防护
3	建筑装饰装修	建筑地面	基层铺设,整体面层铺设,板块面层铺设,木、竹面层铺设
		抹灰	一般抹灰,保温层薄抹灰,装饰抹灰,清水砌体勾缝
		外墙防水	外墙砂浆防水,涂膜防水,透气膜防水
		门窗	木门窗安装,金属门窗安装,塑料门窗安装,特种门安装,门窗玻璃安装
		吊顶	整体面层吊顶,板块面层吊顶,格栅吊顶
		轻质隔墙	板材隔墙,骨架隔墙,活动隔墙,玻璃隔墙
		饰面板	石板安装,陶瓷板安装,木板安装,金属板安装,塑料板安装
		饰面砖	外墙饰面砖粘贴,内墙饰面砖粘贴
		幕墙	玻璃幕墙安装,金属幕墙安装,石材幕墙安装,陶板幕墙安装
		涂饰	水性涂料涂饰,溶剂型涂料涂饰,美术涂饰
		裱糊与软包	裱糊,软包
		细部	橱柜制作与安装,窗帘盒和窗台板制作与安装,门窗套制作与安装,护栏和扶手制作与安装,花饰制作与安装
4	屋面	基层与保护	找坡层和找平层,隔汽层,隔离层,保护层
		保温与隔热	板状材料保温层,纤维材料保温层,喷涂硬泡聚氨酯保温层,现浇泡沫混凝土保温层,种植隔热层,架空隔热层,蓄水隔热层
		防水与密封	卷材防水层,涂膜防水层,复合防水层,接缝密封防水
		瓦面与板面	烧结瓦和混凝土瓦铺装,沥青瓦铺装,金属板铺装,玻璃采光顶铺装
		细部构造	檐口,檐沟和天沟,女儿墙和山墙,水落口,变形缝,伸出屋面管道,屋面出入口,反梁过水孔,设施基座,屋脊,屋顶窗
5	建筑给水排水及供暖	室内给水系统	给水管道及配件安装,给水设备安装,室内消火栓系统安装,消防喷淋系统安装,防腐,绝热,管道冲洗、消毒,试验与调试
		室内排水系统	排水管道及配件安装,雨水管道及配件安装,防腐,试验与调试
		室内热水系统	管道及配件安装,辅助设备安装,防腐,绝热,试验与调试
		卫生器具	卫生器具安装,卫生器具给水配件安装,卫生器具排水管道安装,试验与调试

续表

序号	分部工程	子分部工程	分项工程
5	建筑给水排水及供暖	室内供暖系统	管道及配件安装，辅助设备安装，散热器安装，低温热水地板辐射供暖系统安装，电加热供暖系统安装，燃气红外辐射供暖系统安装，热风供暖系统安装，热计量及调控装置安装，试验与调试，防腐，绝热
		室外给水管网	给水管道安装，室外消火栓系统安装，试验与调试
		室外排水管网	排水管道安装，排水管沟与井池，试验与调试
		室外供热管网	管道及配件安装，系统水压试验，系统调试，防腐，绝热，试验与调试
		室外二次供热管网	管道及配件安装，土建结构，防腐，绝热，试验与调试
		建筑饮用水供应系统	管道及配件安装，水处理设备及控制设施安装，防腐，绝热，试验与调试
		建筑中水系统及雨水利用系统	建筑中水系统，雨水利用系统管道及配件安装，水处理设备及控制设施安装，防腐，绝热，试验与调试
		游泳池及公共浴池水系统	管道及配件系统安装，水处理设备及控制设施安装，防腐，绝热，试验与调试
		水景喷泉系统	管道系统及配件安装，防腐，绝热，试验与调试
		热源及辅助设备	锅炉安装，辅助设备及管道安装，安全附件安装，换热站安装，防腐，绝热，试验与调试
		检测与控制仪表	检测仪器及仪表安装，试验与调试
6	通风与空调	送风系统	风管与配件制作，部件制作，风管系统安装，风机与空气处理设备安装，风管与设备防腐，系统调试，旋流风口、岗位送风口、织物(布)风管安装
		排风系统	风管与配件制作，部件制作，风管系统安装，风机与空气处理设备安装，风管与设备防腐，系统调试，吸风罩及其他空气处理设备安装，厨房、卫生间排风系统安装
		防排烟系统	风管与配件制作，部件制作，风管系统安装，风机与空气处理设备安装，风管与设备防腐，系统调试，排烟风阀(口)、常闭正压风口、防火风管安装
		除尘系统	风管与配件制作，部件制作，风管系统安装，风机与空气处理设备安装，风管与设备防腐，系统调试，除尘器与排污设备安装，吸尘罩安装，高温风管绝热
		舒适性空调系统	风管与配件制作，部件制作，风管系统安装，风机与空气处理设备安装，风管与设备防腐，系统调试，组合式空调机组安装，消声器、静电除尘器、换热器、紫外线灭菌器等设备安装，风机盘管、变风量与定风量送风装置、射流喷口等末端设备安装，风管与设备绝热
		恒温恒湿空调系统	风管与配件制作，部件制作，风管系统安装，风机与空气处理设备安装，风管与设备防腐，系统调试，组合式空调机组安装，电加热器、加湿器等设备安装，精密空调机组安装，风管与设备绝热
		净化空调系统	风管与配件制作，部件制作，风管系统安装，风机与空气处理设备安装，风管与设备防腐，系统调试，净化空调机组安装，消声器、静电除尘器、换热器、紫外线灭菌器等设备安装，中、高效过滤器及风机过滤器单元等末端设备清洗与安装，洁净度测试，风管与设备绝热

续表

序号	分部工程	子分部工程	分项工程
6	通风与空调	地下人防通风系统	风管与配件制作，部件制作，风管系统安装，风机与空气处理设备安装，风管与设备防腐，系统调试，风机与空气处理设备安装，过滤吸收器、防爆波活门、防爆超压排气活门等专用设备安装
		真空吸尘系统	风管与配件制作，部件制作，风管系统安装，风机与空气处理设备安装，风管与设备防腐，管道安装，快速接口安装，风机与滤尘设备安装，系统压力试验及调试
		冷凝水系统	管道系统及部件安装，水泵及附属设备安装，管道、设备防腐与绝热，管道冲洗与管内防腐，系统灌水渗漏及排放试验
		空调(冷、热)水系统	管道系统及部件安装，水泵及附属设备安装，管道、设备防腐与绝热，管道冲洗与管内防腐，系统压力试验及调试，板式热交换器，辐射板及辐射供热、供冷地埋管，热泵机组设备安装
		冷却水系统	管道系统及部件安装，水泵及附属设备安装，管道冲洗，管道、设备防腐与绝热，管道冲洗与管内防腐，系统压力试验及调试，冷却塔与水处理设备安装，防冻、伴热设备安装
		土壤源热泵换热系统	管道系统及部件安装，水泵及附属设备安装，管道、设备防腐与绝热，管道冲洗与管内防腐，系统压力试验及调试，埋地换热系统与管网安装
		水源热泵换热系统	管道系统及部件安装，水泵及附属设备安装，管道、设备防腐与绝热，管道冲洗与管内防腐，系统压力试验及调试，地表水源换热管及管网安装，除垢设备安装
		蓄能系统	管道系统及部件安装，水泵及附属设备安装，管道、设备防腐与绝热，管道冲洗与管内防腐，系统压力试验及调试，蓄水罐与蓄冰槽、罐安装
		压缩式制冷(热)设备系统	制冷机组及附属设备安装，管道、设备防腐与绝热，系统压力试验及调试制冷剂管道及部件安装，制冷剂灌注
		吸收式制冷设备系统	制冷机组及附属设备安装，管道、设备防腐与绝热，试验与调试，系统真空试验，溴化锂溶液加灌，蒸汽管道系统安装，燃气或燃油设备安装
		多联机(热泵)空调系统	室外机组安装，室内机组安装，制冷剂管路连接及控制开关安装，风管安装，冷凝水管道安装，制冷剂灌注，系统压力试验及调试
		太阳能供暖空调系统	太阳能集热器安装，其他辅助能源、换热设备安装，蓄能水箱、管道及配件安装，系统压力试验及调试，防腐，绝热，低温热水地板辐射采暖系统安装
		设备自控系统	温度、压力与流量传感器安装，执行机构安装调试，防排烟系统功能测试，自动控制及系统智能控制软件调试
7	建筑电气	室外电气	变压器、箱式变电所安装，成套配电柜、控制柜(屏、台)和动力、照明配电箱(盘)及控制柜安装，梯架、托盘和槽盒安装，导管敷设，电缆敷设，管内穿线和槽盒内敷线，电缆头制作、导线连接和线路绝缘测试，普通灯具安装，专用灯具安装，建筑照明通电试运行，接地装置安装
		变配电室	变压器、箱式变电所安装，成套配电柜、控制柜(屏、台)和动力、照明配电箱(盘)安装，母线槽安装，梯架、托盘和槽盒安装，电缆敷设，电缆头制作、导线连接，线路电气试验，接地装置安装，接地干线敷设

续表

序号	分部工程	子分部工程	分项工程
7	建筑电气	供电干线	电气设备试验和试运行，母线槽安装，梯架、托盘和槽盒安装，导管敷设，电缆敷设，管内穿线和槽盒内敷线，电缆头制作，导线连接，线路绝缘测试，接地干线敷设
		电气动力	成套配电柜、控制柜(屏、台)和动力、照明配电箱(盘)安装，电动机、电加热器及电动执行机构检查接线，电气设备试验和试运行，梯架、托盘和槽盒安装，导管敷设，电缆敷设，管内穿线和槽盒内敷线，电缆头制作、导线连接，线路绝缘测试，开关、插座、风扇安装
		电气照明	成套配电柜、控制柜(屏、台)和照明配电箱(盘)安装，梯架、托盘和槽盒安装，导管敷设，管内穿线和槽盒内敷线，塑料护套线直敷布线，钢索配线，电缆头制作、导线连接，线路绝缘测试，普通灯具安装，专用灯具安装，开关、插座、风扇安装，建筑照明通电试运行
		备用和不间断电源	成套配电柜、控制柜(屏、台)和动力照明配电箱(盘)安装，柴油发电机组安装，不间断电源装置(UPS)及应急电源装置(EPS)安装，母线槽安装，导管敷设，电缆敷设，管内穿线和槽盒内敷线，电缆头制作、导线连接和线路绝缘测试，接地装置安装
		防雷与接地	接地装置安装，防雷引下线及接闪器安装，建筑物等电位联结
8	智能建筑	智能化集成系统	设备安装，软件安装，接口及系统调试，试运行
		信息接入系统	安装场地检查
		用户电话交换系统	线缆敷设，设备安装，软件安装，接口及系统调试，试运行
		信息网络系统	计算机网络设备安装，计算机网络软件安装，网络安全设备安装，网络安全软件安装，系统调试，试运行
		综合布线系统	梯架、托盘、槽盒和导管安装，线缆敷设，机柜、机架、配线架安装，信息插座安装，链路或信道测试，软件安装，系统调试，试运行
		移动通信室内信号覆盖系统	安装场地检查
		卫星通信系统	安装场地检查
		有线电视及卫星电视接收系统	梯架、托盘、槽盒和导管安装，线缆敷设，设备安装，软件安装，系统调试，试运行
		公共广播系统	梯架、托盘、槽盒和导管安装，线缆敷设，设备安装，软件安装，系统调试，试运行
		会议系统	梯架、托盘、槽盒和导管安装，线缆敷设，设备安装，软件安装，系统调试，试运行
		信息导引及发布系统	梯架、托盘、槽盒和导管安装，线缆敷设，显示设备安装，机房设备安装，软件安装，系统调试，试运行
		时钟系统	梯架、托盘、槽盒和导管安装，线缆敷设，设备安装，软件安装，系统调试，试运行

续表

序号	分部工程	子分部工程	分项工程
8	智能建筑	信息化应用系统	梯架、托盘、槽盒和导管安装，线缆敷设，设备安装，软件安装，系统调试，试运行
		建筑设备监控系统	梯架、托盘、槽盒和导管安装，线缆敷设，传感器安装，执行器安装，控制器、箱安装，中央管理工作站和操作分站设备安装，软件安装，系统调试，试运行
		火灾自动报警系统	梯架、托盘、槽盒和导管安装，线缆敷设，探测器类设备安装，控制器类设备安装，其他设备安装，软件安装，系统调试，试运行
		安全技术防范系统	梯架、托盘、槽盒和导管安装，线缆敷设，设备安装，软件安装，系统调试，试运行
		应急响应系统	设备安装，软件安装，系统调试，试运行
		机房	供配电系统，防雷与接地系统，空气调节系统，给水排水系统，综合布线系统，监控与安全防范系统，消防系统，室内装饰装修，电磁屏蔽，系统调试，试运行
		防雷与接地	接地装置，接地线，等电位联结，屏蔽设施，电涌保护器，线缆敷设，系统调试，试运行
9	建筑节能	围护系统节能	墙体节能，幕墙节能，门窗节能，屋面节能，地面节能
		供暖空调设备及管网节能	供暖节能，通风与空调设备节能，空调与供暖系统冷热源节能，空调与供暖系统管网节能
		电气动力节能	配电节能，照明节能
		监控系统节能	检测系统节能，控制系统节能
		可再生能源	地源热泵系统节能，太阳能光热系统节能，太阳能光伏节能
10	电梯	电力驱动的曳引式或强制式电梯	设备进场验收，土建交接检验，驱动主机，导轨，门系统，轿厢，对重，安全部件，悬挂装置，随行电缆，补偿装置，电气装置，整机安装
		液压电梯	设备进场验收，土建交接检验，液压系统，导轨，门系统，轿厢，对重，安全部件，悬挂装置，随行电缆，电气装置，整机安装验收
		自动扶梯、自动人行道	设备进场验收，土建交接检验，整机安装

表 3-3　室外工程的划分

单位工程	子单位工程	分部工程
室外设施	道路	路基、基层、面层、广场与停车场、人行道、人行地道、挡土墙、附属构筑物
	边坡	土石方、挡土墙、支护
附属建筑及室外环境	附属建筑	车棚、围墙、大门、挡土墙
	室外环境	建筑小品、亭台、水景、连廊、花坛、场坪绿化、景观桥

3.3　建筑工程质量验收程序和组织

建筑工程的施工质量验收是按施工顺序进行的，先验收检验批，然后验收分项工程，再验收分部工程，最后验收单位工程。委托有监理单位的工程质量验收，检验批、分项工程、分部（子分部)工程验收由监理单位组织,单位工程验收由建设单位组织;未实行监理的工程,工程施工各阶段、检验批、分项工程、分部(子分部)工程和单位工程竣工验收均由建设单位组织验收。

3.3.1 检验批的验收程序和组织

检验批的验收程序是指检验批施工完成后由施工单位的项目专业质量检查员、项目专业工长组织对检验批的施工质量进行自检,符合设计要求和验收规范的合格标准后,填写检查记录提交监理工程师或建设单位项目技术负责人进行验收。监理工程师或建设单位项目技术负责人应及时(一般不超过24小时)对检验批进行验收。验收的过程是对检验批的现场施工项目对照设计文件进行检查,依照验收规范的质量标准验收。由于旁站监理对施工项目的过程和工序质量已很了解,检验批验收时可采取取点抽样检查的方式、宏观检查的方式、对关键部位重点部位检查的方式、对质量怀疑点检查的方式验收。验收各方和验收人员应签字确认。检验批未通过验收,施工单位不得进行下道工序或隐蔽。

检验批应由专业监理工程师组织施工单位项目专业质量检查员、专业工长等进行验收。验收前,施工单位先填好"检验批的质量验收记录"(有关监理记录和结论不填),并由项目专业质量检验员和项目专业工长分别在检验批验收记录中相关栏目签字,然后由专业监理工程师组织,严格按规定程序验收并签字。

3.3.2 分项工程的验收程序和组织

分项工程的验收程序是指分项工程施工完成后由施工单位的项目专业质量检查员、项目专业技术负责人组织对构成分项工程的各检验批的验收资料文件进行自检,上述验收文件完整,并且均已验收合格后,填写检查记录提交监理工程师或建设单位项目技术负责人进行分项工程验收。

分项工程应由专业监理工程师组织施工单位项目专业技术负责人等进行验收。验收前,施工单位先填好"分项工程质量验收记录"(有关监理记录和结论不填),并由项目专业技术负责人在分项工程验收记录中相关栏目签字,然后由专业监理工程师组织,严格按规定程序验收并签字。

3.3.3 分部工程的验收程序和组织

施工单位完成分部工程施工项目后,施工单位项目负责人应组织自检评定合格,向监理单位或建设单位提出分部工程验收报告,总监理工程师或建设单位项目负责人应及时组织有关人员参加对分部工程进行验收。

实行监理的工程质量验收,分部(子分部)工程验收由监理单位组织;未实行监理的工程,分部(子分部)工程验收应由建设单位项目技术负责人组织验收。

分部工程应由总监理工程师组织施工单位项目负责人和项目技术负责人等进行验收。勘察、设计单位项目负责人和施工单位技术、质量部门负责人应参加地基与基础分部工程的验收。设计单位项目负责人和施工单位技术、质量部门负责人应参加主体结构、节能分部工程的验收。

参加验收的人员,除指定人员必须参加验收外,也允许其他相关人员共同参加验收。由于各施工单位的机构和岗位设置不同,施工单位技术、质量负责人允许是两位人员,也可以是一位人员。勘察、设计单位项目负责人应为勘察、设计单位负责本工程项目的专业负责人,不应由与本项目无关或不了解本项目情况的其他人员、非专业人员代替。

3.3.4 单位工程的验收程序和组织

单位工程中的分包工程完工后,分包单位应对所承包的工程项目进行自检,并应按《建筑工程施工质量验收统一标准》(GB 50300—2013)规定的程序进行验收。验收时,总包单位应派人参加。分包单位应将所分包工程的质量控制资料整理完整,并移交给总包单位。

单位工程完工后,施工单位应组织有关人员进行自检,即依据质量标准、设计图纸等组织有关人员进行自检,并对检查结果进行评定,符合要求后向监理单位提交工程竣工验收报告和完整的质量资料。施工单位的自检过程是施工单位质量管理的重要内容,是按照施工操作工艺的要求,对施工过程边操作边检查,将质量控制在工序中,保证每道工序质量达到合格后再进行下道工序。单位工程的自检是对工程的全部项目按照设计文件和验收规范标准的指标逐项进行检查并对质量状况作出评价。自查评定自检不合格的项目应进行整改,达到合格后才能交付验收。

总监理工程师应组织各专业监理工程师对工程质量进行竣工预验收。在预验收中,施工单位由项目经理、项目技术负责人等参加,其他各单位人员可不参加。工程预验收除参加人员与竣工验收不同外,其方法、程序、要求等均应与工程竣工验收相同。竣工预验收的表格格式可参照工程竣工验收的表格格式。存在施工质量问题时,应由施工单位整改。整改完毕后,由施工单位向建设单位提交工程竣工报告,申请工程竣工验收。

建设单位收到工程竣工报告后,应由建设单位项目负责人组织监理、施工、设计、勘察等单位项目负责人和其他有关方面的专家组成验收组并通知工程质量监督机构参加共同对工程竣工条件进行检查,确认工程是否符合验收要求;建设单位、施工单位将审查合格的工程竣工技术资料呈送城建档案馆归档,获取归档证明文件;建设单位或施工单位应申请消防、规划、环境保护、人民防空专项验收,取得证明文件。

按照《建设工程质量管理条例》和住房和城乡建设部的有关规定,工程竣工验收应通知工程质量监督机构参加,对工程竣工验收的组织形式、验收程序、执行技术标准和实体质量的状况进行现场监督,发现有违反建设工程质量管理规定的行为或将不合格的工程按合格验收的应责令改正。

工程竣工验收参加单位及人员:工程竣工验收应由建设单位的项目负责人和技术负责人、工程地质勘察单位项目勘查负责人、工程设计单位项目设计负责人和专业设计人员、工程监理单位的总监理工程师和专业监理工程师、施工单位负责人和技术负责人、施工项目负责人和技术负责人及专职质量检查员、公安消防管理部门及验收人员、规划管理部门及验收人员、环境保护部门及验收人员等单位及人员参加工程竣工验收会议和实施对工程竣工验收。

在一个单位工程中,对满足生产要求或具备使用条件,施工单位已自行检验,监理单位已预验收的子单位工程,建设单位可组织进行验收。由几个施工单位负责施工的单位工程,当其中的子单位工程已按设计要求完成,并经自行检验,也可按规定的程序组织正式验收,办理交工手续。在整个单位工程验收时,已验收的子单位工程验收资料应作为单位工程验收的附件。

当参加工程验收各方对工程质量验收意见不一致时,可请当地住房城乡建设主管部门或工程质量监督机构协调处理。建设工程质量验收意见不一致的情况时有发生,组织协调的部门应是住房城乡建设主管部门或工程质量监督机构,可以是当地住房城乡建设主管部门委托的其他部门(单位),也可以是各方认可的咨询单位或组织的专家组,也可以委托具有相应资格的工程质量鉴定机构进行鉴定。无论由谁协调,一般应以协调意见为仲裁意见,各方应遵守。

3.4 建筑工程质量验收

3.4.1 检验批质量验收

检验批是建筑工程施工质量验收的最小单位,是分项工程、分部工程和单位工程施工质量验收的基础。

1. 检验批验收合格的规定

(1)主控项目的质量经抽样检验合格。

(2)一般项目的质量经抽样检验合格。当采用计数抽样时,合格点率应符合有关专业验收规范的规定,且不得存在严重缺陷。对于计数抽样的一般项目,正常检验一次、二次抽样可按表3-4、表3-5判定,抽样方案应在抽样前确定,样本容量在表3-4或表3-5给出的数值之间时,合格判定数可通过插值并四舍五入取整确定。

检验批表格填写解析

(3)具有完整的施工操作依据、质量检验记录。

检验批质量合格的条件有两个方面:资料方面,通过检查应具有完整的质量控制资料,质量控制资料反映了检验批从原材料到最终验收的各施工工序的操作依据、检查情况以及保证质量所必需的管理制度等,对其完整性的检查,实际上是对过程控制的确认,是检验批合格的前提;工程实体方面,通过抽样检查,其主控项目和一般项目都必须合格。

表3-4 一般项目正常检验一次抽样判定

样本容量	合格判定数	不合格判定数	样本容量	合格判定数	不合格判定数
5	1	2	32	7	8
8	2	3	50	10	11
13	3	4	80	14	15
20	5	6	125	21	22

表3-5 一般项目正常检验二次抽样判定

抽样次数	样本容量	合格判定数	不合格判定数	抽样次数	样本容量	合格判定数	不合格判定数
(1)	3	0	2	(1)	20	3	6
(2)	6	1	2	(2)	40	9	10
(1)	5	0	3	(1)	32	5	9
(2)	10	3	4	(2)	64	12	13
(1)	8	1	3	(1)	50	7	11
(2)	16	4	5	(2)	100	18	19
(1)	13	2	5	(1)	80	11	16
(2)	26	6	7	(2)	160	26	27

注:(1)和(2)表示抽样次数,(2)对应的样本容量为两次抽样的累计数量。

计数抽样具体的抽样方案应按有关专业验收规范执行。若有关规范无明确规定时，可采用一次抽样方案，也可由建设、设计、监理、施工等单位根据检验对象的特征协商采用二次抽样方案。举例说明表3-4和表3-5的使用方法：对于一般项目正常检验一次抽样，假设样本容量为20，在20个试样中如果有5个或5个以下试样被判为不合格时，该检验批可判定为合格；当20个试样中有6个或6个以上试样被判为不合格时，则该检验批可判定为不合格。对于一般项目正常检验二次抽样，假设样本容量为20，当20个试样中有3个或3个以下试样被判为不合格时，该检验批可判定为合格；当有6个或6个以上试样被判为不合格时，该检验批可判定为不合格；当有4个或5个试样被判为不合格时，应进行第二次抽样，样本容量也为20个，两次抽样的样本容量为40，当两次不合格试样之和为9或小于9时，该检验批可判定为合格，当两次不合格试样之和为10或大于10时，该检验批可判定为不合格。表3-4和表3-5给出的样本容量不连续，对合格判定数有时需要进行取整处理。如样本容量为15，按表3-4插值得出的合格判定数为3.571，取整可得合格判定数为4，不合格判定数为5。

2. 检验批的验收项目

检验批的质量分别按主控项目和一般项目验收，验收应形成记录。检验批的合格指标在各专业工程质量验收规范中分别列出，对特定的检验批应按主控项目、一般项目规定的指标逐项检查验收。

(1)检验批验收的主控项目及主要内容。主控项目是对检验批的基本质量起决定性作用和影响的检验项目，是确保工程安全和使用功能的重要检验项目，是对安全、卫生、环境保护和公众利益起关键作用的检验项目，因此主控项目检查的内容必须全部合格。对主控项目不合格的检验批，应严格按规定整改或返工处理，直到验收合格为止。

检验批主控项目主要内容如下：

①重要原材料、构配件、成品、半成品、设备性能及附件的材质、技术指标要合格。检查出厂合格证明及进场复验检测报告，确认其技术数据、检测项目参数符合有关技术标准的规定。如检查进场钢筋出厂合格证、进场复验检测报告，确认其产地、批量、型号、规格，确认其屈服强度、极限抗拉强度、伸长率符合要求。

②结构的强度、刚度和稳定性等检验数据、工程性能的检测数据以及项目要求符合设计要求和验收规范的规定。如混凝土、砂浆的强度，钢结构的焊缝强度，管道的压力试验，风管的系统测定与调整，电气的绝缘、接地测试，电梯的安全保护、试运转结果记录等。检查测试记录或报告，其数据及项目要符合设计要求和验收规范的规定。

③所有主控项目不允许有不符合要求的检验结果存在。

(2)检验批验收的一般项目及主要内容。

一般项目是指除主控项目以外的检验项目，其要求也是应该达到的，只不过对部分质量指标可以适当放宽，并不影响工程安全和使用功能，但其质量如何对工程的美观性有较大影响。因此，施工过程中和验收时同样应严格控制，使过程质量水平达到无缺陷和满意的程度。对于一般项目，虽然允许存在一定数量的不合格点，但某些不合格点的指标与合格要求偏差较大或存在严重缺陷时，仍将影响使用功能或观感质量，对这些部位应进行维修处理。

一般项目主要包括以下内容：

①用数据规定的允许偏差项目，可以存在一定范围的偏差。检验批验收是按照抽样检查评价质量是否合格的，抽样检查的数量中有80%的检查点、位置、项目的结果符合设计要求或偏差在验收规范允许范围内，可评价此检验批质量合格，即允许有20%的检查点的偏差值超出验收规范允许偏差值，但其允许程度也是有限的，通常不得超过验收规范规定值的150%。

②对不能确定偏差值的项目，允许有一定的缺陷，一般以缺陷数量区分。如砖砌体预埋拉

结筋的留置间距偏差、钢筋混凝土中钢筋的漏筋长度、饰面砖空鼓限制都是以允许缺陷数量或面积不超过某一范围来评价质量。对于检查中发现的这些缺陷，能整改的应整改，不能整改的如缺陷不超过限制范围，检验批可以通过验收。

③检验批验收时一些无法定量的项目采取定性验收。如碎拼大理石地面的颜色协调、油漆施工中的光亮和光滑都是定性验收的。

在检验批验收时，一部分有养护龄期的检测项目或试件不能提供检测数据指标，可先将其他项目进行评价，并根据施工质量管理与控制状况暂时进行中间验收，同意施工单位进入下道工序施工，待检测数据提供后，依据检测数据得出质量结论并填入验收记录。如检测数据显示不合格，或对材料、构配件和工程性能的检测数据有质疑，可进行取样复验、鉴定或现场检验，并以复验或鉴定的结果为准。

检验批验收时，应进行现场检查并填写现场验收检查原始记录。该原始记录应由专业监理工程师和施工单位专业质量检查员、专业工长共同签署，并在单位工程竣工验收前存档备查，保证该记录的可追溯性。现场验收检查原始记录的格式可由施工、监理等单位确定，包括检查项目、检查位置、检查结果等内容。

检验批质量验收记录应根据现场验收检查原始记录填写，并由专业监理工程师和施工单位专业质量检查员、专业工长在检验批质量验收记录上签字，完成检验批的验收。

检验批现场验收检查原始记录，见表3-6；检验批质量验收记录，见表3-7。

3.4.2 分项工程质量验收

分项工程质量验收的合格标准如下：
(1)分项工程所含检验批的质量均应验收合格；
(2)分项工程所含检验批的质量验收记录应完整。

分项工程的验收是在检验批验收的基础上进行的，分项工程和检验批具有相同或相近的性质，只是批量的大小不同而已。分项工程由若干个检验批组成，由于检验批已进行了严格的验收，因而只要构成分项工程的各检验批的验收资料文件完整，并且均已验收合格，则分项工程验收合格。分项工程验收时，应核查检验批的部位、区段是否全部覆盖分项工程的范围，不能有漏项、缺项或不合格的检验批；还应检查检验批验收记录的内容与签字是否齐全、正确。

分项工程质量验收记录，见表3-8。

3.4.3 分部(子分部)工程质量验收

分部(子分部)工程质量验收合格的标准如下：
(1)分部(子分部)工程所含分项工程的质量均应验收合格；
(2)质量控制资料应完整；
(3)有关安全、节能、环境保护和主要使用功能的抽样检验结果应符合相应规定；
(4)观感质量应符合要求。

分部、子分部工程质量验收的内容、程序都是一样的，在一个分部工程中只有一个子分部工程时，子分部就是分部工程。当不只一个子分部工程时，可逐个进行验收，然后应将各子分部工程质量控制资料进行检查；对地基与基础、主体结构、设备安装等分部工程中的子分部工程其有关安全、节能、环境保护和主要使用功能的检验和抽样检测结果的资料应检查；观感质量评价结果进行综合评价。分部工程验收时，验收人员应对分部工程覆盖的各个部位进行检查，能打开的尽量开启检查，设备能启动的应启动检查，不能只检查外观，重心在实物质量。

分部工程所含分项工程的质量均应已按程序验收合格，分项工程验收应覆盖分部工程的全部内容，不应有缺项、漏项，分项工程验收记录内容、签字齐全准确。

质量控制资料收集应完整。各种质量控制资料文件必须完整，这是验收的基本条件。对质量控制资料应完整地检查，这项内容实际也是统计、归纳和核查，重点是对各方面资料的核查：

(1)检查和核对各检验批的验收记录资料是否完整；

(2)在检验批验收时，其应具备的资料应准确完整才能进行验收。在分部、子分部工程验收时，主要是检查和归纳各检验批的施工操作依据、质量检查记录，查对其是否配套完整，包括有关施工工艺（企业标准）、原材料、构配件出厂合格证及按规定进行的进场复验检验报告的完整程度；

(3)注意核对各种资料的内容、数据及验收人员的签字是否规范、准确等。

地基与基础、主体结构和设备安装等分部工程有关安全、节能、环境保护和主要使用功能的检验和抽样结果应符合有关规定。主要是检查相关的检测资料。要求抽测的检测项目在各专业验收规范中已做出明确规定。

在验收时应做好以下三个方面的工作：

(1)检查各规范中规定的检测项目是否都进行了检测；

(2)如果规范规定的检测项目都进行了检测，就要进一步检查各项检测报告的格式、内容、程序、方法、参数、数据、结果是否符合相关标准要求；

(3)检查资料的检测程序是否符合要求，要求实行见证取样送检的项目是否按规定取样送检，检测人员、校核人员、审核人员是否签字，检测报告用章是否规范符合要求。地基基础、主体结构和设备安装等分部工程的抽样检测是对工程实体部分质量的旁证，作为质量验收的手段之一，体现了施工质量验收规范把工程内在质量强化控制的基点。

观感质量验收应符合要求：这类检查往往难以定量，只能以观察、触摸或简单量测的方式进行，并由个人主观印象判断，检查结果并不给出"合格"或"不合格"的结论，而是综合给出"好""一般"或"差"的质量评价结果。对于"差"的检查点应通过返修处理进行补救。观感质量验收项目基本上是各检验批的一般性验收项目，参加分部工程验收的人员宏观掌握，只要不是明显达不到，就可以评为"一般"；如果某些部位质量较好，细部处理到位，就可以评为"好"；如果有的部位达不到要求或有明显缺陷，但不影响安全或使用功能，则评为"差"；如果有影响安全和使用功能的项目，必须修理后再评价。

分部工程验收记录，见表3-9。

地基与基础分部工程质量控制资料核查记录，见表3-10。

地基与基础分部工程安全和功能检验资料核查及主要功能抽查记录，见表3-11。

地基与基础分部工程观感质量检查记录，见表3-12。

主体结构分部工程质量控制资料核查记录，见表3-13。

主体结构分部工程安全和功能检验资料核查及主要功能抽查记录，见表3-14。

主体结构分部工程观感质量检查记录，见表3-15。

工程质量验收
相关表格
填写示例

3.4.4 单位(子单位)工程质量验收

单位工程质量验收也称单位工程竣工验收，是建筑工程投入使用前最后一次验收，是工程质量控制的最后一道关，将对工程质量进行整体综合评价，也是对施工单位成果的综合检验。

单位工程质量竣工验收记录，见表3-16。

1. 单位工程所含分部工程的质量均应验收合格

单位工程质量验收合格，工程所含分部工程质量验收必须都合格，这是基本条件。单位工程所含分部中有一个不合格单位工程就不能进行验收，必须对不合格的分部进行返修重新验收合格后才能进入单位工程的验收。

单位工程验收前施工单位应对分部的验收资料进行收集整理，保证分部的验收记录和质量评价资料完善，地基基础、主体结构分部安全与功能的检验和抽查项目资料及分部工程观感质量评价齐全，单位工程所含分部工程无遗漏，各项资料、验收记录的验收人员具有规定资格和签认齐全。

2. 质量控制资料应完整

质量控制资料是反映工程施工过程中各环节过程质量状况的基本数据和原始记录，反映竣工项目的检测结果和记录，是工程质量的客观见证和评价工程质量的依据。工程质量控制资料是工程的"合格证"和技术证明书，对工程质量验收十分重要。工程质量控制资料就是工程质量的一部分，是工程技术资料的核心和施工单位质量管理的重要组成部分。质量控制资料的完整、齐全、清晰程度见证了企业管理水平的程度。工程施工中形成的质量控制资料，应真实记录工程施工的全过程和工程施工的各阶段、各工序、检验批、分项、分部工程质量的状况。

在验收分部工程质量时，虽然已对分项工程提供的质量控制资料或技术资料进行了核查，但单位工程竣工验收时仍有必要全面复核质量控制资料，只是可以不像验收检验批、分项工程那样进行微观检查，而是从整体上核查质量控制资料或技术资料来评价分部和单位工程的结构安全、功能及质量状况，主要看其是否可以反映工程结构安全和功能完善，是否达到设计要求，是否符合强制性标准要求和质量标准。

工程质量控制资料完整性的标准如下：

(1)资料项目应齐全。在《单位(子单位)工程质量控制资料核查记录》中，应有的资料项目包括7大项61分项。例如，在"建筑与结构"大项中，共有10个分项资料，分别是：图纸会审记录、设计变更通知单、工程洽商记录，工程定位测量、放线记录，原材料出厂合格证书及进场检验、试验报告，施工试验报告及见证检测报告，隐蔽工程验收记录，施工记录，地基、基础、主体结构检验及抽样检测资料，分项、分部工程质量验收记录，工程质量事故调查处理资料，新技术论证、备案及施工记录。如果某单位工程在实际施工中，没有发生工程质量事故，则工程质量事故调查处理资料也就没有；如果没有使用新技术，则新技术论证、备案及施工记录这项资料也就没有，那么对这个单位工程的建筑与结构大项，该有的分项资料项目就只有8项了。

(2)每个资料项目中应有的资料完整。在规定的项目资料中，发生了的应有资料，尚未发生的不必做资料。例如，在"建筑与结构"大项中，"原材料出厂合格证书及进场检验、试验报告"分项资料中，如果实际进场材料只有钢筋、水泥、砖，那么在此分项资料中应包括钢筋、水泥、砖的出厂合格证书及进场检验报告，且这些证书与报告的数量应与实际进场材料的规格、批次、数量相一致。

(3)资料中数据应完整。工程使用的材料性能指标数据、工程性能检测数据、检测项目的检测报告数据在质量控制资料中必须完整。如水泥复验报告，通常检测安定性、强度、初凝、终凝时间，提供的检测报告必须有确切的数据及结论证实用于工程的水泥是合格的。数据是评定质量的依据，资料中既要求数据完整，也要求数据真实、可靠。

单位工程质量控制资料核查记录，见表3-17。

3. 单位工程所含分部工程中有关安全、节能、环境保护和主要使用功能的检验资料应完整

《单位工程安全和功能检验资料核查及主要功能抽查记录》涉及7大项41个测试项目，要求提供这些资料的目的是确保工程安全和使用功能。在分部工程验收时，应对这些测试项目中能够实施的部分进行检测，这些检测是为了验证工程综合质量和最终质量，检测由施工单位完成，监理单位或建设单位有关人员参加并监督进行，达到要求后形成检测记录各方签字认可。在单位工程验收时，监理工程师应对分部工程的已检测项目进行核查和核对，对检测的数量、数据及使用的检测方法标准、检测程序进行核查，同时核查检测人员的资格和签字情况，将核查结论形成记录。

判定工程安全和使用功能检测资料完整应达到以下要求：
(1)资料项目应齐全；
(2)每个资料项目中应有的资料完整；
(3)资料中应有的数据应完整。

4. 主要使用功能的抽查结果应符合相关专业质量验收规范的规定

主要使用功能抽查的目的是综合检验工程质量能否保证工程的功能、满足使用要求。这种抽查检测一般是复验和验证性的。具体抽测项目有的在分部工程施工中或完成后进行检测，有的只能在单位工程全部完成后才能进行检测。这些检测项目，应该在单位工程完工后，施工单位向建设单位提交工程竣工验收报告前，按照《单位工程安全和功能检验资料核查及主要功能抽查记录》的内容全部检测完毕，并将检测报告写好。至于在建设单位组织单位工程验收时抽查什么项目，可由验收委员会确定，但其项目应局限在《单位工程安全和功能检验资料核查及主要功能抽查记录》中所列项目内。

主要使用功能项目抽查多数情况是施工单位检测时，监理、建设单位都参加，不再重复检测，防止造成不必要的重复浪费和对工程的损坏。

通常主要使用功能抽查项目应为有关项目最终的综合性使用项目。如室内环境检测、屋面淋水试验、照明全负荷检测、智能建筑系统运行等。只有最终抽测项目效果不佳时才进行中间过程有关项目的检测，但要与有关单位共同制定检测方案，并要制定成品保护措施后才能进行。总之，主要使用功能项目抽查不能损坏建筑成品。

单位工程安全和功能检验资料核查及主要功能抽查记录，见表3-18。

5. 观感质量应符合要求

观感质量检查主要是全面评价一个分部、单位工程的外观及使用功能质量，促进施工过程的管理、成品保护、提高社会效益和环境效益的手段。观感质量检查绝不是单纯的外观质量检查，而是实地对工程的一个全面检查，核实质量控制资料，核查分项、分部工程验收的正确性，及对在分部工程中不能检查的项目进行检查等。如工程完工，绝大部分的安全可靠性能和使用功能已达到要求，但出现不应出现的裂缝和严重影响使用功能的情况，应该首先弄清楚原因，然后再进行评价。如地面严重空鼓、起砂、墙面空鼓粗糙，门窗开关不灵等项目的质量缺陷很多，就说明在分项、分部工程验收时，掌握标准不严。分部工程无法测定和不便测定的项目，在单位工程观感质量评价中，给予检查。如建筑物的全高垂直度、上下窗口位置偏移及一些线角顺直等项目，只有在单位工程质量最终检查时，才能了解得更确切。观感质量验收方法和内容与分部工程观感质量验收方法相同，只存在范围的差异。单位工程观感质量检查评定根据表3-19实施。

3.4.5 住宅工程质量分户验收

1. 住宅工程质量分户验收的意义

山东省于2006年8月28日下发了《关于在全省开展住宅工程质量分户验收试点工作的通知》鲁建建字〔2006〕27号，并于2006年10月12—14日在烟台召开了全省质监、开发、房管系统试点工作动员大会。

住宅工程质量分户验收的实施是把社会的监督评价作为源头，通过抓质量验收环节的分户验收工作，一是督促建设单位，明确在竣工前组织并参与分户验收的责任；二是督促施工企业抓技术、质量管理，抓操作人员的素质，严格按施工工艺标准施工，严格三检制，研究制定提高质量措施并有效实施；三是督促监理企业按施工验收规范、规程严格验收，不走过场。最终达到抓验收，促施工，提高住宅工程质量水平，减少质量问题的目的。初步的实践证明，住宅工程质量分户验收制度的实施，不仅大大减少了交付使用后因房屋质量问题而产生的纠纷的投诉，有效地提高了工程质量，降低了工程返修率，而且提高了居民对住宅工程质量的满意度，强化了市场主体质量意识，提高了政府的监管效率。

2. 住宅工程质量分户验收定义及与竣工验收和批验收的异同点

(1)住宅工程质量分户验收定义。住宅工程质量分户验收，是指建设单位组织施工、监理等单位，在住宅工程各检验批、分项、分部工程验收合格的基础上，在住宅工程竣工验收前，依据国家有关工程质量验收标准，对每户住宅及相关公共部位的观感质量和使用功能等进行检查验收，并出具验收合格证明的活动。

"专门验收"是指对每户或规定的公共部分进行分户验收。分户验收主要以竣工时可以看到的室内观感、使用功能、实测项目质量为主。

(2)分户验收与竣工验收的不同点。分户验收是以每户住宅作为一个子单位工程，组织专门验收。当该套住宅或规定的公共部位所包含的分户检验批项目及内容符合分户验收合格标准时，该套住宅或规定的公共部位验收合格。而竣工验收是对单位工程，按照规定的验收条件、程序进行的验收。

住宅工程质量分户验收应当依据国家和省有关的法律、法规和规范、标准，以及经审查合格的施工图设计文件进行。住宅工程未经分户验收或分户验收不合格的，建设单位不得组织单位工程竣工验收。

(3)分户检验批验收与分项工程检验批验收(以下简称批验收)不同点如下：

①检验批划分的不同。分项工程检验批一般按楼层、施工段或50个房间等规定条件划分为一个检验批，所划分范围相对较大，抽查数量相对整个工程较少。而分户验收检验批是以每户住宅划分一个检验批，所划分范围相对较小，抽查数量相对整个工程较多。

②检查内容的不同。批验收主要对检验批的主控项目和一般项目全面检查，验收内容相对较多。而分户验收是在批验收的基础上，仅对分户检验批的主控项目和一般项目中涉及观感、使用功能和实测实量等内容进行检查，验收内容相对较少。分户验收是批验收的补充，不能代替批验收。

③实测数量不同。

④参加验收的人员不同。分户验收参加人员比批验收参加人员，增加了建设单位人员和物业部门人员。分户验收由建设单位组织，而批验收是由监理工程师组织。

(4)分户验收与批验收的相同点。分户验收与批验收共同依据国家施工质量验收规范和地方标准；共同依据相同的施工图、设计说明及其他设计文件；依照相同的检验批合格判定标准。

3. 住宅工程质量分户验收的内容

单位工程分户验收的内容主要包括：

(1)地面、墙面和顶棚质量；

(2)门窗质量；

(3)栏杆、护栏质量；

(4)防水工程质量；

(5)室内主要空间尺寸；

(6)给水排水系统安装质量；

(7)室内电气工程安装质量;
(8)采暖工程安装质量;
(9)建筑节能工程质量;
(10)有关合同中约定的其他内容。

4. 住宅工程质量分户验收的一般规定

(1)以单位工程每户住宅和公共部分走廊(含楼梯间、电梯间)、地下车库为单位划分的检验批。当分户检验批具备验收条件时,可及时验收。

(2)分户检验批项目应符合施工图、设计说明及其他设计文件的要求,还应符合现行国家的施工质量验收规范和地方要求。

(3)分户检验批主控项目、一般项目的观感质量和使用功能应全数检查,并以房间为单位,全数记录。

(4)分户检验批一般项目的实测内容宜按照规定的检查部位、检查数量,确定检查点。当量取长度和高度尺寸时,还应确定实测值的基准值,记录在相应表格中第一个空格内。实测值与基准值相减的差值在允许偏差范围内判为合格。当超出允许偏差时应在此记录实测值上画圈做出不合格记号,装饰装修工程判断不合格点是否超出允许偏差 1.5 倍和不合格点率。实测值应全数记录。

(5)装饰装修工程分户检验批的主控项目的质量经检查全部合格,一般项目的合格点率达到 80% 及以上,且不得有严重缺陷时(不合格点实测偏差应小于允许偏差的 1.5 倍)判为合格。当暖卫、电气工程分户检验批主控项目和一般项目的质量经检查全部合格时,判为合格。

(6)装饰装修工程分户检验批一般项目的实测值偏差大于允许偏差 1.5 倍,或不合格点率超出 20% 时,应整改合格后重新验收,并记录整改项目测量结果。

(7)分户验收合格后,出具由建设(项目)单位负责人、总监理工程师和施工单位负责人分别签字并加盖验收专用章的《住宅工程质量分户验收表》。住宅工程质量分户验收不合格的,建设单位不得组织工程竣工验收。

5. 住宅工程质量分户验收公共部位的划分及规定

(1)公共部位划分原则:因质量问题经常影响住房正常使用的公共部位。

(2)公共部位的划分:走廊(含楼梯间、电梯间),地下车库。

(3)公共部位检验批划分:公共部分的走廊(含楼梯间、电梯间)宜按每一楼层划分为一个检验批。地下车库宜按每一防火分区,划分一个检验批。

(4)检查数量的确定:土建工程,按走廊、电梯间、楼梯间、划分为三个检查区域。在上述区域和地下车库分区内,墙体抽查不少于 2 面,顶棚、地面(楼板)抽查不少于 1 处。

(5)公共部位检验批项目的确定及验收:可根据分户验收检验批的确定原则,结合工程实际确定公共部位检验批项目和内容并及时验收。检查记录表可使用分户验收相应表格。公共部位的检验批项目和内容及时验收。检查记录表可使用分户验收相应表格。公共部位的检验批项目的检查方法、部位、质量标准、验收的组织等工作,可参考分户验收相关规定执行。

6. 住宅工程质量分户验收组织

(1)建设单位责任。建设单位是分户验收工作的第一责任人。分户验收工作是否认真开展,不走过场,主要取决于建设单位的组织和要求。具体工作包括:

①组织施工单位编制分户验收方案。编制分户验收方案,并由监理单位、建设单位验收。

②组织施工、监理单位研究确定分户检验批项目及内容。组织、协调施工单位、监理单位分户验收工作,协助解决分户验收中测量设备、人员、资金等问题。

③与施工、监理、物业单位有关人员共同参加分户检查验收,并及时确认,签字盖章。

④住宅工程交付使用时,《住宅工程质量分户验收表》应当作为《住宅质量保证书》的附件一并交给业主。《住宅质量保证书》所列事项：保修范围和保修期限；施工单位工程质量保修负责人姓名、电话以及办公地点；物业公司名称、电话；工程质量保修程序和处理时限；建设单位工程质量保修监督电话。

(2)施工单位责任。

①编制分户验收方案，主要内容有以下几项：

a. 各方职责；参照相关规定，由建设单位组织施工、监理单位研究确定。

b. 根据分户验收确定检验批项目和内容的原则，确定每户住宅和公共部位的分户检验批项目以及检查内容和数量。

c. 根据分户检验批项目分别绘制抽查点分布图。

②配备足够的质量检查人员和检测测量工具。质检人员要具备相应资格，熟悉和掌握分户验收内容及方法。根据分户验收在工程装修、竣工阶段工作量大的特点，安排和调整质检人员及测量工具。

③按分户验收方案中确定的分户和公共部位检验批项目和内容，参照户型抽查点分布图，会同建设、监理单位有关人员对分户验收项目检查，并及时记录，签字盖章。

④分包单位专业技术负责人也应会同总包单位有关人员，参加分包项目的质量检查评定，并完善签字手续。

⑤住宅工程竣工验收前，施工单位要制作工程标牌，并镶嵌在建筑外墙显著部位。工程标牌应包括以下内容：

a. 工程名称、竣工日期。

b. 建设、设计、监理、施工单位全称。

c. 建设、设计、监理、施工单位负责人姓名。

(3)监理单位责任。

①审查施工单位编制的分户验收方案。

②参与确定分户验收方案中的每户住宅和公共部分的检验批项目以及检查内容和数量。

③配备一定数量的具有相应资格的监理人员，以及足够的检查验收工具。

④按分户验收方案中确定的每户住宅和公共部位检验批项目和内容，参照抽查点分布图，验收施工单位分户验收检查评定结果，并记录问题，对不合格项下发不合项处置记录，签署验收意见并签名。

(4)物业单位责任。

①已选定物业公司的，物业公司应当参与分户验收。

②配备一定数量的具有相应资格的检查人员，以及足够的检查工具。

③按分户验收方案中确定的每户住宅和公共部位检验批项目和内容，参照检查点分布图，验收施工单位分户验收检查评定结果。

7. 住宅工程分户验收的程序

(1)分户验收内容完成后，施工单位应首先进行全面的自检评定，自检合格后向建设单位提出住宅工程分户质量验收书面申请。

(2)建设单位组织监理、施工等单位的有关人员按照国家工程质量验收标准的要求，逐户按照本办法要求的分户验收内容确定检查部位、数量并适时进行检查验收；分包单位项目经理、项目技术负责人也应参加分包项目的分户验收；已选定物业公司的，物业公司应当参与分户验收工作。

(3)参加分户验收的人员应具备相应的技术能力和资格，并经当地监督机构认可与备案。

(4)分户质量验收前，施工单位应在建筑物相应部位标识好暗埋水、电管线的走向，分户验收应配备必要的检测仪器;建设单位应提前5个工作日向当地工程质量监督机构进行告知。

(5)分户验收应逐户、逐间检查,并做好记录。分户质量验收不合格的,须经整改符合要求后重新组织验收。

(6)每户住宅和规定的公共部位验收完毕,应填写《住宅工程质量分户验收表》,由建设单位和施工单位项目负责人、监理单位项目总监理工程师等分别签字确认,并加盖公章后,张贴于户内醒目位置。

建设、施工、监理等单位应严格履行分户验收职责,对分户验收的结论进行签认,不得简化分户验收程序。对于经检查不符合要求的,施工单位应及时进行返修,监理单位负责复查。返修完成后由建设单位重新组织分户验收。工程质量监督机构应加强对分户验收工作的监督检查,发现问题及时监督有关方面认真整改,确保分户验收工作质量。

8. 建设单位工程标牌制作

住宅工程竣工验收前,建设单位应制作工程标牌,镶嵌在建筑外墙显著部位,规格尺寸不小于500 mm×700 mm。工程标牌应包括以下内容:

(1)工程名称、开工日期、竣工日期;

(2)建设、勘察、设计、监理、施工单位全称;

(3)建设单位项目负责人,勘察、设计单位项目负责人,监理单位总监理工程师,施工单位项目经理姓名。

9. 住宅工程质量分户验收记录资料编制

(1)填写表格形式。

①分户检验批验收时,应填写分户检验批质量验收记录表,见表3-20。

②全部分户验收完成后,应填写住宅工程质量分户验收表(表3-21)、住宅工程质量分户验收汇总表(表3-22)。

(2)签字人资格规定。住宅工程质量分户验收应由建设、施工、监理单位、物业公司有关负责人参加并确认,《住宅工程质量分户验收表》应由建设单位项目负责人、施工单位项目经理(受公司委托)、监理单位总监理工程师、物业公司项目负责人在相应位置签认,并加盖公章。《住宅工程质量分户验收汇总表》应由建设单位项目负责人,施工单位项目经理(受公司委托)、技术部门负责人、质量部门负责人、监理单位总监理工程师在相应位置签认,并加盖公章。

10. 住宅工程质量分户验收监督的重点内容

工程质量监督机构应当在监督工程竣工验收过程中,抽查《住宅工程质量分户验收表》,抽查有关单位是否按照要求对质量分户验收中提出的问题进行了整改。监督机构在工程质量巡回监督检查时,应检查是否有分户验收方案,分户验收方案的组织机构、职责、检查内容、数量、方法是否完善;住宅工程分户验收是单位工程竣工验收的必备条件,监督机构应将分户验收监督工作纳入竣工验收同步监督过程,主要对参建各方的质量行为和分户实体质量进行监督,一是核查建设、监理、施工的分户验收组织形式、人员资格等;二是抽查《住宅工程质量分户验收表》和相关记录表,是否对规定要求的分户验收内容及时进行了检查;三是抽查分户验收中提出的问题是否进行了整改;四是协查是否镶嵌有工程标牌,内容是否齐全;对分户工程实体质量抽查的内容,每单位工程应随机抽查有代表性的不少于5户,有代表性的住户主要考虑楼层、户型、装修特点、整改情况等。对抽取的每户观感质量和使用功能质量重点进行检查,对有怀疑的实测项目进行抽查,实体涉及的规定项目要求100%覆盖检查,但对每项检验批涉及的主控项目和一般项目不要求100%覆盖,结合质量行为和分户工程实体质量监督,确定其验收结论是否与工程实体质量一致。如果其验收结论与工程实体质量不一致时,应按有关文件规定,责令其整改或重新组织分户验收和竣工验收。

对于在分户验收中弄虚作假、降低质量标准，将不合格工程按合格工程验收的，责令改正，依法对有关单位和责任人进行处罚，并纳入不良行为记录。

11. 住宅工程交付要求

住宅工程交付使用时，《住宅工程质量分户验收表》应当作为《住宅质量保证书》的附件一并交给住户。

住宅工程建设单位应当在《住宅质量保证书》中注明以下事项：
(1)保修范围和保修期限；
(2)工程质量保修程序和处理时限；
(3)建设单位工程质量保修监督电话及负责人姓名；
(4)施工单位工程质量保修负责人姓名、电话以及办公地点；
(5)物业公司名称、电话。

表 3-6 ＿＿＿＿＿＿检验批现场验收检查原始记录

单位(子单位)工程名称					
检验批名称			检验批编号		
序号	检查项目与标准	检查位置	检查结果		备注
	专业工长		专业质量检查员		
	专业监理工程师 (建设单位项目专业负责人)		检查日期	年 月 日	

注：1. 此表为一般分项工程检验批的检查记录用表，其检查项目应为影响工序操作的主控项目和一般项目，特别是与班组操作质量直接相关的项目为重点内容，按照施工工艺的要求，边操作边检查，将有关质量要求及允许偏差控制在规定的限制内。具体由施工单位根据自己的企业情况和工程实际，自行进行表格设计。

2. 对于企业创建优良工程的项目，其检查评定标准应当以优良工程的标准为依据。具体表格格式由建设各方责任主体单位共同研究确定，包括检查项目、检查位置、检查结果等内容。应由专业监理工程师和施工单位专业质量检查员、专业工长(施工员)共同签署，并在单位工程竣工验收前存档备查，保证该记录的可追溯性。这是工程质量验收的依据之一。

表 3-7 　　　　　　检验批质量验收记录　　　　编号：　　　

单位(子单位)工程名称			分部(子分部)工程名称			分项工程名称	
施工单位			项目负责人			检验批容量	
分包单位			分包单位项目负责人			检验批部位	
施工依据					验收依据		

		验收项目	设计要求及规范规定	最小/实际抽样数量	检查记录	检查结果
主控项目	1			/		
	2			/		
	3			/		
	4			/		
	5			/		
	6			/		
	7			/		
	8			/		
	9			/		
	10			/		
一般项目	1			/		
	2			/		
	3			/		
	4			/		
	5			/		

施工单位检查结果	专业工长： 项目专业质量检查员： 　　　　　　　　　年　月　日
监理(建设)单位验收结论	专业监理工程师： (建设单位项目专业技术负责人)： 　　　　　　　　　年　月　日

表 3-8 　　　　　　分项工程质量验收记录　　　编号：　　　

单位(子单位)工程名称		分部(子分部)工程名称			
分项工程数量		检验批数量			
施工单位		项目负责人		项目技术负责人	
分包单位		分包单位项目负责人		分包内容	
序号	检验批名称	检验批容量	部位/区段	施工单位检查结果	监理单位验收结论
1					
2					
3					
4					
5					
6					
7					
8					
9					
10					
11					
12					
13					
14					
15					

说明：

施工单位检查结果	项目专业技术负责人： 年　月　日
监理单位验收结论	专业监理工程师： 年　月　日

表 3-9 　　　　　　分部工程质量验收记录

单位(子单位)工程名称				子分部工程数量		分项工程数量	
施工单位				项目负责人		技术(质量)负责人	
分包单位				分包单位负责人		分包内容	
序号	子分部工程名称	分项工程名称	检验批数量	施工单位检查结果		监理单位验收结论	
1							
2							
3							
4							
5							
6							
7							
8							
质量控制资料							
安全和功能检验结果							
观感质量检验结果							
综合验收结论							

施工单位 项目负责人： 年　月　日	勘察单位 项目负责人： 年　月　日	设计单位 项目负责人： 年　月　日	监理单位 项目负责人： 年　月　日

注：1. 地基与基础分部工程的验收应由施工、勘察、设计单位项目负责人和总监理工程师参加并签字；
　　2. 主体结构、节能分部工程的验收应由施工、设计单位项目负责人和总监理工程师参加并签字。

表 3-10 地基与基础分部工程质量控制资料核查记录

工程名称				施工单位			
序号	资料名称		份数	施工单位		监理单位	
				核查意见	核查人	核查意见	核查人
1	图纸会审、设计变更、洽商记录						
2	工程定位测量、放线记录						
3	原材料出厂合格证书及进场检(试)验报告						
4	施工试验报告及见证检测报告						
5	隐蔽工程验收记录						
6	施工记录						
7	地基检验及抽样检测资料						
8	子分部、分项工程质量验收记录						
9	工程质量事故及事故调查处理资料						
10	新技术论证、备案及施工资料						
11	其他技术资料						

结论：

施工单位项目负责人：　　　　　　　　　　　　　　总监理工程师：

　　　　年　月　日　　　　　　　　　　　　　　　　　　年　月　日

地基与基础分部工程质量控制资料核查记录填表说明：

(1)本表由施工单位按照所列质量控制资料的种类、名称进行检查，并填写份数，然后提交给监理单位验收。

(2)本表其他各栏内容先由施工单位进行自查和填写。监理单位核查合格后，在"核查意见"栏填写对资料核查后的具体意见，如"齐全""符合要求"。施工、监理单位具体核查人员在"核查人"栏签字。

(3)总监理工程师确认符合要求后，在"结论"栏内填写综合性结论。

(4)施工单位项目负责人应在"结论"栏内签字确认。

表 3-11 地基与基础分部工程安全和功能检验资料核查及主要功能抽查记录

工程名称			施工单位		
序号	安全和功能检查项目	份数	核查意见	抽查结果	核查(抽查)人
1	土工击实试验报告				
2	回填土试验报告				
3	地基承载力检测报告				
4	地基土密实度检测报告				
5	复合地基承载力检测报告				
6	工程基桩承载力检测报告				
7	基桩桩体质量检测报告				
8	支护结构强度检测报告				
9	钢结构焊接工艺评定报告				
10	钢结构焊缝无损检测报告				
11	钢筋连接工艺检验(评定)报告				
12	钢筋连接接头性能检测报告				
13	后置埋件现场拉拔检测报告				
14	基础混凝土结构实体质量检测报告				
15	预制构件结构性能检测报告				
16	土壤氡气浓度检测报告				

结论：

施工单位项目负责人：　　　　　　　　　　　　　　总监理工程师：

　　　　　　　　年　月　日　　　　　　　　　　　　　　　　年　月　日

注：抽查项目由验收组协商确定。

表 3-12 地基与基础分部工程观感质量检查记录

工程名称			施工单位	
序号	项目	抽查质量状况		质量评价
1	基础混凝土	共检查 点，好 点，一般 点，差 点		
2	基础砌体	共检查 点，好 点，一般 点，差 点		
3	基础钢结构	共检查 点，好 点，一般 点，差 点		
4	地下室墙面	共检查 点，好 点，一般 点，差 点		
5	地下室外梁、板	共检查 点，好 点，一般 点，差 点		
6	地下室柱	共检查 点，好 点，一般 点，差 点		
7	地下室防水工程	共检查 点，好 点，一般 点，差 点		
8	变形缝	共检查 点，好 点，一般 点，差 点		
9	后浇带	共检查 点，好 点，一般 点，差 点		
10	楼梯、踏步	共检查 点，好 点，一般 点，差 点		
11	风道、井道	共检查 点，好 点，一般 点，差 点		
观感质量综合评价				

结论：

施工单位项目负责人：　　　　　　　　　　　　　总监理工程师：

　　　　　　　年　月　日　　　　　　　　　　　　　　　　年　月　日

注：质量评价为差的项目应进行返修。

表 3-13 主体结构分部工程质量控制资料核查记录

工程名称				施工单位				
序号	资料名称		份数	施工单位		监理单位		
				核查意见	核查人	核查意见	核查人	
1	图纸会审、设计变更、洽商记录							
2	工程定位测量、放线记录							
3	原材料出厂合格证书及进场检(试)验报告							
4	施工试验报告及见证检测报告							
5	隐蔽工程验收记录							
6	施工记录							
7	预制构件、预拌混凝土合格证							
8	地基、基础、主体结构检验及抽样检测资料							
9	子分部、分项工程质量验收记录							
10	工程质量事故及事故调查处理资料							
11	新技术论证、备案及施工资料							
12	其他技术资料							

结论：

施工单位项目负责人：　　　　　　　　　　　　　　　总监理工程师：

　　　　　　　年　月　日　　　　　　　　　　　　　　　　　　　年　月　日

表 3-14 主体结构分部工程安全和功能检验资料核查及主要功能抽查记录

工程名称			施工单位		
序号	安全和功能检查项目	份数	核查意见	抽查结果	核查(抽查)人
1	混凝土强度试验报告				
2	砂浆强度试验报告				
3	主体结构尺寸、位置抽查记录				
4	建筑物垂直度、标高、全高测量记录				
5	地下室渗漏水检测记录				
6	建筑物沉降观测记录				

结论：

施工单位项目负责人：　　　　　　　　　　　　　　　总监理工程师：

　　　　　　　　　　　　　年　月　日　　　　　　　　　　　　　　　　　年　月　日

注：抽查项目由验收组协商确定。

表 3-15 主体结构分部工程观感质量检查记录

工程名称			施工单位		
序号	项目	抽查质量状况			质量评价
1	主体结构外观	共检查 点,好 点,一般 点,差 点			
2	室外墙面	共检查 点,好 点,一般 点,差 点			
3	楼梯	共检查 点,好 点,一般 点,差 点			
4	墙面	共检查 点,好 点,一般 点,差 点			
5	梁、板	共检查 点,好 点,一般 点,差 点			
6	柱	共检查 点,好 点,一般 点,差 点			
7	变形缝	共检查 点,好 点,一般 点,差 点			
8	后浇带	共检查 点,好 点,一般 点,差 点			
9	楼梯、踏步	共检查 点,好 点,一般 点,差 点			
10	风道、井道	共检查 点,好 点,一般 点,差 点			
观感质量综合评价					

结论:

施工单位项目负责人: 总监理工程师:

年 月 日 年 月 日

注:质量评价为差的项目应进行返修。

表 3-16 单位工程质量竣工验收记录

工程名称		结构类型		层数/建筑面积	
施工单位		技术负责人		开工日期	
项目负责人		项目技术负责人		完工日期	

序号	项目	验收记录	验收结论
1	分部工程	共　　　分部，经查符合设计及标准规定　　　分部	
2	质量控制资料核查	共　　项，经核查符合规定　　　项	
3	安全和使用功能核查及抽查结果	共核查　　项，符合规定　　项， 共抽查　　项，符合规定　　项， 经返工处理符合规定　　项	
4	观感质量验收	共抽查　　项，达到"好"和"一般"的　　项， 经返修处理符合要求的　　项	
综合验收结论			

参加验收单位	建设单位	监理单位	施工单位	设计单位	勘察单位
	（公章） 项目负责人： 　年　月　日	（公章） 总监理工程师： 　年　月　日	（公章） 项目负责人： 　年　月　日	（公章） 项目负责人： 　年　月　日	（公章） 项目负责人： 　年　月　日

注：单位工程验收时，验收签字人员应由相应单位的法人代表书面授权。

表 3-17　单位(子单位)工程质量控制资料核查记录

工程名称				施工单位				
序号	项目	资料名称	份数	施工单位		监理单位		
				核查意见	核查人	核查意见	核查人	
1	建筑与结构	图纸会审记录、设计变更通知单、工程洽商记录						
2		工程定位测量、放线记录						
3		原材料出厂合格证书及进场检验、试验报告						
4		施工试验报告及见证检测报告						
5		隐蔽工程验收记录						
6		施工记录						
7		地基、基础、主体结构检验及抽样检测资料						
8		分项、分部工程质量验收记录						
9		工程质量事故调查处理资料						
10		新技术论证、备案及施工记录						
1	给水排水与供暖	图纸会审记录、设计变更通知单、工程洽商记录						
2		原材料出厂合格证书及进场检验、试验报告						
3		管道、设备强度试验、严密性试验记录						
4		隐蔽工程验收记录						
5		系统清洗、灌水、通水、通球试验记录						
6		施工记录						
7		分项、分部工程质量验收记录						
8		新技术论证、备案及施工记录						
1	通风与空调	图纸会审记录、设计变更通知单、工程洽商记录						
2		原材料出厂合格证书及进场检验、试验报告						
3		制冷、空调、水管道强度试验、严密性试验记录						
4		隐蔽工程验收记录						
5		制冷设备运行调试记录						
6		通风、空调系统调试记录						
7		施工记录						
8		分项、分部工程质量验收记录						
9		新技术论证、备案及施工记录						
1	建筑电气	图纸会审记录、设计变更通知单、工程洽商记录						
2		原材料出厂合格证书及进场检验、试验报告						
3		设备调试记录						
4		接地、绝缘电阻测试记录						
5		隐蔽工程验收记录						

续表

工程名称			施工单位			
6	建筑电气	施工记录				
7		分项、分部工程质量验收记录				
8		新技术论证、备案及施工记录				
1	智能建筑	图纸会审记录、设计变更通知单、工程洽商记录				
2		原材料出厂合格证书及进场检验、试验报告				
3		隐蔽工程验收记录				
4		施工记录				
5		系统功能测定及设备调试记录				
6		系统技术、操作和维护手册				
7		系统管理、操作人员培训记录				
8		系统检测报告				
9		分项、分部工程质量验收记录				
10		新技术论证、备案及施工记录				
1	建筑节能	图纸会审记录、设计变更通知单、工程洽商记录				
2		原材料出厂合格证书及进场检验、试验报告				
3		隐蔽工程验收记录				
4		施工记录				
5		外墙、外窗节能检验报告				
6		设备系统节能检测报告				
7		分项、分部工程质量验收记录				
8		新技术论证、备案及施工记录				
1	电梯	图纸会审记录、设计变更通知单、工程洽商记录				
2		设备出厂合格证书及开箱检验记录				
3		隐蔽工程验收记录				
4		施工记录				
5		接地、绝缘电阻试验记录				
6		负荷试验、安全装置检查记录				
7		分项、分部工程质量验收记录				
8		新技术论证、备案及施工记录				

结论：

施工单位项目负责人：　　　　　　　　　　　总监理工程师：

　　　　　　　　　　年　月　日　　　　　　　　　　　　　　　　年　月　日

表 3-18 单位工程安全和功能检验资料核查及主要功能抽查记录

工程名称			施工单位			
序号	项目	安全和功能检查项目	份数	检查意见	抽查结果	核查(抽查)人
1	建筑与结构	地基承载力检验报告				
2		桩基承载力检验报告				
3		混凝土强度试验报告				
4		砂浆强度试验报告				
5		主体结构尺寸、位置抽查记录				
6		建筑物垂直度、标高、全高测量记录				
7		屋面淋水或蓄水试验记录				
8		地下室渗漏水检测记录				
9		有防水要求的地面蓄水试验记录				
10		抽气(风)道检查记录				
11		外窗气密性、水密性、耐风压检测报告				
12		幕墙气密性、水密性、耐风压检测报告				
13		建筑物沉降观测测量记录				
14		节能、保温测试记录				
15		室内环境检测报告				
16		土壤氡气浓度检测报告				
1	给水排水与供暖	给水管道通水试验记录				
2		暖气管道、散热器压力试验记录				
3		卫生器具满水试验记录				
4		消防管道、燃气管道压力试验记录				
5		排水干管通球试验记录				
6		锅炉试运行、安全阀及报警联动测试记录				
1	通风与空调	通风、空调系统试运行记录				
2		风量、温度测试记录				
3		洁净室内洁净度测试记录				
4		制冷机组试运行调试记录				
1	建筑电气	建筑照明通电试运行记录				
2		灯具固定装置及悬吊装置的荷载强度试验记录				
3		绝缘电阻测试记录				
4		剩余电流动作保护器测试记录				
5		应急电源装置应急持续供电记录				
		接地电阻测试记录				
		接地故障回路阻抗测试记录				
1	智能建筑	系统试运行记录				
2		系统电源及接地检测报告				
3		系统接地检测报告				
1	建筑节能	外墙节能构造检查记录或热工性能检验报告				
2		设备系统节能性能检查记录				
1	电梯	运行记录				
2		安全装置检测报告				

结论：

施工单位项目负责人：　　　　　　　　　　　　　　总监理工程师：

　　　　　　　　年　月　日　　　　　　　　　　　　　　　　　　年　月　日

注：抽查项目由验收组协商决定。

表 3-19 单位（子单位）工程观感质量检查记录

工程名称			施工单位		
序号		项目	抽查质量状况		质量评价
1	建筑与结构	主体结构外观	共检查 点，好 点，一般 点，差 点		
2		室外墙面	共检查 点，好 点，一般 点，差 点		
3		变形缝、雨水管	共检查 点，好 点，一般 点，差 点		
4		屋面	共检查 点，好 点，一般 点，差 点		
5		室内墙面	共检查 点，好 点，一般 点，差 点		
6		室内顶棚	共检查 点，好 点，一般 点，差 点		
7		室内地面	共检查 点，好 点，一般 点，差 点		
8		楼梯、踏步、护栏	共检查 点，好 点，一般 点，差 点		
9		门窗	共检查 点，好 点，一般 点，差 点		
10		雨罩、台阶、坡道、散水	共检查 点，好 点，一般 点，差 点		
1	给水排水与采暖	管道接口、坡度、支架	共检查 点，好 点，一般 点，差 点		
2		卫生器具、支架、阀门	共检查 点，好 点，一般 点，差 点		
3		检查口、扫除口、地漏	共检查 点，好 点，一般 点，差 点		
4		散热器、支架	共检查 点，好 点，一般 点，差 点		
1	通风与空调	风管、支架	共检查 点，好 点，一般 点，差 点		
2		风口、风阀	共检查 点，好 点，一般 点，差 点		
3		风机、空调设备	共检查 点，好 点，一般 点，差 点		
4		阀门、支架	共检查 点，好 点，一般 点，差 点		
5		水泵、冷却塔	共检查 点，好 点，一般 点，差 点		
6		绝热	共检查 点，好 点，一般 点，差 点		
1	建筑电气	配电箱、盘、板、接线盒	共检查 点，好 点，一般 点，差 点		
2		设备器具、开关、插座	共检查 点，好 点，一般 点，差 点		
3		防雷、接地防火	共检查 点，好 点，一般 点，差 点		
1	智能建筑	机房设备安装及布局	共检查 点，好 点，一般 点，差 点		
2		现场设备安装	共检查 点，好 点，一般 点，差 点		
3			共检查 点，好 点，一般 点，差 点		
1	电梯	运行、平层、开关门	共检查 点，好 点，一般 点，差 点		
2		层门、信号系统	共检查 点，好 点，一般 点，差 点		
3		机房	共检查 点，好 点，一般 点，差 点		
观感质量综合评价					

结论：

施工单位项目负责人：　　　　　　　　　　　　　　　总监理工程师：

　　　　　　　年　月　日　　　　　　　　　　　　　　　　年　月　日

注：1. 对质量评价为差的项目，应进行返修；
　　2. 观感质量现场检查原始记录应作为本表附件。

表 3-20 一般抹灰工程分户检验批质量验收记录表

单位工程名称						
验收部位(房号)				检查日期	年 月 日	
建设单位			参检人员姓名		职务	
总包单位			参检人员姓名		职务	
分包单位			参检人员姓名		职务	
监理单位			参检人员姓名		职务	
施工执行标准名称及编号			《建筑装饰装修工程质量验收标准》(GB 50210—2018)			

		验收内容			验收记录	
主控项目	1	材料的品种和性能		第4.2.1条		
	2	处理基层表面		第4.2.2条		
	3	操作要求		第4.2.3条		
	4	抹灰层与基层之间粘结		第4.2.4条		
一般项目	1	表面质量		第4.2.5条		
	2	细部质量		第4.2.6条		
	3	抹灰层的总厚度		第4.2.7条		
	4	分格缝		第4.2.8条		
	5	滴水线(槽)		第4.2.9条		
	6 允许偏差	项目	允许偏差/mm		实测值	
			普通抹灰	高级抹灰		
		立面垂直度	4	3		
		表面平整度	4	3		
		阴阳角方正	4	3		
		分格条(缝)直线度	4	3		
		墙裙、勒脚上口直线度	4	3		

复查记录	监理工程师(签章): 年 月 日 建设单位专业技术负责人(签章): 年 月 日
施工单位检查评定结果	总包单位质量检查员(签章): 年 月 日 分包单位质量检查员(签章): 年 月 日
监理单位验收结论	监理工程师(签章): 年 月 日
建设单位验收结论	建设单位专业技术负责人(签章): 年 月 日

表 3-21 住宅工程质量分户验收表

工程名称			房(户)号	
建设单位			验收日期	
施工单位			监理单位	
序号	验收项目	主要验收内容	验收记录	
1	楼地面、墙面和顶棚	地面裂缝、空鼓、材料环保性能、墙面和顶棚爆灰。空鼓、裂缝、装饰图案、缝格、色泽、表面洁净		
2	门窗	窗台高度、渗水、门窗启闭、玻璃安装		
3	栏杆	栏杆高度、间距、安装牢固、防攀爬措施		
4	防水工程	屋面渗水、厨卫间渗水、阳台地面渗水、外墙渗水		
5	室内主要空间尺寸	开间净尺寸、室内净高		
6	给水排水工程	管道渗水、管道坡向、安装固定、地漏水封、给水口位置		
7	电气工程	接地、相位、控制相配备、开关、插座位置		
8	采暖工程	采暖设备安装牢固、渗水		
9	建筑节能	保温层厚度、固定措施		
10	其他	烟道、通风道、邮政信报箱等合同约定其他内容		
分户验收结论				
建设单位(公章)	施工单位(公章)	监理单位(公章)	物业或其他单位(公章)
项目负责人： 验收人员： 年 月 日	项目经理： 验收人员： 年 月 日	总监理工程师： 验收人员： 年 月 日	项目负责人： 验收人员： 年 月 日

注：本表一式六份(建设、施工、监理、物业、户内张贴、质量保证书各一份)。

表 3-22　住宅工程质量分户验收汇总表

工程名称			建设单位	
监理单位			施工单位	
结构/层数		建筑面积/m²		总户数
验收内容	验收情况			
验收户数					
户内					
公共部位					
其他					
验收结论					

建设单位	监理单位	施工单位
(公章)	(公章)	(公章)
项目负责人：	总监理工程师：	项目经理： 技术部门负责人： 质量部门负责人：
年　月　日	年　月　日	年　月　日

3.4.6 装配整体式混凝土结构子分部工程验收资料

(1)装配整体式混凝土结构子分部工程验收时应提供以下资料:
①工程设计单位已确认的预制构件深化设计图、设计变更文件;
②装配式结构工程施工所用各种材料及预制构件的各种相关质量证明文件;
③预制构件安装施工验收记录;
④钢筋套筒灌浆连接的施工检验记录;
⑤连接构造节点的隐蔽工程检查验收文件;
⑥后浇筑节点的混凝土或灌浆浆体强度检测报告;
⑦密封材料及接缝防水检测报告;
⑧分项工程验收记录;
⑨装配式结构实体检验记录;
⑩工程的重大质量问题的处理方案和验收记录;
⑪其他质量保证资料。

(2)装配式混凝土结构子分部工程应在安装施工过程中完成下列隐蔽项目的现场验收,并形成隐蔽验收记录:
①结构预埋件、钢筋接头、螺栓连接、灌浆接头等;
②预制构件与结构连接处钢筋及混凝土的结合面;
③预制混凝土构件接缝处防水、防火作法。

(3)结构实体检验资料。
①对涉及结构安全的有代表性的部位宜进行结构实体检验,检验应在监理工程师见证下,由施工单位的项目技术负责人组织实施。承担结构实体检验的检测单位应具有相应资质。
②结构实体检验的内容包括预制构件结构性能检验和装配式结构连接性能检验两部分;装配式结构连接性能检验包括连接节点部位的后浇混凝土强度、钢筋套筒连接或浆锚搭接连接的灌浆料强度、钢筋保护层厚度以及工程合同规定的项目;必要时可检验其他项目。
③后浇混凝土的强度检验,应以在浇筑地点制备并与结构实体同条件养护的试件强度为依据。后浇混凝土的强度检验,也可根据合同约定采用非破损或局部破损的检测方法,按现行国家有关标准的规定进行。
④灌浆料的强度检验,应以在灌注地点制备并标准养护的试件强度为依据。
⑤对钢筋保护层厚度检验,抽样数量、检验方法、允许偏差和合格条件应符合现行国家标准《混凝土结构工程施工质量验收规范》(GB 50204—2015)的规定。

(4)装饰装修资料。
①墙面装修验收资料。
a. 外墙。外墙装修验收时应提供以下资料:
a)预制外墙板及外墙装修材料产品合格证书、进场验收记录、性能检测报告。
b)外墙装修设计文件、外墙板安装质量检查记录、施工试验记录(包括外墙淋水、喷水试验)、隐蔽工程验收记录及其他外墙装修质量控制文件。
b. 内墙。内墙装修验收时应提供以下资料:
a)预制内隔墙板及内墙装修材料产品合格证书、进场验收记录、性能检测报告。
b)内墙装修设计文件、预制内隔墙板安装质量检查记录、施工试验记录、隐蔽工程验收记录及其他内墙装修质量控制文件。

②楼面装修验收资料。楼面装修验收时应提供以下资料：

a. 预制构件、楼面装修材料及其他材料质量证明文件和抽样试验报告。

b. 楼面装修设计文件、施工试验记录、隐蔽验收记录、地面质量验收记录及其他楼面装修质量控制文件。

③天棚装修验收资料。天棚装修验收时应提供以下资料：

a. 天棚装修材料及其他材料的质量证明文件和抽样试验报告。

b. 天棚装修设计文件，天棚隐蔽验收记录，天棚装修施工记录及其他天棚装修质量控制文件。

④门窗验收资料。门窗装修验收时应提供以下资料：

a. 门窗框、门窗扇、五金件及密封材料的质量证明文件和抽样试验报告。

b. 门窗安装隐蔽验收记录、门窗试验记录、施工记录及其他门窗安装质量控制文件。

(5)安装工程资料。

①给水排水及采暖施工验收资料。在装配整体式结构中给水排水及采暖工程的安装形式有明装、暗装(在预制构件上留槽)和预埋(预埋在预制构件中)，根据《装配式混凝土结构技术规程》(JGJ 1—2014)中的要求，管道宜明装设置。根据安装形式的不同，所需要的验收资料也有所不同。明装管道按照《建筑给水排水及采暖工程施工质量验收规范》(GB 50242—2002)执行，管道暗装和预埋施工的技术资料要增加一些内容：

a. 预制构件厂家应提供的资料。

a)预埋管道的构件在构件进场验收时，构件厂家应提交管材、管件的合格证、出厂(型式)检验报告、复试报告等质量合格证明材料。管道布置图纸，隐蔽验收记录，管道的水压试验记录等质量控制资料。

b)暗装管道的留槽布置图，留槽位置、宽度、深度应有记录，并移交施工单位。

b. 进场验收实体检查项目。

a)检查数量应符合《装配整体式混凝土结构工程施工与质量验收规程》(DB37/T 5019—2014)的要求，检查项目有管材管件的规格型号、位置、坐标和观感质量等，留槽位置、宽度、深度和长度等，预留孔洞的坐标、数量和尺寸，预埋套管、预埋件其规格、型号、尺寸和位置。

b)所有检查项目要符合设计要求，进场时应提交相关记录，做好进场验收记录，双方签字，并经过监理工程师(建设单位代表)验收。

c. 现场施工资料要求。

a)除按《装配整体式混凝土结构工程施工与质量验收规程》(DB37/T 5019—2014)规定外，还应有现场安装管道与预埋管道连接的隐蔽验收记录，内容应包括管材、管件的材质、规格、型号、接口形式、坐标位置、防腐、穿越等情况。管线穿过楼板的部位的防水、防火、隔声等措施。

b)隐蔽验收工程应按系统或工序进行。现场施工部分检验批要与预制构件部分检验批分开，以利于资料的整理和资料的系统性。

d. 给水排水及采暖技术资料。

a)材料质量合格证明文件。包括管材、管件等原材料以及焊接、防腐、粘结、隔热等辅材的合格证、出厂或型式检验报告、复试报告等。

b)施工图资料。包括深化设计图纸、设计变更，管道、留槽、预埋件、预留洞口的布置图等。

c)施工组织设计或施工方案。

d)技术交底。

e)施工日志。

f)预检记录。包括管道及设备位置预检记录,预留孔洞、预埋套管、预埋件的预检记录等。

g)隐蔽工程检查验收记录。包括预制构件内管道、现场安装与预制构件内管道接口、现场安装暗装管道、预埋件、预留套管等下一道工序隐蔽上一道的工序的均应做隐蔽工程检查验收记录,隐蔽工程验收应按系统、工序进行。

h)施工试验记录。包括室内给水排水管道水压试验(预制构件内管道由厂家试验并有记录,现场安装由施工单位试验,系统水压试验由施工单位试验)、阀门、散热器、太阳能集热器、辐射板试验、室内热水及采暖管道系统试验、给水排水管道系统冲洗、室内供暖管道的冲洗、灌水试验、通球试验、通水试验、卫生器具盛水试验等。

i)施工记录。包括管道的安装记录,管道支架制作安装记录,设备、配件、器具安装记录,防腐、保温等施工记录。

②建筑电气施工验收资料。建筑电气分部工程施工主要针对建筑结构阶段的电气施工进行介绍。

a. 预制构件厂家应提供的资料。预埋于构件中的电气配管,进场验收时构件厂家应提交管材、箱盒及附件的合格证及检验报告等质量合格证明材料,线路布置图及隐蔽验收记录等质量控制资料。

b. 进场验收实体检查项目。检查数量应符合《装配整体式混凝土结构工程施工与质量验收规程》(DB37/T 5019—2014)的要求,检查项目有管材、箱盒及附件的规格型号、位置、坐标、线管的出构件长度、线盒的出墙高度、线管导通和观感质量等,预留箱盒、洞口、坐标、尺寸和位置。

对图纸进行深化设计,所有项目要符合设计要求,进场时应提交相关记录,做好进场验收记录,双方签字,并通过监理(建设)单位验收。

c. 现场施工资料要求。

a)除按《装配整体式混凝土结构工程施工与质量验收规程》(DB37/T 5019—2014)规定外,构件内的线管甩头位置应准确,甩头长度能满足施工要求,便于后安装线管与其连接,线管的接头应做隐蔽验收记录。竖向电气管线宜统一设置在预制板内,避免后剔槽,墙板内竖向电气管线布置应保持安全间距。应对图纸进行深化设计,PK板上合理布置,线管减少管线交叉和过度集中,避免管线交叉部位与桁架钢筋重叠问题,解决后浇叠合层混凝土局部厚度和平整度超标的问题。施工时不要在PK板上随意开槽、凿洞,以免影响结构的受力。

b)建筑物防雷工程施工按《建筑物防雷工程施工与质量验收规范》(GB 50601—2010)和《建筑电气工程施工质量验收规范》(GB 50303—2015)执行。

c)现场施工部分检验批要与预制构件部分检验批分开,以利于资料的整理和资料的系统性。

d. 建筑电气技术资料。

a)材料质量合格证明文件。在建筑电气施工中所使用的产品国家实行强制性产品认证,其电气设备上统一使用"CCC"认证标志,并具有合格证件。质量合格证明材料包括管材、箱盒及附件的合格证、"CCC"认证、出厂检验报告或型式检验报告等质量合格证明材料。

b)施工图资料。包括深化设计图纸、设计变更、线管、箱盒、预留孔洞、预埋件等布置图等。

c)施工组织设计或施工方案。

d)技术交底。

e)施工日志。

f)预检记录。包括电气配管安装预检记录,开关、插座、灯具的位置、标高预检记录,预留孔洞、预埋件的预检记录等。

g)隐蔽工程检查验收记录。包括预制构件内配管、现场施工与预制构件内配管接口、现场施工暗配管、防雷接地、引下线等均应做隐蔽工程检查验收记录。

h)施工试验记录。包括绝缘电阻测试记录、接地电阻测试记录、电气照明、动力试运行试验记录、电气照明器具通电安全检查记录。

i)施工记录。主要包括电气配管施工记录、穿线安装检查记录、电缆终端头、中间接头安装记录、照明灯具安装记录、接地装置安装记录、防雷装置安装记录、避雷带、均压环安装记录。

(6)围护结构节能验收资料。建筑节能方面装配式结构在外墙板保温、外墙的接缝、梁柱接头、外门窗固定和接缝部位与现浇结构施工不同,在资料管理方面也要根据施工内容、施工方法和施工过程的不同编制相应的技术资料。根据《建筑节能工程施工质量验收规范》(GB 50411—2007)规定,建筑节能资料应单独立卷,满足建筑节能验收资料的要求。

①外墙板保温层验收资料。装配式结构外墙板的保温层与结构一般同时施工,无法分别验收,而应与主体结构一同验收,但验收资料应按结构和节能分开。验收时结构部分应符合相应的结构规范,而节能工程应符合《建筑节能工程施工质量验收规范》(GB 50411—2007)的要求,并单独留存节能资料,存放到节能分部中。

a. 预制构件厂家应提供的资料。

a)进场验收主要是对其品种、规格、外观和尺寸等"可视质量"和技术资料进行核检查验收,其内在质量则需由各种技术资料加以证明。

b)进场验收的一项重要内容是对各种材料的技术资料进行检查。这些技术资料主要包括质量合格证明文件、中文说明书及相关性能检测报告;进口材料和设备应按规定进行出入境商品检验。

c)墙体节能工程使用的保温材料,其导热系数、密度、抗压强度或压缩强度、燃烧性能应符合设计要求。

d)夹芯外墙板中的保温材料,其导热系数不宜大于 0.040 W/(moK),体积比吸水率不宜大于 0.3%,燃烧性能不应低于国家标准《建筑材料及制品燃烧性能分级》(GB 8624—2012)中 B2 级的要求。

e)夹芯外墙板中内外叶墙板的金属及非金属材料拉结件均应具有规定的承载力、变形和耐久性能,并应经过试验验证;拉结件应满足夹芯外墙板的节能设计要求。

f)对夹芯外墙板,应绘制内外叶墙板的拉结件布置图及保温板排板图,并有隐蔽验收记录。

g)预制保温墙板产品及其安装性能应有型式检验报告。保温墙板的结构性能、热工性能及与主体结构的连接方法应符合设计要求。

b. 进场验收实体检查项目。

a)检查数量应符合《装配整体式混凝土结构工程施工与质量验收规程》(DB37/T 5019—2014)和《建筑节能工程施工质量验收规范》(GB 50411—2017)的要求。检查项目有夹芯外墙板的保温层位置、厚度,拉结件的类别、规格、数量、位置等;预制保温墙板与主体结构连接形式、数量、位置等。

b)进场验收必须经监理工程师(建设单位代表)核准,形成相应的质量记录。

c. 现场施工资料要求。墙体节能工程各层构造做法均为隐蔽工程,因此对于隐蔽工程验收应随做随验,并做好记录。检查的内容主要是墙体节能工程各层构造做法是否符合设计要求,以及施工工艺是否符合施工方案要求。后浇筑部位的保温层厚度,拉结件的位置、数量等都应符合设计要求。随施工进度及时进行隐蔽验收,即每处(段)隐蔽工程都要在对其隐蔽前进行验收,不应后补。根据《建筑节能工程施工质量验收规范》(GB 50411—2007)的要求,按不同的施工方法、工序合理划分检验批，宜按分项工程进行验收，留存节能验收资料。

②外墙局部保温处理资料。外墙局部保温所涉及的内容主要有外墙板的接缝、接头、洞口、造型等部位的节能保温措施，这些施工内容多为现场施工，主要是现场的一些技术资料，但个别预制构件附带的材料和包含的技术措施需要预制构件厂家提供技术资料。外墙局部保温的检查验收应随同外墙节能一块检查验收。

a. 山东地区外墙热桥部位，应按设计要求采取节能保温等隔断热桥措施。

b. 外墙板接缝处的密封材料应符合下列规定：

a)密封胶应与混凝土具有相容性，以及规定的抗剪切和伸缩变形能力；密封胶尚应具有防霉、防水、防火、耐候等性能。

b)硅酮、聚氨酯、聚硫建筑密封胶应分别符合国家现行标准《硅酮和改性硅酮建筑密封胶》(GB/T 14683—2017)、《聚氨酯建筑密封胶》(JC/T 482—2003)、《聚硫建筑密封胶》(JC/T 483—2006)的规定。

c)夹芯外墙板接缝处填充用保温材料的燃烧性能能满足国家标准《建筑材料及制品燃烧性能分级》(GB 8624—2012)中 A 级的要求。

c. 采用预制保温墙板现场安装组成保温墙体，在组装过程中容易出现连接、渗漏等问题，所以预制保温墙板应有型式检验报告，包括保温墙板的结构性能、热工性能等均应合格，墙板与主体结构的连接方法应符合设计要求，墙板的板缝、构造节点及嵌缝做法应与设计一致。

d. 外墙附墙或挑出部件如梁、过梁、柱、附墙柱、女儿墙、外墙装饰线、墙体内箱盒、管线等均是容易产生热桥的部位，对于墙体总体保温效果有一定影响。应按设计要求采取隔断热桥或节能保温措施。

e. 外墙和毗邻不采暖空间墙体上的门窗洞口四周墙面，凸窗四周墙面或地面，这些部位容易出现热桥或保温层缺陷，应按设计要求采取隔断热桥或节能保温措施。当设计未对上述部位提出要求时，施工单位应与设计、建设或监理单位联系，确认是否应采取处理措施。

③外门窗节能验收资料。

a. 山东地区建筑外窗的气密性、保温性能、中空玻璃露点应符合设计要求，并有试验报告。

b. 金属外门窗隔断热桥措施应符合设计要求和产品标准的规定，金属副框的隔断热桥措施应与门窗框的隔断热桥措施相当，做好相应的施工记录。

c. 外门窗应采用标准化部件，并宜采用预留副框或预埋件等与墙体可靠连接。外门窗框或副框与洞口之间的间隙应采用弹性闭孔材料填充饱满，并使用密封胶密封；外门窗框与副框之间的缝隙应使用密封胶密封，及时进行隐蔽验收。

④围护结构节能技术资料。

a. 材料质量合格证明文件。包括材料和设备的合格证、中文说明书、性能检测报告，定型产品和成套技术应有型式检验报告，进口材料和设备的商检报告，材料和设备的复试报告。

b. 施工图资料。包括深化设计图纸、设计变更、保温板排布图、拉结件布置图、热桥部位节点措施详图。

c. 施工组织设计或施工方案。每个工程的施工组织设计中都应列明本工程节能施工的有关内容以便规划、组织和指导施工。编制专门的建筑节能工程施工技术方案，经监理单位审批后实施。

d. 技术交底。建筑装配化施工和节能工程施工，作业人员的操作技能对节能工程施工效果影响很大，施工前必须对相关人员进行技术培训和交底，以及实际操作培训，技术交底和培训均应留有记录。

e. 施工日志。

f. 预检记录。包括预制构件保温材料厚度、位置、尺寸预检记录，热桥部位处理措施预检记录，外门窗安装预检记录。

g. 隐蔽工程检查验收记录。包括夹芯板保温层、拉结件、加强网、墙体热桥部位构造措施、预制保温板的接缝和构造、嵌缝做法、门窗洞口四周节能保温措施、门窗的固定。

h. 施工试验记录。墙体节能工程使用的保温隔热材料，其导热系数、密度、抗压强度或压缩强度、燃烧性能，拉结件的锚固力试验，保温浆料的同条件养护试件试验，预制保温墙板的型式检验报告中应包含安装性能的检验，墙板接缝淋水试验，建筑外窗的气密性、保温性能、中空玻璃露点、现场气密性。

i. 施工记录。预制构件拼装施工记录、后浇筑部分施工记录，构件接缝施工记录，外门窗施工记录，热桥部位施工记录。

j. 班组自检记录。

k. 工程质量验收记录。节能的项目应单独填写检查验收表格，做出节能项目检查验收记录，并单独组卷。质量验收记录包括分项、分部工程质量验收记录，当分项工程较大时可以分成检验批验收。

3.4.7 建筑工程质量不符合要求的处理规定

(1) 经返工或返修的检验批，应重新进行验收。检验批验收时，如果主控项目不符合设计要求或不能满足验收规范的规定，或者一般项目超过偏差限值的，应判为不合格。如果质量问题不严重，施工单位可以采取返修或更换器具、设备来解决，在采取相应措施后允许重新验收，若能够符合相应的专业工程质量验收规范的规定，则应认为该检验批验收合格。当存在严重影响功能或安全的质量缺陷，应推倒重来，进行返工处理，然后按新的检验批进行验收。如某住宅楼五层砖砌体，验收时发现砂浆强度等级为 M7.5，不符合设计要求 M10，推倒后重新用 M10 砂浆砌筑，其砖砌体工程的质量，应重新按程序进行验收。重新验收时，要对该检验批按规定重新抽样、选点、检查和验收，重新填检验批质量验收记录表。

(2) 经有资质的检测机构检测鉴定能够达到设计要求的检验批，应予以验收。当不符合验收要求，需经检测鉴定时，经有资格的检测单位对工程实体进行检测鉴定，能够达到设计要求的检验批，应予以验收。这种情况多是某项质量指标不够，例如，留置试块失去代表性或因故缺少试块的情况，或试块报告缺少某项有关主要内容，或对试块试验报告有怀疑时；经有资质的检测单位对工程实体进行检测，检测结果证明该检验批的实际质量能够达到设计要求，就应该按照正常情况给予验收。如钢筋混凝土结构办公楼，一层柱混凝土设计强度等级为 C50，留置混凝土标准试块在标准养护条件下 28 天抗压强度为 46 MPa，小于 50 MPa，经委托法定检测单位对一层柱检验批的实体混凝土强度进行检测，检测结果为 55 MPa，大于 50 MPa，这种情况就应按正常情况给予验收。

(3) 经有资质的检测机构检测鉴定达不到设计要求，但经原设计单位核算认可能够满足安全和使用功能的检验批，可予以验收。不符合验收要求，经有资质的检测单位检测鉴定达不到设计要求，但经原设计单位核算认可能满足结构安全和使用功能的检验批，由设计单位出具正式的核验证明书，由设计单位承担责任，可予以验收。这种情况和前述第二种情况类似，多是针对某项质量指标不够，例如留置试块失去代表性或因故缺少试块的情况、或试块报告缺少某项有关主要内容、或对试块试验报告有怀疑时；经有资质的检测单位对工程实体进行检测，检测结果证明该检验批的实际质量虽不能达到设计要求，但经原设计单位核算认可能满足结构安全和使用功能需要，就应该按正常情况给予验收。如上例中，经委托法定检测单位对一层柱检验批的实体混凝土强度进行检测,检测结果为 46 MPa,经设计单位证实强度最低要求是 45 MPa,为提供安全度而选用 C50 混凝土,现对工程实体检测结果虽小于 C50 要求,但仍大于 45 MPa,是安全的。在经原设计单位认可的情况下,可予以验收。

再如某六层砖混结构,一、二、三层用 M10 砂浆砌筑,四、五、六层为 M5 砂浆砌筑。施工中,由于管理不善,其三层砂浆强度仅达到 7.4 MPa,不符合设计要求,但经原设计单位验算,砌体强度可满足结构安全和使用功能要求,可不返修和加固处理。设计单位出具正式认可文件,由注册结构工程师签字,加盖单位公章,可进行验收。

以上三种情况都应视为符合规范规定质量合格的工程,只是管理上出现了一些不正常的情况,致使资料证明不了工程实体质量,经过补办一些检测手续,证明质量达到设计要求,给予通过验收是符合规范规定的。

(4)经返修或加固处理的分项、分部工程,满足安全及使用功能要求时,可按技术处理方案和协商文件的要求予以验收。

工程出现严重的质量缺陷,经检测单位检测鉴定达不到设计要求,经设计单位验算确认其不能满足结构安全和使用功能需要,经分析找出了事故原因,分清了事故责任,经与建设单位、监理单位、设计单位协商,同意加固或返修处理,落实了加固费用来源和加固后的验收事宜,由原设计单位提出加固返修处理方案,施工单位按照加固或返修方案进行加固或返修处理的分项、分部工程,虽然改变外形尺寸,或造成永久性缺陷(造成永久性缺陷是指工程通过加固补强后只是解决了结构安全性能问题,而其本质未达到原设计要求的情况),包括改变工程用途在内,但只要其能满足安全使用要求,可按技术处理方案和协商文件进行验收。这种验收事实上是一种有条件验收,实际是工程质量达不到验收规范的合格规定,应算在不合格工程的范围。但是为了避免社会财富的更大损失,在不影响安全和主要使用功能条件下可按处理技术方案和协商文件进行验收,处理后的技术方案资料和文件也应验收归档,重新填写质量验收记录表。

如钢筋混凝土结构办公楼,一层柱混凝土设计强度等级为 C50,留置混凝土标准试块在标准养护条件下 28 天抗压强度为 46 MPa,小于 50 MPa,经委托法定检测单位对一层柱检验批的实体混凝土强度进行检测,检测结果为 40 MPa,原设计强度是 45 MPa。不满足要求,经协商,采用加大截面法加固,加固后正方形截面边长增大 100 mm,经确认加固施工质量符合加固技术文件要求,应按加固处理技术文件给予验收。

(5)经过返修或加固处理仍不能满足安全或重要使用要求的分部工程及单位工程,严禁验收。发生这种情况通常是在制定加固技术方案之前,就已经知道加固补强措施效果不会太好,或者加固费用太高不值得加固处理,或者加固后仍达不到保证安全功能的情况,这种情况就应该坚决撤除。本条规定为强制性条文,必须严格执行。

📖 项目小结

通过本单元的学习,能够进行检验批、分项、分部、单位工程及住宅工程分户质量验收资料的收集、保管、记录、分类整理工作;明确各项验收的组织者及参与人员的资格要求;明确分户验收的组织和程序要求。

📖 思考与练习

一、填空题

1. 检验批可根据施工、质量控制和专业验收的需要,按工程量、_____、_____、

_____进行划分。

2. 施工单位完成分部工程施工项目后，施工单位_____应组织自检评定合格，向_____或建设单位提出分部工程验收报告，_____或建设单位项目负责人应及时组织有关人员参加对分部工程进行验收。

3. 检验批的质量分别按_____和_____验收。

4. 住宅工程分户验收是以_____作为一个子单位工程，组织_____验收。

5. 经有资质的检测机构检测鉴定达不到设计要求，但经原_____单位核算认可能够满足_____和_____的检验批，可予以验收。

二、多选题

1. 建筑工程施工质量验收应划分为(   )。
   A. 单位工程　　　　B. 分部工程　　　　C. 分项工程　　　　D. 检验批

2. 经返修或加固处理的分项、分部工程，满足安全及使用功能要求时，可按(   )的要求予以验收。
   A. 技术处理方案　　B. 设计文件　　　　C. 协商文件　　　　D. 图纸

3. 建设单位组织(   )单位有关人员共同参加住宅工程分户检查验收，并及时确认，签字盖章。
   A. 设计　　　　　　B. 施工　　　　　　C. 监理　　　　　　D. 物业

4. 监督机构在工程质量巡回监督检查时，应检查是否有分户验收方案，分户验收方案的(   )、数量、方法是否完善。
   A. 组织机构　　　　B. 职责　　　　　　C. 检查内容　　　　D. 参加人员

5. 住宅工程建设单位应当在《住宅质量保证书》中注明以下事项(   )。
   A. 保修范围和保修期限
   B. 工程质量保修程序和处理时限
   C. 物业公司名称、电话
   D. 建设单位工程质量保修监督电话及负责人姓名

三、简答题

1. 建筑工程施工质量验收规范体现了怎样的指导思想？
2. 建筑工程施工质量验收的依据是什么？
3. 建筑工程施工质量验收的基本要求有哪些？
4. 建筑工程检验批质量验收合格应符合哪些标准？
5. 单位工程验收合格应符合哪些标准？

项目 4 建设工程资料归档

学习目标

了解建设工程文件和档案资料的概念、分类与特征；了解建设工程资料归档管理的职责；掌握建设工程资料立卷的原则和方法以及案卷的整理要求；了解建设工程档案验收的内容与移交的程序及要求。

4.1 概述

建筑产品是一种特殊产品。我国对建设工程的控制实行全过程控制。建设工程竣工时，由各责任主体对工程进行验收，并在相关资料上签字盖章形成结论；同时，建设过程中的技术、质量控制情况与工程管理情况应及时形成书面资料并由相关单位、人员签字盖章确认。所谓建设工程资料就是对工程建设过程及结果的书面记录。随着时间的流逝，旧建筑难免要进行改建、扩建、维修、拆除、装修等，这时就需要了解原建筑的相关技术、质量参数并据此确定施工技术方案，因此建设工程资料应该统一存放、妥善保管，以备相关单位随时查阅，这就是建设工程资料的归档。为了保证日后查阅的方便，建设工程资料归档时应按照一定的要求进行整理，这就是建设工程资料的归档整理。

建设工程资料的归档及整理应按《建设工程文件归档规范》(GB/T 50328—2014) 进行。

1. 建设工程电子文件

在工程建设过程中通过数字设备及环境生成，以数码形式存储于磁带、磁盘或光盘等载体，依赖计算机等数字设备阅读、处理，并可在通信网络上传送的文件。

2. 建设工程电子档案

工程建设过程中形成的，具有参考和利用价值并作为档案保存的电子文件及其元数据。

3. 建设工程声像档案

记录工程建设活动，具有保存价值的，用照片、影片、录音带、录像带、光盘、硬盘等记载的声音、图片和影像等历史记录。

4. 案卷

由互有联系的若干文件组成的档案保管单位。

5. 整理

按照一定的原则，对工程文件进行挑选、分类、组合、排列、编目，使之有序化的过程。

6. 立卷

立卷是指按照一定的原则和方法，将有保存价值的文件分门别类整理成案卷，也称组卷。

7. 归档

文件形成部门或形成单位完成其工作任务后，将形成的文件整理立卷后，按规定向本单位档案室或向城建档案管理机构移交的过程。其具有以下三个方面含义：

(1)建设、勘察、设计、施工、监理等单位将本单位在工程建设过程中形成的资料向本单位档案管理机构移交；

(2)勘察、设计、施工、监理等单位将本单位在工程建设过程中形成的资料向建设单位档案管理机构移交；

(3)建设单位按照现行《建设工程文件归档规范》(GB/T 50328—2014)的要求，将汇总的该建设工程的档案向地方城建档案管理部门移交。

8. 城建档案管理机构

管理本地区城建档案工作的专门机构，以及接收、收集、保管和提供利用城建档案的城建档案馆、城建档案室。

9. 永久保管

工程档案保管期限的一种，指工程档案无限期地、尽可能长远地保存。

10. 长期保管

工程档案保管期限的一种，指工程档案保存到该工程被彻底拆除。

11. 短期保管

工程档案保管期限的一种，指工程档案保存10年以下。

4.2 建设工程资料归档管理

4.2.1 建设工程档案的载体

载体是指建设工程档案被记录的形式和方法。目前使用的载体有以下四种(其中最常用的为纸质载体)：

(1)纸质载体：以纸张为基础的载体形式。

(2)微缩品载体：以胶片为基础，利用微缩技术对工程资料进行保存的载体形式。

(3)光盘载体：以光盘为基础，利用计算机技术对工程资料进行存储的形式。

(4)磁性载体：以磁性记录材料(磁带、磁盘等)为基础，对工程资料的电子文件、声音、图像进行存储的方式。

4.2.2 建设工程档案的特征

1. 复杂性和分散性

建设工程施工周期长，生产工艺复杂，建筑材料种类多，建筑技术发展迅速，影响建设工程的因素多种多样，工程建设阶段性强并且相互穿插，由此导致了建设工程档案资料的分散性和复杂性。这个特点决定了建设工程档案是多层次、多环节、相互关联的复杂系统。

2. 继承性和时效性

随着建筑技术、施工工艺、新材料以及建筑企业管理水平的不断提高和发展，档案可以被继承和积累。新工程在施工过程中可以吸取以前的经验、避免重犯以往的错误。同时，建设工程档案具有很强的时效性，档案的价值会随时间推移而衰减，有时资料档案一经生成，就必须传达到有关部门，否则会造成严重后果。

3. 全面性和真实性

建设工程档案只有全面反映项目的各类信息，才更具有实用价值，必须形成一个完整的系统。有时，只言片语地引用会起到误导作用。另外，建设工程档案必须真实反映工程情况，包括发生的事故和存在的隐患。真实性是对所有档案资料的共同要求，但在建设领域档案对真实性的要求更为迫切。

4. 随机性

建设工程档案产生于工程建设的整个过程中，工程开工、施工、竣工等各个阶段、各个环节都会产生各种档案。部分建设工程档案的产生有规律性（如各类报批文件）。但还有相当一部分档案的产生是由具体工程事件引发的，因此建设工程档案是有随机性的。

5. 多专业性和综合性

建设工程档案依附于不同的专业对象而存在，又依赖不同的载体而流动。其涉及建筑、市政、公用、消防、保安等多种专业，也涉及电子、力学、声学、美学等多学科，并同时综合了质量、进度、造价、合同、组织协调等多方面内容。

4.2.3　建设工程资料归档管理基本规定

每项建设工程应编制一套电子档案，随纸质档案一并移交城建档案管理机构。

建设单位在工程招标及与勘察、设计、施工、监理等单位签订协议、合同时，应明确竣工图的编制单位、工程档案的编制套数、编制费用及承担单位、工程档案的质量要求和移交时间等内容。建设单位应收集和整理工程准备阶段形成的文件及竣工验收文件，并进行立卷归档。建设单位应收集和汇总勘察、设计、施工、监理等单位立卷归档的工程档案。

在组织竣工验收前，提请当地的城建档案管理机构对工程档案进行预验收；未取得工程档案验收认可文件，不得组织工程竣工验收。对列入城建档案管理机构接收范围的工程，工程竣工验收后3个月内，应向当地城建档案管理机构移交一套符合规定的工程档案。

工程资料管理人员应经过工程文件归档整理的专业培训。

4.3　建设工程资料归档整理

4.3.1　建设工程资料的归档范围

对与工程建设有关的重要活动、记载工程建设主要过程和现状、具有保存价值的各种载体的文件，均应收集齐全，整理立卷后归档。

工程建设的过程可分为两个阶段，即项目准备阶段和项目实施阶段。

在项目准备阶段主要完成项目的可行性研究及立项、建设用地的征地和拆迁工作、项目承包商的招标投标工作、项目的勘察及设计工作、项目的开工审批工作、项目的财务工作、项目管理机构的组建等工作。应该将这个阶段能够反映项目准备工作的过程、结果等文件收集归档。

在项目的实施阶段主要完成项目的施工及监理等工作。这个阶段文件来源广泛、内容繁杂（如施工单位、材料供应商、设备供应商、检测单位、监理单位、建设单位、设计单位的文件等）。这个阶段的文件直接反映了工程项目的质量、安全、使用功能情况。因此项目实施阶段建设工程文件的收集整理是整个项目文件归档工作的重点及难点。

建筑工程文件归档范围见附表1。声像资料的归档范围和质量要求应符合现行行业标准《城建档案业务管理规范》(CJJ/T 158—2011)的要求。不属于归档范围、没有保存价值的工程文件，文件形成单位可自行组织销毁。

4.3.2 建设工程归档文件质量要求

根据《建设工程文件归档规范》(GB/T 50328—2014)的规定，建设工程文件在归档时应满足如下质量要求：

(1)归档的纸质工程文件应为原件。

(2)工程文件的内容及其深度应符合国家现行有关工程勘察、设计、施工、监理等标准的规定。

(3)工程文件的内容必须真实、准确，应与工程实际相符。

(4)工程文件应采用碳素墨水、蓝黑墨水等耐久性强的书写材料，不得使用红色墨水、纯蓝墨水、圆珠笔、复写纸、铅笔等易褪色的书写材料。计算机输出文字和图件应使用激光打印机，不应使用色带式打印机、水性墨打印机和热敏打印机。

(5)工程文件应字迹清楚、图样清晰、图表整洁，签字盖章手续应完备。

(6)工程文件中文字材料幅面尺寸规格宜为A4幅面(297 mm×210 mm)。图纸宜采用国家标准图幅。

(7)工程文件的纸张应采用能够长期保存的韧力大、耐久性强的纸张。

(8)所有竣工图均应加盖竣工图章。竣工图章规范、完整。竣工图章如图4-1所示，并应符合下列规定：

①竣工图章的基本内容应包括："竣工图"字样、施工单位、编制人、审核人、技术负责人、编制日期、监理单位、现场监理、总监。

②竣工图章尺寸应为：50 mm×80 mm。

③竣工图章应使用不易褪色的印泥，应盖在图标栏上方空白处。

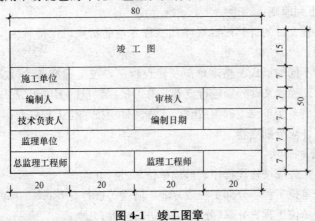

图4-1 竣工图章

(9)竣工图的绘制与改绘应符合国家现行有关制图标准的规定。

(10)归档的建设工程电子文件应采用表4-1所列开放式文件格式或通用格式进行存储。专用软件产生的非通用格式的电子文件应转换成通用格式。

表 4-1　工程电子文件存储格式表

文件类别	格式
文本(表格)文件	PDF、XML、TXT
图像文件	JPEG、TIFF
图形文件	DWG、PDF、SVG
影像文件	MPEG2、MPEG4、AVI
声音文件	MP3、WAV

(11)归档的建设工程电子文件应包含元数据,保证文件的完整性和有效性。元数据应符合现行行业标准《建设电子档案元数据标准》(CJJ/T 187—2012)的规定。

(12)归档的建设工程电子文件应采用电子签名等手段,所载内容应真实、可靠。

(13)归档的建设工程电子文件的内容必须与其纸质档案一致。

(14)离线归档的建设工程电子档案载体,应采用一次性写入光盘,光盘不应有磨损、划伤。

(15)存储移交电子档案的载体应经过检测,应无病毒、无数据读写故障,并应确保接收方能通过适当设备读出数据。

4.3.3　建设工程资料的归档整理立卷

建设工程文件的质量要求是对单份文件的要求,在归档时,这些单份文件还应该进行归档整理并装订成册,即所谓的立卷。根据《建设工程文件归档规范》(GB/T 50328—2014)的规定,建设工程文件在立卷时应按以下要求进行。

1. 立卷流程、原则和方法

(1)立卷应按下列流程进行:

①对属于归档范围的工程文件进行分类,确定归入案卷的文件材料;

②对卷内文件材料进行排列、编目、装订(或装盒);

③排列所有案卷,形成案卷目录。

(2)立卷应遵循下列原则:

①立卷应遵循工程文件的自然形成规律和工程专业的特点,保持卷内文件的有机联系,便于档案的保管和利用;

②工程文件应按不同的形成、整理单位及建设程序,按工程准备阶段文件、监理文件、施工文件、竣工图、竣工验收文件分别进行立卷,并可根据数量的多少组成一卷或多卷;

③一项建设工程由多个单位工程组成时,工程文件应按单位工程立卷;

④不同载体的文件应分别立卷。

(3)立卷应采用下列方法:

①工程准备阶段文件应按建设程序、形成单位等进行立卷;

②监理文件应按单位工程、分部工程或专业、阶段等进行立卷;

③施工文件应按单位工程、分部(分项)工程进行立卷;

④竣工图应按单位工程分专业进行立卷;

⑤竣工验收文件应按单位工程分专业进行立卷;

⑥电子文件立卷时,每个工程(项目)应建立多级文件夹,应与纸质文件在案卷设置上一致,

并应建立相应的标识关系；

⑦声像资料应按建设工程各阶段立卷，重大事件及重要活动的声像资料应按专题立卷，声像档案与纸质档案应建立相应的标识关系。

(4)施工文件的立卷应符合下列要求：

①专业承(分)包施工的分部、子分部(分项)工程应分别单独立卷；

②室外工程应按室外建筑环境和室外安装工程单独立卷；

③当施工文件中部分内容不能按一个单位工程分类立卷时，可按建设工程立卷。

(5)不同幅面的工程图纸，应统一折叠成 A4 幅面(297 mm×210 mm)。应图面朝内，首先沿标题栏的短边方向以 W 形折叠，然后再沿标题栏的长边方向以 W 形折叠，并使标题栏露在外面。

(6)案卷不宜过厚，文字材料卷厚度不宜超过 20 mm，图纸卷厚度不宜超过 50 mm。

(7)案卷内不应有重份文件。印刷成册的工程文件宜保持原状。

(8)建设工程电子文件的组织和排序可按纸质文件进行。

2. 卷内文件的排列

(1)文字材料按事项、专业顺序排列，同一事项的请示与批复、同一文件的印本与定稿、主件与附件不应分开，并按批复在前、请示在后，印本在前、定稿在后，主件在前、附件在后的顺序排列；

(2)图纸应按专业排列，同专业图纸应按图号顺序排列；

(3)当案卷内既有文字材料又有图纸时，文字材料应排在前面，图纸应排在后面。

案卷及卷内文件应按照《建设工程文件归档规范》(GB/T 50328—2014)的要求进行编目及装订。

3. 案卷的编目

(1)编制卷内文件页号应符合下列规定：

①卷内文件均应按有书写内容的页面编号，每卷单独编号，页号从"1"开始。

②页号编写位置：单面书写的文件在右下角；双面书写的文件，正面在右下角，背面在左下角。折叠后的图纸一律在右下角。

③成套图纸或印刷成册的科技文件材料，自成一卷的，原目录可代替卷内目录，不必重新编写页码。

④案卷封面、卷内目录、卷内备考表不编写页号。

(2)卷内目录的编制应符合下列规定：

①卷内目录排列在卷内文件首页之前，式样宜符合《建设工程文件归档规范》(GB/T 50328—2014)的要求。

②序号应以一份文件为单位编写，用阿拉伯数字从 1 依次标注。

③责任者应填写文件的直接形成单位或个人，有多个责任者时，应选择两个主要责任者，其余用"等"代替。

④文件编号应填写文件形成单位的发文号或图纸的图号，或设备、项目代号。

⑤文件题名应填写文件标题的全称。当文件无标题时，应根据内容拟写标题，拟写标题外应加"[]"符号。

⑥日期应填写文件的形成日期或文件的起止日期，竣工图应填写编制日期。日期中"年"应用四位数字表示，"月"和"日"应分别用两位数字表示。

⑦页次应填写文件在卷内所排的起始页号，最后一份文件应填写起止页号。

⑧备注应填写需要说明的问题。

卷内目录的式样如图 4-2 所示。

(3)卷内备考表的编制应符合下列规定：

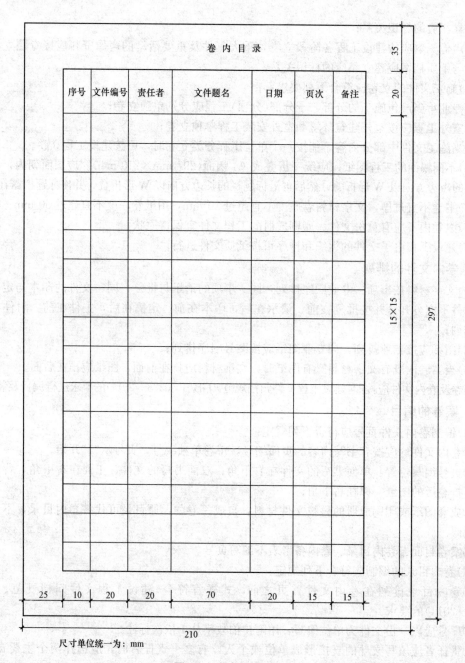

图 4-2 卷内目录式样

①卷内备考表应排列在卷内文件的尾页之后；
②卷内备考表应标明卷内文件的总页数、各类文件页数或照片张数及立卷单位对案卷情况的说明；
③立卷单位的立卷人和审核人应在卷内备考表上签名；年、月、日应按立卷、审核时间填写。卷内备考表式样如图 4-3 所示。
（4）案卷封面的编制应符合下列规定：
①案卷封面印刷在卷盒、卷夹的正表面，也可采用内封面形式。案卷封面的式样宜符合《建设工程文件归档规范》(GB/T 50328—2014)的要求。

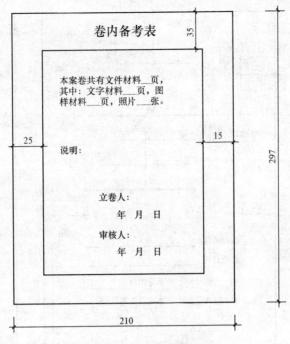

图 4-3 卷内备考表式样

②案卷封面的内容应包括：档号、案卷题名、编制单位、起止日期、密级、保管期限、本案卷所属工程的案卷总量、本案卷在该工程案卷总量中的排序。

③档号应由分类号、项目号和案卷号组成，档号由档案保管单位填写。

④案卷题名应简明、准确地揭示卷内文件的内容。

⑤编制单位应填写案卷内文件的形成单位或主要责任者。

⑥起止日期应填写案卷内全部文件形成的起止日期。

⑦保管期限应根据卷内文件的保存价值在永久保管、长期保管、短期保管三种保管期限中选择划定。当同一案卷内有不同保管期限的文件时，该案卷保管期限应从长。

⑧密级应在绝密、机密、秘密三个级别中选择划定。当同一案卷内有不同密级的文件时，应以高密级为本卷密级。

案卷封面式样如图 4-4 所示。

(5)编写案卷题名，应符合下列规定：

①建筑工程案卷题名应包括工程名称(含单位工程名称)、分部工程或专业名称及卷内文件概要等内容；当房屋建筑有地名管理机构批准的名称或正式名称时，应以正式名称为工程名称，建设单位名称可省略；必要时可增加工程地址内容。

②道路、桥梁工程案卷题名应包括工程名称(含单位工程名称)、分部工程或专业名称及卷内文件概要等内容；必要时可增加工程地址内容。

③地下管线工程案卷题名应包括工程名称(含单位工程名称)、专业管线名称和卷内文件概要等内容；必要时可增加工程地址内容。

④卷内文件概要应符合附录 B 中所列案卷内容(标题)的要求；

⑤外文资料的题名及主要内容应译成中文。

(6)案卷脊背应由档号、案卷题名构成，由档案保管单位填写；案卷脊背式样如图 4-5 所示。

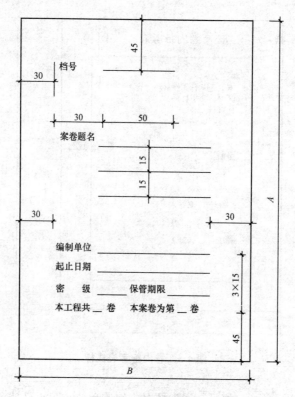

图 4-4 案卷封面式样

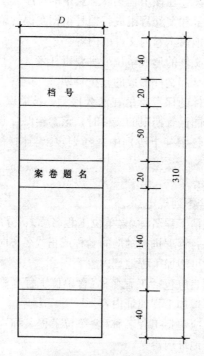

图 4-5 案卷脊背式样

(7)卷内目录、卷内备考表、案卷内封面宜采用 70 g 以上白色书写纸制作,幅面应统一采用 A4 幅面。

4. 案卷装订与装具

(1)案卷可采用装订与不装订两种形式。文字材料必须装订。装订时不应破坏文件的内容,并应保持整齐、牢固,便于保管和利用。

(2)案卷装具可采用卷盒、卷夹两种形式,并应符合下列规定:

①卷盒的外表尺寸为 310 mm×220 mm,厚度分别为 20、30、40、50(mm)。

②卷夹的外表尺寸为 310 mm×220 mm,厚度一般为 20~30 mm。

③卷盒、卷夹应采用无酸纸制作。

5. 案卷目录编制

案卷应按附录 B 的类别和顺序排列。

案卷目录的编制应符合下列规定:

(1)案卷目录式样见表 4-2;

(2)编制单位应填写负责立卷的法人组织或主要责任者;

(3)编制日期应填写完成立卷工作的日期。

表 4-2 案卷目录式样

案卷号	案卷题名	卷内数量			编制单位	编制日期	保管期限	密级	备注
		文字/页	图纸/张	其他					

4.4 建设工程文件归档及工程档案的验收与移交

4.4.1 建设工程资料归档的要求

1. 归档资料的要求

(1)归档文件必须完整、准确、系统,能够反映工程建设活动的全过程。归档文件的范围和文件的质量应符合《建设工程文件归档规范》(GB/T 50328—2014)的要求。

(2)归档的文件必须经过分类整理,并应组成符合要求的案卷。

(3)电子文件归档应包括在线式归档和离线式归档两种方式。可根据实际情况选择其中一种或两种方式进行归档。

2. 归档时间的要求

(1)根据建设程序和工程特点,归档可分阶段分期进行,也可在单位或分部工程通过竣工验收后进行。

(2)勘察、设计单位应在任务完成后,施工、监理单位应在工程竣工验收前,将各自形成的有关工程档案向建设单位归档。

3. 归档数量的要求

工程档案的编制不得少于两套,一套应由建设单位保管;另一套(原件)应移交当地城建档案管理机构保存。

4. 归档程序的要求

勘察、设计、施工单位在收齐工程文件并整理立卷后,建设单位、监理单位应根据城建档案管理机构的要求,对归档文件完整、准确、系统情况和案卷质量进行审查。审查合格后方可向建设单位移交。勘察、设计、施工、监理等单位向建设单位移交档案时,应编制移交清单,双方签字、盖章后方可交接。归档工作程序如图4-6所示。

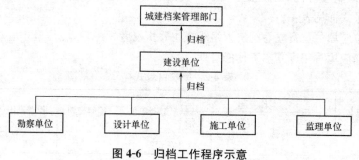

图4-6 归档工作程序示意

设计、施工及监理单位需向本单位归档的文件,应按国家有关规定和附录B的要求立卷归档。

4.4.2 建设工程档案的验收

列入城建档案管理机构档案接收范围的工程,竣工验收前,城建档案管理机构应对工程档案进行预验收。城建档案管理机构在进行工程档案预验收时,应查验收下列主要内容:

(1)工程档案齐全、系统、完整,全面反映工程建设活动和工程实际状况;

(2)工程档案已整理立卷,立卷符合现行《建设工程文件归档规范》(GB/T 50328—2014)的规定;

(3)竣工图绘制方法、图式及规格等符合专业技术要求,图面整洁,盖有竣工图章;

(4)文件的形成、来源符合实际,要求单位或个人签章的文件,其签章手续完备;

(5)文件材质、幅面、书写、绘图、用墨、托裱等符合要求;

(6)电子档案格式、载体等符合要求;

(7)声像档案内容、质量、格式符合要求。

为确保工程档案的质量,各编制单位、地方城建档案管理部门、住房城乡建设主管部门等要对工程档案进行严格检查、验收。对于不符合技术要求的,一律退回原编制单位进行改正、补齐;问题严重者可令其重做;不符合要求者,不能交工验收。

4.4.3 建设工程档案的移交

建设工程档案的移交见表4-3~表4-7。

表 4-3　工程资料移交书

工程资料移交书

　　<u>施工单位(全称)</u> 按有关规定向<u>建设单位(全称)</u>办理<u>××工程</u>工程资料移交手续。共计<u>××</u>册。其中图样材料<u>××</u>册，文字材料<u>××</u>册，其他材料<u>××</u>张(　　)。

　　附：工程资料移交目录

移交单位(公章)：	接收单位(公章)：
单位负责人：	单位负责人：
技术负责人：	技术负责人：
移　交　人：	接　收　人：
	移交日期：　　年　月　日

表 4-4　城市建设档案移交书

城市建设档案移交书

　　_____向_____市城市建设档案馆移交　××工程　档案，共计_____册。其中：图样材料_____册，文字材料_____册，其他材料_____张（　　）。

　　附：城市建设档案移交目录一式三份，共_____张。

移交单位(公章)：　　　　　　　　　　　　　　　　　　　接收单位(公章)：

单位负责人：　　　　　　　　　　　　　　　　　　　　　单位负责人：

移　交　人：　　　　　　　　　　　　　　　　　　　　　接　收　人：

　　　　　　　　　　　　　　　　　　　　　　　　　　　移交日期：　　年　月　日

表 4-5　工程档案缩微品移交书

城市建设档案缩微品移交书

　　___建设单位(全称)___ 向_____市城市建设档案馆移交_____工程缩微品档案。档号_____，缩微号：_____。卷片共_____盘，开窗卡_____张，其中母片：卷片_____盘，开窗卡_____张；拷贝片：卷片_____套_____盘，开窗卡_____套_____张。缩微原件共_____册，其中文字材料_____册，图样材料_____册，其他材料_____册。

　　附：城市建设档案缩微品移交目录

移交单位(公章)：　　　　　　　　　　　　　接收单位(公章)：

单位法人：　　　　　　　　　　　　　　　　单位法人：

移　交　人：　　　　　　　　　　　　　　　接　收　人：

　　　　　　　　　　　　　　　　　　　　　移交日期：　　年　月　日

表 4-6 工程资料移交目录

工程项目名称：

序号	案卷提名	数量						备注
		文字材料		图样材料		综合卷		
		册	张	册	张	册	张	
1	施工资料—建筑与结构工程　施工管理资料							
2	施工资料—建筑与结构工程　施工技术资料							
3	施工资料—建筑与结构工程　施工测量资料							
4	施工资料—建筑与结构工程　施工物资资料							
5	施工资料—建筑与结构工程　施工记录							
6	施工资料—建筑与结构工程　施工试验记录							
7	施工资料—建筑与结构工程　施工质量验收记录							
8	综合图							
9	建筑竣工图							
10	结构竣工图							
11	设备竣工图							
12	电气竣工图							

注：综合卷是指文字和图样材料混装的案卷。

表 4-7 城市建设档案移交目录

工程项目名称：

序号	案卷提名	数量						备注
		文字材料		图样材料		综合卷		
		册	张	册	张	册	张	

注：综合卷是指文字和图样材料混装的案卷。

项目小结

通过本项目的学习，能够进行建设工程资料和建设工程档案的收集、整理、汇总、移交和归档工作。

思考与练习

一、填空题

1. 建设工程电子文件即在工程建设过程中通过_____及环境生成，以_____形式存储于磁带、磁盘或光盘等载体，依赖_____等数字设备阅读、处理，并可在通信网络上传送的文件。
2. 建设工程电子档案工程建设过程中形成的，具有_____和_____并作为_____保存的电子文件及其元数据。
3. 立卷指按照一定的_____和_____，将有保存价值的文件_____整理成案卷。
4. 归档的建设工程电子文件应包含_____，保证文件的_____和_____。
5. 案卷不宜过厚，文字材料卷厚度不宜超过_____mm，图纸卷厚度不宜超过_____mm。

二、多选题

1. 建设工程档案的特征有（　　）。
   A. 复杂性和分散性　　B. 继承性和时效性　　C. 全面性和真实性　　D. 随机性
2. 建设单位应收集和汇总（　　）等单位立卷归档的工程档案。
   A. 勘察　　B. 设计　　C. 施工　　D. 监理
3. 归档文件必须_____、_____、_____，能够反映工程建设活动的全过程。
   A. 合格　　B. 完整　　C. 准确　　D. 系统
4. 电子文件归档应包括（　　）两种归档方式。
   A. 互联网　　B. 在线式归档　　C. 局域网　　D. 离线式归档
5. 声像档案（　　）符合要求。
   A. 内容　　B. 质量　　C. 格式　　D. 格式

三、简答题

1. 什么是建设工程声像档案？
2. 建设工程文件立卷应按怎样的流程进行？
3. 建设工程文件立卷应遵循什么原则？
4. 建设工程文件卷内文件的排列有什么要求？

项目 5　计算机辅助档案资料管理

学习目标

了解档案资料管理软件的功能、特点；掌握档案资料管理软件的使用方法。

施工资料的制作与管理是施工管理工作中的一项重要组成部分。施工资料是工程建设及竣工验收的必备条件，也是对工程进行检查、维护、管理、使用、改建和扩建的原始依据。然而，当前整个建筑行业中施工资料的填制与管理恰恰是一个比较薄弱的环节。填制手段落后，效率低下；书写工具不符合要求，字迹模糊；资料管理混乱，漏填、丢失现象严重。目前，施工资料的制作与管理，无法满足建筑工程档案整理办法的基本要求，并且制约了施工企业的进一步发展。

"数字化"档案管理是一个初露端倪的趋势。城建档案的数字化，在可以预见的将来必将全面实施。品茗施工资料制作与管理软件为例，介绍如何使用计算机辅助档案资料管理。

品茗软件将不断为您提供高品质、人性化的建筑行业软件，并将为建筑行业的信息化贡献出自己的一份力量。

5.1　档案资料管理软件的应用

5.1.1　软件安装与卸载

（1）将安装光盘放入光驱，找到"品茗资料山东 2012.exe"文件并双击，将出现图 5-1 所示欢迎界面。

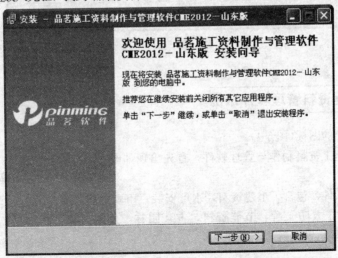

图 5-1

(2)单击【下一步】按钮,将出现如图 5-2 所示询问是否接受许可协议的画面。

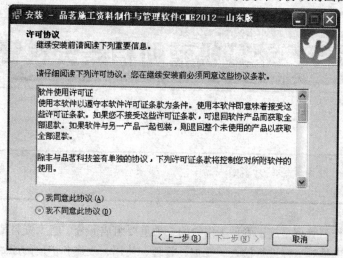

图 5-2

(3)选择"我同意此协议"单选按钮,再单击"下一步"将进行下一步安装,此时将出现如图 5-3 所示选择安装位置的画面。用户可以采用系统默认的安装路径,也可以单击"浏览"按钮自己选择适合的路径,推荐采用系统默认路径。

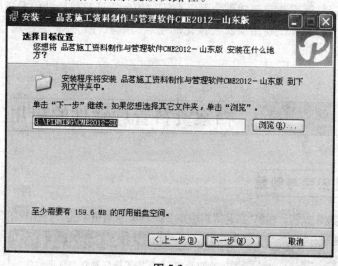

图 5-3

5.1.2 工程资料管理软件示例

(1)双击桌面上的图标(图 5-4)。
(2)运行品茗施工资料制作与管理软件,首先出现如图 5-5 所示的启动画面。
(3)品茗资料软件,包含了土建资料,水电安装,市政资料,安全资料,高级装饰,人防工程,节能资料,古建园林,公路桥梁,水利电力,石油工程,铁路隧道十二种专业。

图 5-4

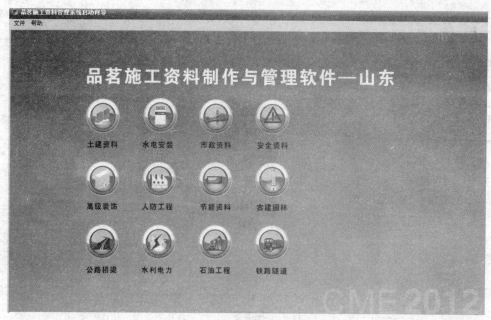

图 5-5

单击需要的专业后,界面弹出下一向导(图 5-6)。

图 5-6

(4)接着弹出系统登录窗口(图 5-7)。

图 5-7

系统缺省操作员用户名:123;密码:123。也可以以管理员身份(用户名:123456;密码:123456)登录,通过"系统"下的"操作员管理"创建或更改用户名及密码。

(5)正确登录后,进入到图 5-8 所示的界面。

图 5-8

这就是品茗施工资料制作与管理软件的主界面——工程资料管理界面。

(6)工程资料管理界面分别由菜单栏,工具栏,工程管理结构树,表格预览窗口,状态栏等组成(图 5-9)。

品茗施工资料
软件简介

图 5-9

5.2 软件基本操作流程

单击"保存"按钮，工程概况会自动复制到每个分部当中。

5.2.1 新建工程

(1)单击工具栏上的按钮，将弹出图 5-10 所示的"新建工程"窗口：

图 5-10

选中需要的模板(图 5-11)。

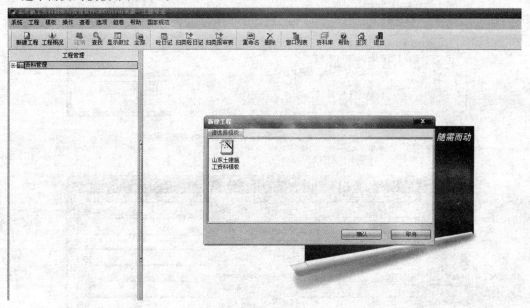

图 5-11

(2)单击"确认"后，弹出一个"工程新建自动生成条目选项"对话框，如图 5-12 所示。

可以通过选择是否打钩来决定您新建工程时所需要创建的分部分项及表格，选择好后单击确定，一个工程将被加入工程管理树中。

5.2.2 输入工程概况信息

(1)在工程创建完成后，将会自动弹出图 5-13 所示的对话框。
(2)可以手工填写所有工程概况信息，也可以通过单击相应工程概况右侧的下拉菜单(图 5-14)来选择概况信息。

选择后如图 5-15 所示。

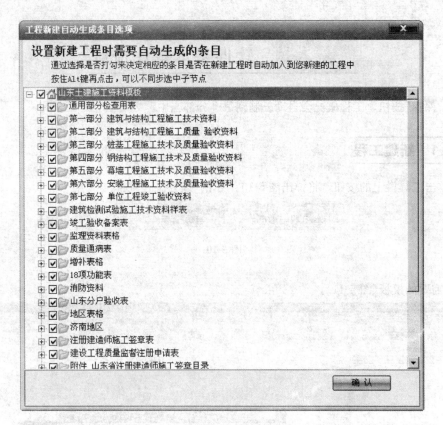

图 5-12

图 5-13

图 5-14

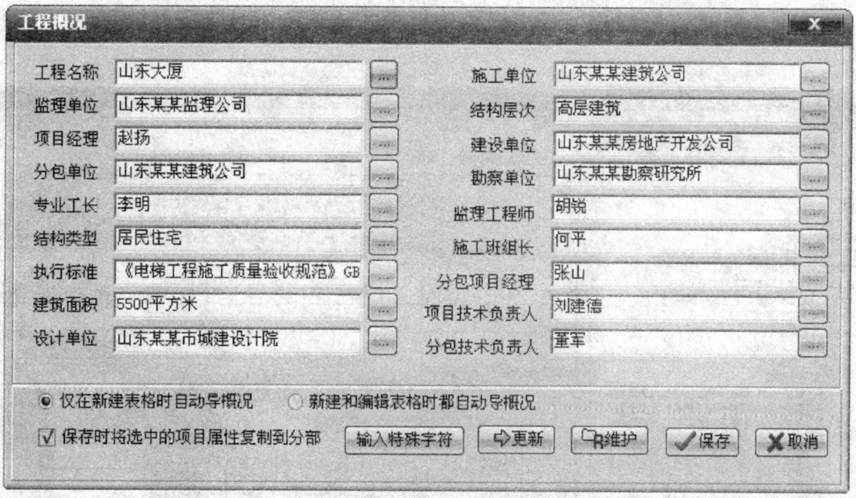

图 5-15

5.3 填制资料

5.3.1 检验批表格的填写

(1)找到相应的检验批，如图 5-16 所示。

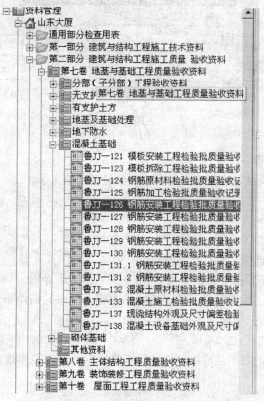

图 5-16

(2)选中一个检验批表格样式,双击该检验批样式或单击右键选择"新建"后,打开如图5-17所示窗口。

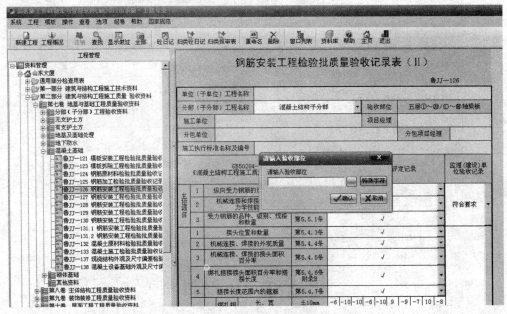

图 5-17

(3)填入相应的验收部位,单击"确认"按钮(图5-18)。

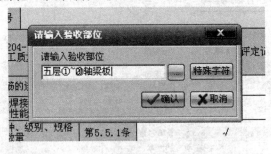

图 5-18

(4)进入编辑状态(图5-19)。
(5)从图5-19可以看到,表格中有以下三项已经自动填入了。
①验收部位。
②表格编号。
③完整的表头信息。
表格里需要填写的部位还有以下三处:
①部位1:是一个下拉框类型的单元格(图5-20):
在这类单元格里,已经设置好了需要填写的内容,用户只需单击单元格选择即可。当然也可以输入需要的文字。
②部位2:数据录入区(图5-21)。
这部分填入检测到的数据,可以用来进行智能评定。输入实测数值后,单击图5-22所示即可完成评定。

钢筋安装工程检验批质量验收记录表（Ⅱ）

鲁JJ—126 0 0 1

单位（子单位）工程名称	山东大厦		
分部（子分部）工程名称	混凝土结构子分部	验收部位	五层①~⑳轴梁板
施工单位	山东某某建筑公司	项目经理	赵扬
分包单位	山东某某建筑公司	分包项目经理	张山
施工执行标准名称及编号	《电梯工程施工质量验收规范》GB50310-2002		

GB50204-2002《混凝土结构工程施工质量验收规范》的规定				施工单位检查评定记录	监理(建设)单位验收记录
主控项目	1	纵向受力钢筋的连接方式	第5.4.1条		
	2	机械连接和焊接接头的力学性能	第5.4.2条		
	3	受力钢筋的品种、级别、规格和数量	第5.5.1条		
一般	1	接头位置和数量	第5.4.3条		
	2	机械连接、焊接的外观质量	第5.4.4条		
	3	机械连接、焊接的接头面积百分率	第5.4.5条		
	4	绑扎搭接接头面积百分率和搭接长度	第5.4.6条 附录B		
	5	搭接长度范围内的箍筋	第5.4.7条		
		绑扎钢筋网 长、宽	±10mm		
		绑扎钢筋网 网眼尺寸	±20mm		
		绑扎钢筋骨架 长	±10mm		

图 5-19

施工单位检查评定记录	监理(建设)单位验收记录
√	
符合要求	

图 5-20

一般项目	6	钢筋安装允许偏差	绑扎钢筋网	长、宽	±10mm	
				网眼尺寸	±20mm	
			绑扎钢筋骨架	长	±10mm	
				宽、高	±5mm	
			受力钢筋	间距	±10mm	
				排距	±5mm	
				保护层厚度 基础	±10mm	
				保护层厚度 柱、梁	±5mm	
				保护层厚度 板、墙、壳	±3mm	
			绑扎箍筋、横向钢筋间距		±20mm	
			钢筋弯起点位置		20mm	
			预埋件	中心线位置	5mm	
				水平高差	+3，0mm	

图 5-21

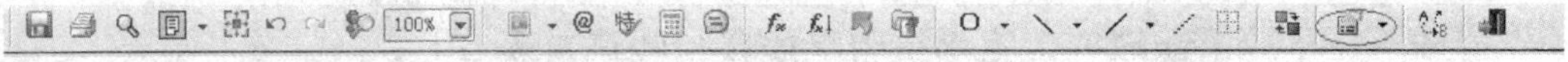

图 5-22

③部位 3：评定结果查看区（图 5-23）。

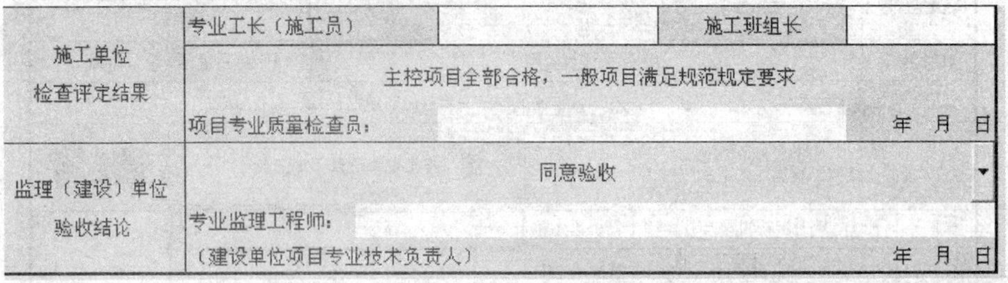

图 5-23

这部分内容在智能评定后将被自动填入评定结果。如果需要手工输入评定结果"合格"或"不合格"，可以按 Del 键清除内容。

（6）日期单元格的填写：如果用户需要手写可以不填，如果不需要手写，单击此单元格，出现图 5-24 所示的窗体。

在其中选中所需的日期，单击"确认"按钮，则日期被自动写入。

（7）智能分项评定。

①在做好相应的分项检验批后（图 5-25），对该分项单击鼠标右键，选择"分项评定"（图 5-26），软件会自动进行分项评定，生成如图 5-27 所示的表格。

图 5-24

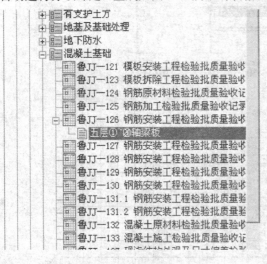

图 5-25

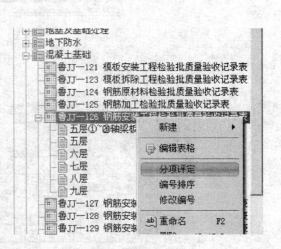

图 5-26

保存退出后如图 5-28 所示。

_____钢筋_____分项工程质量验收表

鲁JJ081

工程名称	山东大厦	结构类型	居民住宅	检验批数	6
施工单位	山东某某建筑公司	项目经理	赵扬	项目技术负责人	
分包单位	山东某某建筑公司	分包单位负责人		分包项目经理	

序号	检验批部位、区段	施工单位检查评定结果	监理（建设）单位验收结论
1	五层①~⑳轴梁板	主控项目全部合格，一般项目满足规范规定要求	
2	五层	主控项目全部合格，一般项目满足规范规定要求	
3	六层	主控项目全部合格，一般项目满足规范规定要求	
4	七层	主控项目全部合格，一般项目满足规范规定要求	
5	八层	主控项目全部合格，一般项目满足规范规定要求	
6	九层	主控项目全部合格，一般项目满足规范规定要求	

图 5-27

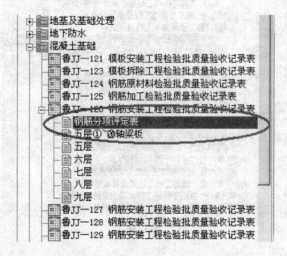

图 5-28

②智能分部/子分部汇总。在做完检验批表格之后，在"鲁JJ—079 分部（子分部）工程验收记录"这张表上单击鼠标右键，如图 5-29 所示。

选择"一次性统计"（图 5-30），单击"确认"按钮后，即可出现相应的智能统计表。

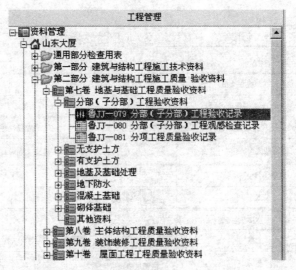

图 5-29

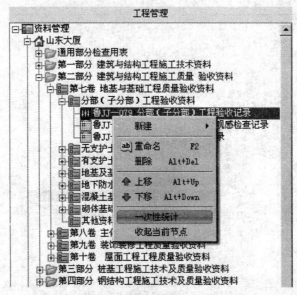

图 5-30

5.3.2 打印及批量打印

在填制好一张表格后，可以直接使用工具栏上的"打印"按钮对它进行打印（图 5-31）。也可以在退出表格编辑状态之后，在工程管理状态下使用"Ctrl＋鼠标左键"选择任意要打印的表格，通过鼠标右键进行批量打印，批量打印所有页可以打印主表、续表和附件表。批量打印当前页将会打印出当前显示的页面（图 5-32）。

图 5-31

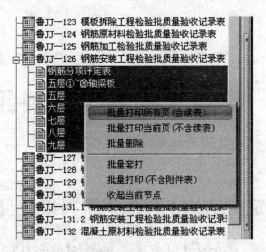

图 5-32

项目小结

通过本项目的学习，应了解品茗资料管理软件的安装及基本操作，能够使用该软件进行施工资料的编制。

思考与练习

用品茗资料管理软件编制一个工程的施工资料。

附录 A 建筑工程施工资料组成目录

建筑与结构工程施工资料组成目录

以下摘自《建筑工程(建筑与结构工程)施工资料管理规程》(DB37/T 5072—2016)

建筑与结构工程施工技术资料

鲁JJ—001	工程概况
鲁JJ—002	工程参建各方签字签章存样表
鲁JJ—003	工程项目管理人员名单
鲁JJ—004	工程参建各方人员及签章变更备案表
鲁JJ—005	施工现场质量管理检查记录
鲁JJ—006	分包单位资质报审表
鲁JJ—007	开工报告
鲁JJ—008	工程竣工报告
鲁JJ—009	工程质量事故调(勘)查记录
鲁JJ—010	建设工程质量事故报告
鲁JJ—011	施工日志
鲁JJ—012	施工组织设计(施工方案)审批表
鲁JJ—013	技术(安全)交底记录
鲁JJ—014	图纸会审、设计变更、洽商记录汇总表
鲁JJ—015	图纸会审记录
鲁JJ—016	设计交底记录
鲁JJ—017	设计变更通知单
鲁JJ—018	工程洽商记录
鲁JJ—019	材料、构配件进场检验记录
鲁JJ—020	材料合格证、复试报告汇总表
鲁JJ—021	钢材合格证和复试报告汇总表
鲁JJ—022	预拌混凝土出厂合格证汇总表
鲁JJ—023	预拌混凝土合格证
鲁JJ—024	水泥出厂合格证(含出厂试验报告)、复试报告汇总表
鲁JJ—025	砂石出厂合格证、出厂检验报告、复验报告汇总表
鲁JJ—026	矿物掺合料出厂合格证、出厂检验报告和进场复验报告汇总表
鲁JJ—027	混凝土外加剂产品合格证、出厂检验报告和进场、复验报告汇总表

编号	名称
鲁JJ—028	砖(砌块、墙板)出厂合格证、出厂检验报告、复试报告汇总表
鲁JJ—029	防水和保温材料合格证、复试报告汇总表
鲁JJ—030	(其他)材料合格证、复试报告汇总表
鲁JJ—031	合格证[复印件(或抄件)]贴条
鲁JJ—032	材料见证取样检测汇总表
鲁JJ—033	取样送样试验见证记录
鲁JJ—034	土壤试验记录汇总表
鲁JJ—035	混凝土配合比试验通知单
鲁JJ—036	混凝土试块试压报告汇总表
鲁JJ—037	混凝土试块强度统计、评定记录
鲁JJ—038	砂浆试块试压报告汇总表
鲁JJ—039	砂浆试块强度统计、评定记录
鲁JJ—040	钢筋连接试验报告汇总表
鲁JJ—041	其他(复合地基、桩基、锚杆、锚筋、面砖、节能拉拔等)检测报告
鲁JJ—042	工程定位测量放线记录汇总表
鲁JJ—043	工程定位测量记录
鲁JJ—044.1	楼层平面放线记录
鲁JJ—044.2	楼层标高抄测记录
鲁JJ—045	基槽验线记录
鲁JJ—046	地基验槽检查验收记录
鲁JJ—047	地基验收记录
鲁JJ—048	地基钎探记录
鲁JJ—049	地基处理记录
鲁JJ—050.1	建筑物垂直度、标高测量记录(一)
鲁JJ—050.2	建筑物垂直度、标高测量记录(二)
鲁JJ—051	隐蔽工程验收记录
鲁JJ—052	钢筋隐蔽工程验收记录
鲁JJ—053.1	强夯施工记录(一)
鲁JJ—053.2	强夯施工记录(二)
鲁JJ—054	重锤夯实施工记录
鲁JJ—055	施工检查记录
鲁JJ—056	直螺纹校核扭矩检查记录
鲁JJ—057	混凝土浇灌申请书
鲁JJ—058	混凝土开盘鉴定
鲁JJ—059	预拌混凝土运输单
鲁JJ—060	预拌混凝土交货检验记录
鲁JJ—061	混凝土工程施工记录
鲁JJ—062	混凝土养护情况记录
鲁JJ—063	混凝土搅拌测温记录
鲁JJ—064	混凝土同条件养护测温记录
鲁JJ—065	混凝土养护测温记录
鲁JJ—066	大体积混凝土养护测温记录

鲁JJ—067　　　混凝土拆模申请单
鲁JJ—068　　　构件吊装记录
鲁JJ—069　　　焊接材料烘焙记录
鲁JJ—070.1　　预应力筋张拉记录（一）
鲁JJ—070.2　　预应力筋张拉记录（二）
鲁JJ—071　　　有粘结预应力结构灌浆记录
鲁JJ—072　　　地基基础、主体结构检验及抽样检测汇总表
鲁JJ—073　　　地下室防水效果检查记录
鲁JJ—074　　　屋面淋水、蓄水试验检查记录
鲁JJ—075　　　厕所、厨房、阳台等有防水要求的地面泼水、蓄水试验记录
鲁JJ—076　　　建筑烟（风）道、垃圾道检查记录
鲁JJ—077　　　建筑物沉降观测记录
鲁JJ—078　　　班组自检（互检）记录
鲁JJ—079　　　工序交接检查记录
鲁JJ—080　　　技术复核（或预检）记录
鲁JJ—081　　　不符合要求项处理记录
鲁JJ—082　　　样板间（分项工程）质量检查记录
鲁JJ—083　　　新技术、新设备、新材料、新工艺施工验收记录
其他资料

建筑结构工程施工质量验收资料

一、分部、分项工程质量验收资料

鲁JJ—084　　　_____分部（子分部）工程质量验收记录
鲁JJ—085　　　地基与基础分部工程质量控制资料核查记录
鲁JJ—086　　　地基与基础分部工程安全和功能检验资料核查及主要功能抽查记录
鲁JJ—087　　　地基与基础分部工程观感质量检查记录
鲁JJ—088　　　主体结构分部工程质量控制资料核查记录
鲁JJ—089　　　主体结构分部工程安全和功能检验资料核查及主要功能抽查记录
鲁JJ—090　　　主体结构分部工程观感质量检查记录
鲁JJ—091.1　　土方与爆破工程规范强制性条文检查记录
鲁JJ—091.2　　地下防水工程规范强制性条文检查记录
鲁JJ—091.3　　建筑地基基础工程规范强制性条文检查记录
鲁JJ—091.4　　混凝土结构工程规范强制性条文检查记录
鲁JJ—091.5　　砌体结构工程规范强制性条文检查记录
鲁JJ—091.6　　钢筋机械连接规范强制性条文检查记录
鲁JJ—091.7　　钢筋焊接及验收规范强制性条文检查记录
鲁JJ—_____　分项工程质量验收记录
鲁JJ—_____　检验批质量验收记录
鲁JJ—_____　检验批现场验收检查原始记录

二、地基处理子分部

鲁JJ—092　　　灰土地基工程检验批质量验收记录

鲁JJ—093　　砂和砂石地基工程检验批质量验收记录
鲁JJ—094　　粉煤灰地基工程检验批质量验收记录
鲁JJ—095　　强夯地基工程检验批质量验收记录
鲁JJ—096　　注浆地基工程检验批质量验收记录
鲁JJ—097　　预压地基工程检验批质量验收记录
鲁JJ—098　　砂桩地基工程检验批质量验收记录
鲁JJ—099　　高压喷射注浆地基工程检验批质量验收记录
鲁JJ—100　　水泥土搅拌桩地基工程检验批质量验收记录
鲁JJ—101　　土和灰土挤密桩复合地基工程检验批质量验收记录
鲁JJ—102　　水泥粉煤灰碎石桩复合地基工程检验批质量验收记录
鲁JJ—103　　夯实水泥土桩复合地基工程检验批质量验收记录
鲁JJ—104　　土工合成材料地基工程检验批质量验收记录
鲁JJ—105　　振冲地基工程检验批质量验收记录

三、基坑支护子分部

鲁JJ—106　　排桩墙支护工程检验批质量验收记录（Ⅰ）（钢板桩）
鲁JJ—107　　排桩墙支护工程检验批质量验收记录（Ⅱ）（混凝土板桩）
鲁JJ—108　　水泥土桩墙支护工程检验批质量验收记录
鲁JJ—109　　锚杆及土钉墙支护工程检验批质量验收记录
鲁JJ—110　　钢或混凝土支撑系统工程检验批质量验收记录
鲁JJ—111　　地下连续墙工程检验批质量验收记录
鲁JJ—112　　沉井与沉箱工程检验批质量验收记录

四、地下水控制子分部

鲁JJ—113　　降水与排水工程检验批质量验收记录

五、土方子分部

鲁JJ—114　　土方开挖工程检验批质量验收记录
鲁JJ—115　　土方回填（平整）工程检验批质量验收记录
鲁JJ—116　　爆破工程检验批质量验收记录

六、边坡子分部

鲁JJ—117　　锚杆喷锚及土钉墙支护工程检验批质量验收记录
鲁JJ—118.1　砌体挡土墙工程检验批质量验收记录
鲁JJ—118.2　混凝土（悬臂式、扶臂式）挡土墙工程检验批质量验收记录
鲁JJ—119　　边坡工程检验批质量验收记录

七、地下防水子分部

鲁JJ—120　　防水混凝土检验批质量验收记录
鲁JJ—121　　水泥砂浆防水层检验批质量验收记录
鲁JJ—122　　卷材防水层检验批质量验收记录
鲁JJ—123　　涂料防水层检验批质量验收记录
鲁JJ—124　　塑料防水板防水层检验批质量验收记录
鲁JJ—125　　金属板防水层检验批质量验收记录
鲁JJ—126　　膨润土防水材料防水层检验批质量验收记录

鲁JJ—127	施工缝防水构造检验批质量验收记录
鲁JJ—128	变形缝防水构造检验批质量验收记录
鲁JJ—129	后浇带防水构造检验批质量验收记录
鲁JJ—130	穿墙管防水构造检验批质量验收记录
鲁JJ—131	埋设件防水构造检验批质量验收记录
鲁JJ—132	预留通道接头防水构造检验批质量验收记录
鲁JJ—133	桩头防水构造检验批质量验收记录
鲁JJ—134	孔口防水构造检验批质量验收记录
鲁JJ—135	坑、池防水构造检验批质量验收记录
鲁JJ—136	地下连续墙检验批质量验收记录
鲁JJ—137	锚喷支护检验批质量验收记录
鲁JJ—138	盾构隧道检验批质量验收记录
鲁JJ—139	沉井检验批质量验收记录
鲁JJ—140	逆筑结构检验批质量验收记录
鲁JJ—141	渗排水、盲沟排水检验批质量验收记录
鲁JJ—142	隧道、坑道排水检验批质量验收记录
鲁JJ—143	塑料排水板排水检验批质量验收记录
鲁JJ—144	预注浆、后注浆检验批质量验收记录
鲁JJ—145	结构裂缝注浆检验批质量验收记录

八、混凝土结构子分部

鲁JJ—146	模板安装检验批质量验收记录
鲁JJ—147	预制构件模板安装检验批质量验收记录
鲁JJ—148	钢筋原材料检验批质量验收记录
鲁JJ—149	钢筋加工检验批质量验收记录
鲁JJ—150.1	钢筋连接检验批质量验收记录
鲁JJ—150.2	钢筋连接工程(钢筋闪光对焊接头)检验批质量验收记录(Ⅰ)
鲁JJ—150.3	钢筋连接工程(钢筋电弧焊接头)检验批质量验收记录(Ⅱ)
鲁JJ—150.4	钢筋连接工程(钢筋电渣压力焊接头)检验批质量验收记录(Ⅲ)
鲁JJ—150.5	钢筋连接工程(钢筋气压焊接头)检验批质量验收记录(Ⅳ)
鲁JJ—150.6	钢筋连接工程(直螺纹接头)检验批质量验收记录(Ⅴ)
鲁JJ—150.7	钢筋连接工程(钢筋套筒灌浆连接)检验批质量验收记录(Ⅵ)
鲁JJ—151	钢筋安装检验批质量验收记录
鲁JJ—152	混凝土原材料检验批质量验收记录
鲁JJ—153	混凝土拌合物检验批质量验收记录
鲁JJ—154	混凝土施工检验批质量验收记录
鲁JJ—155	预应力原材料检验批质量验收记录
鲁JJ—156	预应力制作与安装检验批质量验收记录
鲁JJ—157	预应力张拉与放张检验批质量验收记录
鲁JJ—158	预应力灌浆与封锚检验批质量验收记录
鲁JJ—159	现浇结构外观尺寸偏差检验批质量验收记录
鲁JJ—160	混凝土设备基础外观尺寸偏差检验批质量验收记录
鲁JJ—161	装配式结构预制构件检验批质量验收记录

鲁 JJ—162　装配式结构安装与连接检验批质量验收记录

九、砌体结构子分部

鲁 JJ—163　砖砌体工程检验批质量验收记录
鲁 JJ—164　混凝土小型空心砌块砌体工程检验批质量验收记录
鲁 JJ—165　石砌体工程检验批质量验收记录
鲁 JJ—166　配筋砌体工程检验批质量验收记录
鲁 JJ—167　填充墙砌体工程检验批质量验收记录

十、钢管混凝土子分部

鲁 JJ—168　钢管构件进场验收检验批质量验收记录
鲁 JJ—169　钢管混凝土构件现场拼装检验批质量验收记录
鲁 JJ—170　钢管混凝土柱柱脚锚固检验批质量验收记录
鲁 JJ—171　钢管混凝土构件安装检验批质量验收记录
鲁 JJ—172　钢管混凝土柱与钢筋混凝土梁连接检验批质量验收记录
鲁 JJ—173　钢管内钢筋骨架检验批质量验收记录
鲁 JJ—174　钢管内混凝土浇筑检验批质量验收记录

十一、铝合金结构子分部

鲁 JJ—175　铝合金构件焊接工程检验批质量验收记录
鲁 JJ—176　铝合金紧固件连接工程检验批质量验收记录
鲁 JJ—177　铝合金高强度螺栓连接工程检验批质量验收记录
鲁 JJ—178　铝合金零部件加工工程检验批质量验收记录
鲁 JJ—179　铝合金构件组装工程检验批质量验收记录
鲁 JJ—180　铝合金预拼装工程检验批质量验收记录
鲁 JJ—181　铝合金框架结构安装工程检验批质量验收记录
鲁 JJ—182　铝合金空间网格安装工程检验批质量验收记录
鲁 JJ—183　铝合金面板工程检验批质量验收记录
鲁 JJ—184　铝合金幕墙工程检验批质量验收记录

十二、木结构子分部

鲁 JJ—185　方木和原木结构检验批质量验收记录
鲁 JJ—186　胶合木结构检验批质量验收记录
鲁 JJ—187　轻型木结构检验批质量验收记录
鲁 JJ—188　木结构防护检验批质量验收记录

十三、其他

桩基工程施工技术资料

鲁 ZJ—001　桩基工程概况
鲁 ZJ—002　工程参建各方签字签章存样表
鲁 ZJ—003　工程项目管理人员名单
鲁 ZJ—004　工程参建各方人员及签章变更备案表
鲁 ZJ—005　施工现场质量管理检查记录

鲁 ZJ—006	分包单位资质报审表
鲁 ZJ—007	桩基工程开工报告
鲁 ZJ—008	工程竣工报告
鲁 ZJ—009	工程质量事故调(勘)查记录
鲁 ZJ—010	建设工程质量事故报告
鲁 ZJ—011	施工日志
鲁 ZJ—012	施工组织设计(施工方案)审批表
鲁 ZJ—013	技术(安全)交底记录
鲁 ZJ—014	图纸会审、设计变更、洽商记录汇总表
鲁 ZJ—015	图纸会审记录
鲁 ZJ—016	设计交底记录
鲁 ZJ—017	设计变更通知单
鲁 ZJ—018	工程洽商记录
鲁 ZJ—019	材料、构配件进场检验记录
鲁 ZJ—020	预制桩(钢桩)进场验收记录
鲁 ZJ—021	材料合格证、复试报告汇总表
鲁 ZJ—022	合格证[复印件(或抄件)]贴条
鲁 ZJ—023	预制材料(钢桩、商品混凝土及桩头)合格证汇总表
鲁 ZJ—024	材料见证取样检测汇总表
鲁 ZJ—025	取样送样试验见证记录
鲁 ZJ—026	钢筋连接试验报告汇总表
鲁 ZJ—027	桩基检测资料汇总表
鲁 ZJ—028	试桩记录
鲁 ZJ—029	静压混凝土预制桩、钢桩施工工艺试验报告
鲁 ZJ—030	锤击混凝土预制桩、钢桩施工工艺试验报告
鲁 ZJ—031	混凝土试块试压报告汇总表
鲁 ZJ—032	混凝土试块强度统计、评定记录
鲁 ZJ—033	桩位测量放线记录
鲁 ZJ—034	工程定位测量记录
鲁 ZJ—035	挖至设计标高时预制桩(钢桩)桩位偏差验收记录
鲁 ZJ—036	挖至设计标高时灌注桩桩位偏差验收记录
鲁 ZJ—037	地基验槽检查记录
鲁 ZJ—038	隐蔽工程验收记录
鲁 ZJ—039	钢筋隐蔽工程验收记录
鲁 ZJ—040	混凝土预制桩接桩隐蔽验收记录
鲁 ZJ—041	钢桩焊接接桩隐蔽验收记录
鲁 ZJ—042	混凝土预制桩焊接接桩隐蔽验收记录
鲁 ZJ—043	施工检查记录
鲁 ZJ—044	泥浆护壁成孔灌注桩施工验收记录
鲁 ZJ—045	人工挖孔灌注桩施工验收记录
鲁 ZJ—046	预制桩、钢桩(静压沉桩)施工验收记录
鲁 ZJ—047	预制桩、钢桩(锤击沉桩)施工验收记录

鲁 ZJ—048	锤击沉管(夯扩)灌注桩施工验收记录
鲁 ZJ—049	混凝土工程施工记录
鲁 ZJ—050	桩混凝土工程施工记录
鲁 ZJ—051	灌注桩混凝土灌注记录
鲁 ZJ—052	班组自检(互检)记录
鲁 ZJ—053	工序交接检查记录
鲁 ZJ—054	技术复核(或预检)记录
鲁 ZJ—055	不符合要求项处理记录
鲁 ZJ—056	新技术、新设备、新材料、新工艺施工验收记录

其他资料

桩基工程施工质量验收资料

一、分部、分项工程质量验收资料

鲁 ZJ—057	_____分部(子分部)工程质量验收记录
鲁 ZJ—058	桩基子分部工程质量控制资料核查记录
鲁 ZJ—059	桩基子分部工程安全和功能检验资料核查及主要功能抽查记录
鲁 ZJ—060	桩基子分部工程观感质量检查记录
鲁 ZJ—061	桩基工程规范强制性条文检查记录
鲁 ZJ—_____	分项工程质量验收记录
鲁 ZJ—_____	检验批质量验收记录
鲁 ZJ—_____	检验批现场验收检查原始记录

二、桩基础子分部验收资料

鲁 ZJ—062	混凝土灌注桩检验批质量验收记录
鲁 ZJ—063	静力压桩检验批质量验收记录
鲁 ZJ—064	先张法预应力管桩检验批质量验收记录
鲁 ZJ—065	预制桩(钢筋骨架)检验批质量验收记录
鲁 ZJ—066	混凝土预制桩检验批质量验收记录
鲁 ZJ—067	钢桩(成品)检验批质量验收记录
鲁 ZJ—068	混凝土灌注桩(钢筋笼)检验批质量验收记录

三、其他资料

钢结构工程施工技术资料

鲁 GG—001	钢结构工程概况表
鲁 GG—002	工程参建各方签字签章存样表
鲁 GG—003	工程项目管理人员名单
鲁 GG—004	工程参建各方人员及签章变更备案表
鲁 GG—005	施工现场质量管理检查记录
鲁 GG—006	分包单位资质报审表
鲁 GG—007	工程质量事故调(勘)查记录

鲁 GG—008	建设工程质量事故报告
鲁 GG—009	施工日志
鲁 GG—010	施工组织设计(施工方案)审批表
鲁 GG—011	技术(安全)交底记录
鲁 GG—012	图纸会审、设计变更、洽商记录汇总表
鲁 GG—013	图纸会审记录
鲁 GG—014	设计交底记录
鲁 GG—015	设计变更通知单
鲁 GG—016	工程洽商记录
鲁 GG—017	材料、构配件进场检验记录
鲁 GG—018	材料合格证、复试报告汇总表
鲁 GG—019	合格证[复印件(或抄件)]贴条
鲁 GG—020	钢结构工程材料、构配件出厂合格证及进场检验(试验)报告汇总表
鲁 GG—021	材料见证取样检测汇总表
鲁 GG—022	取样送样试验见证记录
鲁 GG—023	钢结构施工力学试验报告汇总表
鲁 GG—024	焊接工艺评定报告汇总表
鲁 GG—025	焊缝无损检测及热处理报告汇总表
鲁 GG—026	涂装质量检测报告汇总表
鲁 GG—027	涂膜附着力测试记录
鲁 GG—028	涂层厚度检测记录
鲁 GG—029	工程定位测量记录
鲁 GG—030	标高抄测记录
鲁 GG—031	钢结构主体整体垂直度、平面弯曲、标高观测记录
鲁 GG—032	钢网架结构挠度值检查记录
鲁 GG—033	钢结构基础复验记录
鲁 GG—034	隐蔽工程验收记录
鲁 GG—035	施工检查记录
鲁 GG—036	焊接材料烘焙记录
鲁 GG—037	钢结构零件热加工施工记录
鲁 GG—038	钢结构零件边缘加工施工记录
鲁 GG—039	钢构件组装检查记录(焊接 H 型钢)
鲁 GG—040	钢构件组装检查记录(焊接连接制作组装)
鲁 GG—041	钢构件组装检查记录(单层钢柱)
鲁 GG—042	钢构件组装检查记录(多节钢柱)
鲁 GG—043	钢构件组装检查记录(焊接实腹钢梁)
鲁 GG—044	钢构件组装检查记录(钢桁架)
鲁 GG—045	钢构件组装检查记录(钢管构件)
鲁 GG—046	钢构件组装检查记录(墙架、檩条、支撑系统)
鲁 GG—047	钢构件组装检查记录(钢平台、钢梯和防护钢栏杆)
鲁 GG—048	钢结构焊缝外观检查记录
鲁 GG—049	钢构件预拼装检查记录

鲁 GG—050	钢结构构件安装检查记录
鲁 GG—051	高强度螺栓施工检查记录
鲁 GG—052	班组自检(互检)记录
鲁 GG—053	工序交接检查记录
鲁 GG—054	技术复核(或预检)记录
鲁 GG—055	不符合要求项处理记录
鲁 GG—056	新技术、新设备、新材料、新工艺施工验收记录

其他资料

钢结构工程施工质量验收资料

一、分部、分项工程质量验收资料

鲁 GG—057	_____分部(子分部)工程质量验收记录
鲁 GG—058	钢结构子分部工程质量控制资料核查记录
鲁 GG—059	钢结构子分部工程安全和功能检验资料核查及主要功能抽查记录
鲁 GG—060	一、二级焊缝外观质量抽检记录
鲁 GG—061	高强度螺栓施工质量抽检记录
鲁 GG—062	柱脚及网架支座抽检记录
鲁 GG—063	主要构件变形抽检记录
鲁 GG—064	钢结构子分部工程观感质量检查记录
鲁 GG—065	钢结构子分部工程规范强制性条文检查记录
鲁 GG—_____	分项工程质量验收记录
鲁 GG—_____	检验批质量验收记录
鲁 GG—_____	检验批现场验收检查原始记录

二、钢结构子分部验收资料

鲁 GG—066	普通紧固件连接工程检验批质量验收记录
鲁 GG—067	高强度螺栓连接工程检验批质量验收记录
鲁 GG—068	钢结构零、部件加工工程检验批质量验收记录
鲁 GG—069	钢构件组装工程检验批质量验收记录
鲁 GG—070	钢构件预拼装工程检验批质量验收记录
鲁 GG—071	单层钢结构安装工程检验批质量验收记录
鲁 GG—072	多层及高层钢结构安装工程检验批质量验收记录
鲁 GG—073	钢网架制作工程检验批质量验收记录
鲁 GG—074	钢网架安装工程检验批质量验收记录
鲁 GG—075	钢管结构安装工程检验批质量验收记录
鲁 GG—076	预应力钢索和膜结构检验批质量验收记录
鲁 GG—077	压型金属板工程检验批质量验收记录
鲁 GG—078	防腐涂料涂装工程检验批质量验收记录
鲁 GG—079	防火涂料涂装工程检验批质量验收记录
鲁 GG—080	钢结构制作(安装)焊接工程检验批质量验收记录
鲁 GG—081	焊钉(栓钉)焊接工程检验批质量验收记录

三、其他资料

建筑装饰装修工程施工技术资料

鲁 ZX—001	施工现场质量管理检查记录
鲁 ZX—002	工程参建各方签字签章存样表
鲁 ZX—003	工程项目管理人员名单
鲁 ZX—004	工程参建各方人员及签章变更备案表
鲁 ZX—005	分包单位资质报审表
鲁 ZX—006	工程质量事故调(勘)查记录
鲁 ZX—007	建设工程质量事故报告
鲁 ZX—008	施工日志
鲁 ZX—009	施工组织设计(施工方案)审批表
鲁 ZX—010	技术(安全)交底记录
鲁 ZX—011	图纸会审、设计变更、洽商记录汇总表
鲁 ZX—012	图纸会审记录
鲁 ZX—013	设计交底记录
鲁 ZX—014	设计变更通知单
鲁 ZX—015	工程洽商记录
鲁 ZX—016	材料、构配件进场检验记录
鲁 ZX—017	材料合格证、复试报告汇总表
鲁 ZX—018	合格证[复印件(或抄件)]贴条
鲁 ZX—019	材料见证取样检测汇总表
鲁 ZX—020	取样送样试验见证记录
鲁 ZX—021	工程施工控制网测量记录
鲁 ZX—022	隐蔽工程验收记录
鲁 ZX—023	幕墙等电位联结工程隐蔽工程验收记录
鲁 ZX—024	施工检查记录
鲁 ZX—025	幕墙等电位联结测试记录
鲁 ZX—026	幕墙接地电阻测试记录
鲁 ZX—027	厕所、厨房、阳台等有防水要求的地面泼水、蓄水试验记录
鲁 ZX—028	幕墙构件和组件的加工制作记录
鲁 ZX—029	打胶、养护环境的温度、湿度记录
鲁 ZX—030	幕墙工程安装施工检验记录
鲁 ZX—031	幕墙淋水试验记录
鲁 ZX—032	班组自检(互检)记录
鲁 ZX—033	工序交接检查记录
鲁 ZX—034	技术复核(或预检)记录
鲁 ZX—035	不符合要求项处理记录
鲁 ZX—036	样板间(分项工程)质量检查记录
鲁 ZX—037	新技术、新设备、新材料、新工艺施工验收记录

其他资料

建筑装饰装修工程施工质量验收资料

一、分部、分项工程验收资料

鲁ZX—038　　　＿＿＿＿＿分部（子分部）工程质量验收记录
鲁ZX—039　　　建筑装饰装修分部工程质量控制资料核查记录
鲁ZX—040　　　建筑装饰装修分部工程安全和功能检验资料核查及主要功能抽查记录
鲁ZX—041　　　建筑装饰装修分部工程观感质量检查记录
鲁ZX—042.1　　建筑装饰装修工程规范强制性条文检查记录（一）
鲁ZX—042.2　　建筑装饰装修工程规范强制性条文检查记录（二）
鲁ZX—＿＿＿＿＿分项工程质量验收记录
鲁ZX—＿＿＿＿＿检验批质量验收记录
鲁ZX—＿＿＿＿＿检验批现场验收检查原始记录

二、建筑地面子分部

鲁ZX—043　　　基土垫层检验批质量验收记录
鲁ZX—044　　　灰土垫层检验批质量验收记录
鲁ZX—045　　　砂垫层和砂石垫层检验批质量验收记录
鲁ZX—046　　　碎石垫层和碎砖垫层检验批质量验收记录
鲁ZX—047　　　三合土垫层和四合土垫层检验批质量验收记录
鲁ZX—048　　　炉渣垫层检验批质量验收记录
鲁ZX—049　　　水泥混凝土垫层和陶粒混凝土垫层检验批质量验收记录
鲁ZX—050　　　找平层检验批质量验收记录
鲁ZX—051　　　隔离层检验批质量验收记录
鲁ZX—052　　　填充层检验批质量验收记录
鲁ZX—053　　　绝热层检验批质量验收记录
鲁ZX—054　　　水泥混凝土面层检验批质量验收记录
鲁ZX—055　　　水泥砂浆面层检验批质量验收记录
鲁ZX—056　　　水磨石面层检验批质量验收记录
鲁ZX—057　　　硬化耐磨面层检验批质量验收记录
鲁ZX—058　　　防油防渗面层检验批质量验收记录
鲁ZX—059　　　不发火（防爆）面层检验批质量验收记录
鲁ZX—060　　　自流平面层检验批质量验收记录
鲁ZX—061　　　涂料面层检验批质量验收记录
鲁ZX—062　　　塑胶面层检验批质量验收记录
鲁ZX—063　　　地面辐射供暖的水泥混凝土面层检验批质量验收记录
鲁ZX—064　　　地面辐射供暖的水泥砂浆面层检验批质量验收记录
鲁ZX—065　　　砖面层检验批质量验收记录
鲁ZX—066　　　大理石面层和花岗石面层检验批质量验收记录
鲁ZX—067　　　预制板块面层检验批质量验收记录
鲁ZX—068　　　料石面层检验批质量验收记录
鲁ZX—069　　　塑料板面层检验批质量验收记录

鲁 ZX—070	活动地板面层检验批质量验收记录
鲁 ZX—071	金属板面层检验批质量验收记录
鲁 ZX—072	地毯面层检验批质量验收记录
鲁 ZX—073	地面辐射供暖的砖面层检验批质量验收记录
鲁 ZX—074	地面辐射供暖的大理石面层和花岗岩面层检验批质量验收记录
鲁 ZX—075	地面辐射供暖的预制板块面层检验批质量验收记录
鲁 ZX—076	地面辐射供暖的塑料板面层检验批质量验收记录
鲁 ZX—077	实木地板、实木集成地板、竹地板面层检验批质量验收记录
鲁 ZX—078	实木复合地板面层检验批质量验收记录
鲁 ZX—079	浸渍纸层压木质地板面层检验批质量验收记录
鲁 ZX—080	软木类地板面层检验批质量验收记录
鲁 ZX—081	地面辐射供暖的实木复合板面层检验批质量验收记录
鲁 ZX—082	地面辐射供暖的浸渍纸层压木质地板面层检验批质量验收记录

三、外墙防水子分部

鲁 ZX—083	砂浆防水工程检验批质量验收记录
鲁 ZX—084	涂膜防水工程检验批质量验收记录
鲁 ZX—085	透气膜防水工程检验批质量验收记录

四、抹灰子分部

鲁 ZX—086	一般抹灰工程检验批质量验收记录
鲁 ZX—087	保温薄抹灰工程检验批质量验收记录
鲁 ZX—088	装饰抹灰工程检验批质量验收记录
鲁 ZX—089	清水砌体勾缝工程检验批质量验收记录

五、门窗子分部

鲁 ZX—090	木门窗制作检验批质量验收记录
鲁 ZX—091	木门窗安装检验批质量验收记录
鲁 ZX—092	钢门窗安装检验批质量验收记录
鲁 ZX—093	铝合金门窗安装检验批质量验收记录
鲁 ZX—094	涂色镀锌钢板门窗检验批质量验收记录
鲁 ZX—095	塑料门窗安装检验批质量验收记录
鲁 ZX—096	特种门安装检验批质量验收记录
鲁 ZX—097	门窗玻璃安装工程检验批质量验收记录

六、吊顶子分部

鲁 ZX—098	整体面层暗龙骨吊顶检验批质量验收记录
鲁 ZX—099	整体面层明龙骨吊顶检验批质量验收记录
鲁 ZX—100	板块面层暗龙骨吊顶检验批质量验收记录
鲁 ZX—101	板块面层明龙骨吊顶检验批质量验收记录
鲁 ZX—102	格栅暗龙骨吊顶检验批质量验收记录
鲁 ZX—103	格栅明龙骨吊顶检验批质量验收记录

七、轻质隔墙子分部

| 鲁 ZX—104 | 板材隔墙检验批质量验收记录 |

鲁 ZX—105　　骨架隔墙检验批质量验收记录
鲁 ZX—106　　活动隔墙检验批质量验收记录
鲁 ZX—107　　玻璃隔墙检验批质量验收记录

八、饰面板子分部

鲁 ZX—108　　石板安装检验批质量验收记录
鲁 ZX—109　　陶瓷板安装检验批质量验收记录
鲁 ZX—110　　木板安装检验批质量验收记录
鲁 ZX—111　　金属板安装检验批质量验收记录
鲁 ZX—112　　塑料板安装检验批质量验收记录

九、饰面砖子分部

鲁 ZX—113　　外墙饰面砖粘贴检验批质量验收记录
鲁 ZX—114　　内墙饰面砖粘贴检验批质量验收记录

十、涂饰子分部

鲁 ZX—115　　水性涂料涂饰检验批质量验收记录
鲁 ZX—116　　溶剂型涂料涂饰检验批质量验收记录
鲁 ZX—117　　美术涂饰检验批质量验收记录

十一、裱糊与软包子分部

鲁 ZX—118　　裱糊检验批质量验收记录
鲁 ZX—119　　软包检验批质量验收记录

十二、细部子分部

鲁 ZX—120　　橱柜制作与安装工程检验批质量验收记录
鲁 ZX—121　　窗帘盒和窗台板制作与安装工程检验批质量验收记录
鲁 ZX—122　　门窗套制作与安装工程检验批质量验收记录
鲁 ZX—123　　护栏与扶手制作与安装工程检验批质量验收记录
鲁 ZX—124　　花饰制作与安装工程检验批质量验收记录

十三、幕墙子分部

鲁 ZX—125　　玻璃幕墙安装检验批质量验收记录
鲁 ZX—126　　金属幕墙安装检验批质量验收记录
鲁 ZX—127　　石材幕墙安装检验批质量验收记录
鲁 ZX—128　　陶板幕墙安装检验批质量验收记录

十四、其他资料

屋面工程施工技术资料

鲁 WM—001　　施工现场质量管理检查记录
鲁 WM—002　　工程参建各方签字签章存样表
鲁 WM—003　　工程项目管理人员名单
鲁 WM—004　　工程参建各方人员及签章变更备案表
鲁 WM—005　　分包单位资质报审表
鲁 WM—006　　工程质量事故调（勘）查记录

鲁 WM—007	建设工程质量事故报告
鲁 WM—008	施工日志
鲁 WM—009	施工组织设计(施工方案)审批表
鲁 WM—010	技术(安全)交底记录
鲁 WM—011	图纸会审、设计变更、洽商记录汇总表
鲁 WM—012	图纸会审记录
鲁 WM—013	设计交底记录
鲁 WM—014	设计变更通知单
鲁 WM—015	工程洽商记录
鲁 WM—016	材料、构配件进场检验记录
鲁 WM—017	材料合格证、复试报告汇总表
鲁 WM—018	防水和保温材料合格证、复试报告汇总表
鲁 WM—019	(其他)材料合格证、复试报告汇总表
鲁 WM—020	混凝土试块试压报告汇总表
鲁 WM—021	合格证[复印件(或抄件)]贴条
鲁 WM—022	预拌混凝土交货检验记录
鲁 WM—023	材料见证取样检测汇总表
鲁 WM—024	取样送样试验见证记录
鲁 WM—025	混凝土试块强度统计、评定记录
鲁 WM—026	屋面淋水、蓄水试验检查记录
鲁 WM—027	隐蔽工程验收记录
鲁 WM—028	钢筋隐蔽工程验收记录
鲁 WM—029	施工检查记录
鲁 WM—030	混凝土开盘鉴定
鲁 WM—031	预拌混凝土运输单
鲁 WM—032	混凝土浇灌申请书
鲁 WM—033	混凝土工程施工记录
鲁 WM—034	构件吊装记录
鲁 WM—035.1	预应力筋张拉记录(一)
鲁 WM—035.2	预应力筋张拉记录(二)
鲁 WM—036	有粘结预应力结构灌浆记录
鲁 WM—037	班组自检(互检)记录
鲁 WM—038	工序交接检查记录
鲁 WM—039	技术复核(或预检)记录
鲁 WM—040	不符合要求项处理记录
鲁 WM—041	样板间(分项工程)质量检查记录
鲁 WM—042	新技术、新设备、新材料、新工艺施工验收记录

其他资料

屋面工程施工质量验收资料

一、分部、分项工程验收资料

鲁WM—043 ＿＿＿＿分部(子分部)工程质量验收记录
鲁WM—044 屋面分部工程质量控制资料核查记录
鲁WM—045 屋面分部工程安全和功能检验资料核查及主要功能抽查记录
鲁WM—046 屋面分部工程观感质量检查记录
鲁WM—047 屋面工程规范强制性条文检查记录
鲁WM—＿＿＿＿分项工程质量验收记录
鲁WM—＿＿＿＿检验批质量验收记录
鲁WM—＿＿＿＿检验批现场验收检查原始记录

二、基层与保护子分部

鲁WM—048 找坡层和找平层检验批质量验收记录
鲁WM—049 隔汽层检验批质量验收记录
鲁WM—050 隔离层检验批质量验收记录
鲁WM—051 保护层检验批质量验收记录

三、保温与隔热子分部

鲁WM—052 板状材料保温层检验批质量验收记录
鲁WM—053 纤维材料保温层检验批质量验收记录
鲁WM—054 喷涂硬泡聚氨酯保温层检验批质量验收记录
鲁WM—055 现浇泡沫混凝土保温层检验批质量验收记录
鲁WM—056 种植隔热层检验批质量验收记录
鲁WM—057 架空隔热层检验批质量验收记录
鲁WM—058 蓄水隔热层检验批质量验收记录

四、防水与密封子分部

鲁WM—059 卷材防水层检验批质量验收记录
鲁WM—060 涂膜防水层检验批质量验收记录
鲁WM—061 复合防水层检验批质量验收记录
鲁WM—062 接缝密封防水检验批质量验收记录

五、瓦面与板面子分部

鲁WM—063 烧结瓦和混凝土瓦铺装检验批质量验收记录
鲁WM—064 沥青瓦铺装检验批质量验收记录
鲁WM—065 金属板铺装检验批质量验收记录
鲁WM—066 玻璃采光顶铺装检验批质量验收记录

六、细部构造子分部

鲁WM—067 檐口检验批质量验收记录
鲁WM—068 檐沟和天沟检验批质量验收记录
鲁WM—069 女儿墙和山墙检验批质量验收记录
鲁WM—070 水落口检验批质量验收记录

鲁 WM—071　　　变形缝检验批质量验收记录
鲁 WM—072　　　伸出屋面管道检验批质量验收记录
鲁 WM—073　　　屋面出入口检验批质量验收记录
鲁 WM—074　　　反梁过水孔检验批质量验收记录
鲁 WM—075　　　设施基座检验批质量验收记录
鲁 WM—076　　　屋脊检验批质量验收记录
鲁 WM—077　　　屋顶窗检验批质量验收记录

七、坡屋面子分部

鲁 WM—078　　　坡屋面防水垫层检验批质量验收记录
鲁 WM—079　　　沥青瓦屋面检验批质量验收记录
鲁 WM—080　　　块瓦屋面检验批质量验收记录
鲁 WM—081　　　波形瓦屋面检验批质量验收记录
鲁 WM—082　　　金属板屋面检验批质量验收记录
鲁 WM—083　　　防水卷材屋面检验批质量验收记录

八、倒置式屋面子分部

鲁 WM—084　　　倒置式屋面基层检验批质量验收记录
鲁 WM—085　　　倒置式屋面卷材防水层检验批质量验收记录
鲁 WM—086　　　倒置式屋面涂膜防水层检验批质量验收记录
鲁 WM—087　　　倒置式屋面复合防水层检验批质量验收记录
鲁 WM—088　　　倒置式屋面接缝密封防水检验批质量验收记录
鲁 WM—089　　　倒置式屋面保温层检验批质量验收记录
鲁 WM—090　　　倒置式屋面细部构造检验批质量验收记录
鲁 WM—091　　　倒置式屋面保护层检验批质量验收记录

九、种植屋面子分部

鲁 WM—092　　　找坡层和找平层检验批质量验收记录
鲁 WM—093　　　保护层检验批质量验收记录
鲁 WM—094　　　种植屋面绝热层检验批质量验收记录
鲁 WM—095　　　种植屋面普通防水层检验批质量验收记录
鲁 WM—096　　　种植屋面耐根穿刺防水层检验批质量验收记录
鲁 WM—097　　　种植屋面排水系统、排（蓄）水层和过滤层检验批质量验收记录
鲁 WM—098　　　种植屋面种植土层检验批质量验收记录
鲁 WM—099　　　种植屋面植被层检验批质量验收记录
鲁 WM—100　　　种植屋面园路铺装和护栏、灌溉系统检验批质量验收记录
鲁 WM—101　　　种植屋面电气和照明系统、避雷设施检验批质量验收记录
鲁 WM—102　　　种植屋面园林小品检验批质量验收记录
鲁 WM—103　　　单层防水卷材屋面防水层检验批质量验收记录
鲁 WM—104　　　单层防水卷材屋面压铺层检验批质量验收记录

十、其他资料

建筑设备、安装与节能工程施工资料组成目录

以下摘自《建筑工程(建筑设备、安装与节能工程)施工资料管理规程》(DB37/T 5073—2016)

建筑给水排水及供暖工程施工技术资料

鲁SN—001	施工现场质量管理检查记录
鲁SN—002	工程参建各方签字签章存样表
鲁SN—003	工程项目管理人员名单
鲁SN—004	工程参建各方人员及签章变更备案表
鲁SN—005	分包单位资质报审表
鲁SN—006	工程质量事故调(勘)查记录
鲁SN—007	建设工程质量事故报告
鲁SN—008	施工日志
鲁SN—009	施工组织设计(施工方案)审批表
鲁SN—010	技术(安全)交底记录
鲁SN—011	图纸会审、设计变更、洽商记录汇总表
鲁SN—012	图纸会审记录
鲁SN—013	设计交底记录
鲁SN—014	设计变更通知单
鲁SN—015	工程洽商记录
鲁SN—016	材料、构配件进场检验记录
鲁SN—017	设备(开箱)进场检验记录
鲁SN—018	材料合格证、复试报告汇总表
鲁SN—019	合格证[复印件(或抄件)]贴条
鲁SN—020	材料见证取样检测汇总表
鲁SN—021	取样送样试验见证记录
鲁SN—022	隐蔽工程验收记录
鲁SN—023	管道隐蔽工程验收记录
鲁SN—024	设备基础隐蔽工程验收记录
鲁SN—025	阀门试验记录
鲁SN—026	自动喷水灭火系统喷头抽样检查试验记录
鲁SN—027	自动喷水灭火系统报警阀组检查试验记录
鲁SN—028	水压、气压试验记录
鲁SN—029	＿＿＿＿管道灌水试验记录
鲁SN—030	非承压容器满水试验记录
鲁SN—031	＿＿＿＿管道通水试验记录
鲁SN—032	室内排水管道通球试验记录
鲁SN—033	＿＿＿＿管道(设备)冲(吹)洗记录
鲁SN—034	卫生器具满水试验记录

鲁 SN—035　　地漏及地面清扫口排水试验记录
鲁 SN—036　　室内消火栓试射记录
鲁 SN—037　　采暖系统调试记录
鲁 SN—038　　安全阀调整试验记录
鲁 SN—039　　伸缩器制作(安装)记录
鲁 SN—040　　室外排水管道灌水和通水试验记录
鲁 SN—041　　设备基础复检记录
鲁 SN—042　　设备单机试运转及调试记录
鲁 SN—043　　自动喷水灭火系统末端试水装置防水试验记录
鲁 SN—044　　自动喷水灭火系统联动试验记录
鲁 SN—045　　自动喷水灭火系统调试记录
鲁 SN—046　　施工检查记录
鲁 SN—047　　安全附件安装检查记录
鲁 SN—048　　整体锅炉烘炉记录
鲁 SN—049　　整体锅炉煮炉记录
鲁 SN—050　　整体锅炉48h负荷试运行记录
鲁 SN—051　　防腐施工记录
鲁 SN—052　　绝热施工记录
鲁 SN—053　　班组自检(互检)记录
鲁 SN—054　　工序交接检查记录
鲁 SN—055　　技术复核(或预检)记录
鲁 SN—056　　不符合要求项处理记录
鲁 SN—057　　样板间(分项工程)质量检查记录
鲁 SN—058　　新技术、新设备、新材料、新工艺施工验收记录
其他资料

建筑给水排水及供暖工程施工质量验收资料

一、分部、分项工程验收资料

鲁 SN—059　　_____分部(子分部)工程质量验收记录
鲁 SN—060　　建筑给水排水及供暖分部工程质量控制资料核查记录
鲁 SN—061　　建筑给水排水及供暖分部工程安全和功能检验资料核查及主要功能抽查记录
鲁 SN—062　　建筑给水排水及供暖分部工程观感质量检查记录
鲁 SN—063.1　建筑给水排水及供暖工程规范强制性条文检查记录(一)
鲁 SN—063.2　建筑给水排水及供暖工程规范强制性条文检查记录(二)
鲁 SN—_____分项工程质量验收记录
鲁 SN—_____检验批质量验收记录
鲁 SN—_____检验批现场验收检查原始记录

二、室内给水系统子分部

鲁 SN—064　　室内给水管道及配件安装工程检验批质量验收记录
鲁 SN—065　　室内消火栓系统安装工程检验批质量验收记录

鲁 SN—066	给水设备安装工程检验批质量验收记录
鲁 SN—067	自动喷水灭火系统水泵安装检验批质量验收记录
鲁 SN—068	消防水箱安装和消防水池施工检验批质量验收记录
鲁 SN—069	消防气压给水设备和稳压泵安装检验批质量验收记录
鲁 SN—070	消防水泵接合器安装检验批质量验收记录
鲁 SN—071	自动喷水灭火系统管道安装检验批质量验收记录
鲁 SN—072	自动喷水灭火系统喷头安装检验批质量验收记录
鲁 SN—073	报警阀组安装检验批质量验收记录（湿式报警阀）
鲁 SN—074	报警阀组安装检验批质量验收记录（干式报警阀）
鲁 SN—075	报警阀组安装检验批质量验收记录（雨淋阀组）
鲁 SN—076	自动喷水灭火系统其他组件安装检验批质量验收记录（包括：水流指示器、压力开关、水力警铃、末端试水装置和试水阀等）

三、室内排水系统子分部

| 鲁 SN—077 | 室内排水管道及配件安装工程检验批质量验收记录 |
| 鲁 SN—078 | 雨水管道及配件安装工程检验批质量验收记录 |

四、室内热水系统子分部

| 鲁 SN—079 | 室内热水管道及配件安装工程检验批质量验收记录 |
| 鲁 SN—080 | 热水供应系统辅助设备安装工程检验批质量验收记录 |

五、卫生器具子分部

鲁 SN—081	卫生器具安装工程检验批质量验收记录
鲁 SN—082	卫生器具给水配件安装工程检验批质量验收记录
鲁 SN—083	卫生器具排水管道安装工程检验批质量验收记录

六、室内供暖系统子分部

鲁 SN—084	室内采暖管道及配件安装工程检验批质量验收记录
鲁 SN—085	采暖辅助设备及散热器安装和金属辐射板工程检验批质量验收记录
鲁 SN—086	低温热水地板辐射采暖安装工程检验批质量验收记录

七、室外给水管网子分部

鲁 SN—087	室外给水管道安装工程检验批质量验收记录
鲁 SN—088	消防水泵接合器及室外消火栓安装工程检验批质量验收记录
鲁 SN—089	管沟及井室工程检验批质量验收记录

八、室外排水管网子分部

| 鲁 SN—090 | 室外排水管道安装工程检验批质量验收记录 |
| 鲁 SN—091 | 室外排水管沟及井池工程检验批质量验收记录 |

九、室外供热管网子分部

| 鲁 SN—092 | 室外供热管道及配件安装工程检验批质量验收记录 |

十、建筑中水系统及游泳池水系统子分部

| 鲁 SN—093 | 建筑中水系统及游泳池水系统安装工程检验批质量验收记录 |

十一、供热锅炉及辅助设备安装子分部

| 鲁 SN—094 | 锅炉安装工程检验批质量验收记录 |

鲁 SN—095　　锅炉辅助设备安装工程检验批质量验收记录
鲁 SN—096　　工艺管道安装工程检验批质量验收记录
鲁 SN—097　　锅炉安全附件安装工程检验批质量验收记录
鲁 SN—098　　换热站安装工程检验批质量验收记录
鲁 SN—099　　绝热保温工程检验批质量验收记录

十二、其他资料

通风与空调工程施工技术资料

鲁 TK—001　　施工现场质量管理检查记录
鲁 TK—002　　工程参建各方签字签章存样表
鲁 TK—003　　工程项目管理人员名单
鲁 TK—004　　工程参建各方人员及签章变更备案表
鲁 TK—005　　分包单位资质报审表
鲁 TK—006　　工程质量事故调（勘）查记录
鲁 TK—007　　建设工程质量事故报告
鲁 TK—008　　施工日志
鲁 TK—009　　施工组织设计（施工方案）审批表
鲁 TK—010　　技术（安全）交底记录
鲁 TK—011　　图纸会审、设计变更、洽商记录汇总表
鲁 TK—012　　图纸会审记录
鲁 TK—013　　设计交底记录
鲁 TK—014　　设计变更通知单
鲁 TK—015　　工程洽商记录
鲁 TK—016　　材料、构配件进场检验记录
鲁 TK—017　　设备（开箱）进场检验记录
鲁 TK—018　　材料合格证、复试报告汇总表
鲁 TK—019　　合格证［复印件（或抄件）］贴条
鲁 TK—020　　材料见证取样检测汇总表
鲁 TK—021　　取样送样试验见证记录
鲁 TK—022　　隐蔽工程验收记录
鲁 TK—023　　管道隐蔽工程验收记录
鲁 TK—024　　设备基础隐蔽工程验收记录
鲁 TK—025　　施工检查记录
鲁 TK—026　　伸缩器制作（安装）记录
鲁 TK—027　　设备基础复检记录
鲁 TK—028　　通风装置一般性能检查记录
鲁 TK—029　　空调装置一般性能检查记录
鲁 TK—030　　防腐施工记录
鲁 TK—031　　绝热施工记录
鲁 TK—032　　阀门试验记录
鲁 TK—033　　水压、气压试验记录

鲁 TK—034　　空调冷凝水管道通水试验记录
鲁 TK—035　　风管强度检测记录
鲁 TK—036　　风管系统(现场组装除尘器、空调机)漏风量检测记录
鲁 TK—037　　中、低压风管系统漏光检测记录
鲁 TK—038　　管道(设备)冲(吹)洗记录
鲁 TK—039　　风机盘管水压试验记录
鲁 TK—040　　制冷系统气密性试验记录
鲁 TK—041　　净化空调系统风管清洗记录
鲁 TK—042　　通风空调设备、管道(防静电)接地检查验收记录
鲁 TK—043　　风口平衡试验(调整)记录
鲁 TK—044　　通风空调设备单机试运转及调试记录
鲁 TK—045.1　通风空调系统无生产负荷下的联合试运转及调试记录
鲁 TK—045.2　通风空调系统无生产负荷下的联合试运转及调试记录附表
鲁 TK—046　　防排烟系统联合试运行记录
鲁 TK—047　　班组自检(互检)记录
鲁 TK—048　　工序交接检查记录
鲁 TK—049　　技术复核(或预检)记录
鲁 TK—050　　不符合要求项处理记录
鲁 TK—051　　样板间(分项工程)质量检查记录
鲁 TK—052　　新技术、新设备、新材料、新工艺施工验收记录
其他资料

通风与空调工程施工质量验收资料

一、分部、分项工程验收资料

鲁 TK—053　　_____分部(子分部)工程质量验收记录
鲁 TK—054　　通风与空调分部工程质量控制资料核查记录
鲁 TK—055　　通风与空调分部工程安全和功能检验资料核查及主要功能抽查记录
鲁 TK—056　　通风与空调分部工程观感质量检查记录
鲁 TK—057　　通风与空调工程规范强制性条文检查记录
鲁 TK—_____ 分项工程质量验收记录
鲁 TK—_____ 检验批质量验收记录
鲁 TK—_____ 检验批现场验收检查原始记录

二、送排风系统子分部

鲁 TK—058　　风管与配件制作检验批质量验收记录(Ⅰ)金属风管
鲁 TK—059　　风管与配件制作检验批质量验收记录(Ⅱ)非金属风管
鲁 TK—060　　风管部件与消声器检验批质量验收记录
鲁 TK—061　　风管系统安装检验批质量验收记录(Ⅰ)送、排风,防排烟,除尘系统
鲁 TK—064　　通风机安装检验批质量验收记录
鲁 TK—072　　工程系统调试检验批质量验收记录
鲁 TK—073　　防腐与绝热施工检验批质量验收记录(风管系统)

三、防排烟系统子分部

鲁TK—058　　风管与配件制作检验批质量验收记录（Ⅰ）金属风管

鲁TK—059　　风管与配件制作检验批质量验收记录（Ⅱ）非金属风管

鲁TK—060　　风管部件与消声器检验批质量验收记录

鲁TK—061　　风管系统安装检验批质量验收记录（Ⅰ）送、排风，防排烟，除尘系统

鲁TK—064　　通风机安装检验批质量验收记录

四、除尘系统子分部

鲁TK—058　　风管与配件制作检验批质量验收记录（Ⅰ）金属风管

鲁TK—059　　风管与配件制作检验批质量验收记录（Ⅱ）非金属风管

鲁TK—060　　风管部件与消声器检验批质量验收记录

鲁TK—061　　风管系统安装检验批质量验收记录（Ⅰ）送、排风，防排烟，除尘系统

鲁TK—065　　通风与空调设备安装检验批质量验收记录（Ⅰ）通风设备

鲁TK—072　　工程系统调试检验批质量验收记录

鲁TK—073　　防腐与绝热施工检验批质量验收记录（风管系统）

五、空调风系统子分部

鲁TK—058　　风管与配件制作检验批质量验收记录（Ⅰ）金属风管

鲁TK—059　　风管与配件制作检验批质量验收记录（Ⅱ）非金属风管

鲁TK—060　　风管部件与消声器检验批质量验收记录

鲁TK—062　　风管系统安装检验批质量验收记录（Ⅱ）空调系统

鲁TK—066　　通风与空调设备安装检验批质量验收记录（Ⅱ）空调设备

鲁TK—072　　工程系统调试检验批质量验收记录

鲁TK—073　　防腐与绝热施工检验批质量验收记录（风管系统）

六、净化空调系统子分部

鲁TK—058　　风管与配件制作检验批质量验收记录（Ⅰ）金属风管

鲁TK—059　　风管与配件制作检验批质量验收记录（Ⅱ）非金属风管

鲁TK—060　　风管部件与消声器检验批质量验收记录

鲁TK—063　　风管系统安装检验批质量验收记录（Ⅲ）净化空调系统

鲁TK—067　　通风与空调设备安装检验批质量验收记录（Ⅲ）净化空调系统

鲁TK—072　　工程系统调试检验批质量验收记录

鲁TK—073　　防腐与绝热施工检验批质量验收记录（风管系统）

七、制冷设备系统子分部

鲁TK—068　　空调制冷系统安装检验批质量验收记录

八、空调水系统子分部

鲁TK—069　　空调水系统安装检验批质量验收记录（Ⅰ）金属管道

鲁TK—070　　空调水系统安装检验批质量验收记录（Ⅱ）非金属管道

鲁TK—071　　空调水系统安装检验批质量验收记录（Ⅲ）设备

鲁TK—072　　工程系统调试检验批质量验收记录

鲁TK—074　　防腐与绝热施工检验批质量验收记录（管道系统）

九、其他资料

建筑电气工程施工技术资料

鲁DQ—001	施工现场质量管理检查记录
鲁DQ—002	工程参建各方签字签章存样表
鲁DQ—003	工程项目管理人员名单
鲁DQ—004	工程参建各方人员及签章变更备案表
鲁DQ—005	分包单位资质报审表
鲁DQ—006	工程质量事故调(勘)查记录
鲁DQ—007	建设工程质量事故报告
鲁DQ—008	施工日志
鲁DQ—009	施工组织设计(施工方案)审批表
鲁DQ—010	技术(安全)交底记录
鲁DQ—011	图纸会审、设计变更、洽商记录汇总表
鲁DQ—012	图纸会审记录
鲁DQ—013	设计交底记录
鲁DQ—014	设计变更通知单
鲁DQ—015	工程洽商记录
鲁DQ—016	材料、构配件进场检验记录
鲁DQ—017	设备(开箱)进场检验记录
鲁DQ—018	材料合格证、复试报告汇总表
鲁DQ—019	合格证[复印件(或抄件)]贴条
鲁DQ—020	材料见证取样检测汇总表
鲁DQ—021	取样送样试验见证记录
鲁DQ—022	隐蔽工程验收记录
鲁DQ—023	电气接地装置隐蔽验收记录
鲁DQ—024	避雷装置隐蔽验收记录
鲁DQ—025	幕墙及金属门窗避雷装置隐蔽验收记录
鲁DQ—026	电缆隐蔽工程验收记录
鲁DQ—027	电气等电位联结工程隐蔽验收记录
鲁DQ—028	施工检查记录
鲁DQ—029.1	电缆敷设施工记录
鲁DQ—029.2	电缆敷设施工记录(附页)
鲁DQ—030	电缆终端头(中间接头)制作记录
鲁DQ—031	母线搭接螺栓的拧紧力矩测试记录
鲁DQ—032	接闪线和接闪带固定支架的垂直拉力测试记录
鲁DQ—033	接地(等电位)联结导通性测试记录
鲁DQ—034	电气绝缘电阻测试记录
鲁DQ—035	电气接地电阻测试记录
鲁DQ—036	接地故障回路阻抗测试记录
鲁DQ—037	漏电开关模拟试验记录
鲁DQ—038	电气设备空载试运行和负载试运行记录

鲁DQ—039　　　电气照明通电试运行记录
鲁DQ—040　　　电气照明(动力)全负荷试运行记录
鲁DQ—041　　　照明系统照度和功率密度值测试记录
鲁DQ—042　　　灯具固定装置及悬吊装置的荷载强度试验记录
鲁DQ—043　　　电动机检查(抽芯)记录
鲁DQ—044　　　异步电动机试验报告单
鲁DQ—045　　　大容量电器线路结点测温记录
鲁DQ—046　　　低压电气设备交接试验记录
鲁DQ—047　　　EPS应急持续供电时间记录
鲁DQ—048　　　班组自检(互检)记录
鲁DQ—049　　　工序交接检查记录
鲁DQ—050　　　技术复核(或预检)记录
鲁DQ—051　　　不符合要求项处理记录
鲁DQ—052　　　样板间(分项工程)质量检查记录
鲁DQ—053　　　新技术、新设备、新材料、新工艺施工验收记录
其他资料

建筑电气工程施工质量验收资料

一、分部、分项工程验收资料

鲁DQ—054　　　_____分部(子分部)工程质量验收记录
鲁DQ—055　　　建筑电气分部工程质量控制资料核查记录
鲁DQ—056　　　建筑电气分部工程安全和功能检验资料核查及主要功能抽查记录
鲁DQ—057　　　建筑电气分部工程观感质量检查记录
鲁DQ—058.1　　建筑电气工程规范强制性条文检查记录(一)
鲁DQ—058.2　　建筑电气工程规范强制性条文检查记录(二)
鲁DQ—058.3　　建筑电气工程规范强制性条文检查记录(三)
鲁DQ—_____分项工程质量验收记录
鲁DQ—_____检验批质量验收记录
鲁DQ—_____检验批现场验收检查原始记录

二、室外电气子分部

鲁DQ—059　　　变压器、箱式变电所安装检验批质量验收记录
鲁DQ—060　　　成套配电柜、控制柜(台、箱)和配电箱(盘)安装检验批质量验收记录
鲁DQ—066　　　梯架、托盘和槽盒安装检验批质量验收记录
鲁DQ—067　　　导管敷设检验批质量验收记录
鲁DQ—068　　　电缆敷设检验批质量验收记录
鲁DQ—069　　　导管内穿线和槽盒内敷线检验批质量验收记录
鲁DQ—072　　　电缆头制作、导线连接和线路绝缘测试检验批质量验收记录
鲁DQ—073　　　普通灯具安装检验批质量验收记录
鲁DQ—074　　　专用灯具安装检验批质量验收记录
鲁DQ—076　　　建筑物照明通电试运行检验批质量验收记录

鲁DQ—077　　接地装置安装检验批质量验收记录

三、变配电室子分部

鲁DQ—059　　变压器、箱式变电所安装检验批质量验收记录
鲁DQ—060　　成套配电柜、控制柜(台、箱)和配电箱(盘)安装检验批质量验收记录
鲁DQ—065　　母线槽安装检验批质量验收记录
鲁DQ—066　　梯架、托盘和槽盒安装检验批质量验收记录
鲁DQ—068　　电缆敷设检验批质量验收记录
鲁DQ—072　　电缆头制作、导线连接和线路绝缘测试检验批质量验收记录
鲁DQ—077　　接地装置安装检验批质量验收记录
鲁DQ—078　　变配电室及电气竖井内接地干线敷设检验批质量验收记录

四、供电干线子分部

鲁DQ—064　　电气设备试验和试运行检验批质量验收记录
鲁DQ—065　　母线槽安装检验批质量验收记录
鲁DQ—066　　梯架、托盘和槽盒安装检验批质量验收记录
鲁DQ—067　　导管敷设检验批质量验收记录
鲁DQ—068　　电缆敷设检验批质量验收记录
鲁DQ—069　　导管内穿线和槽盒内敷线检验批质量验收记录
鲁DQ—072　　电缆头制作、导线连接和线路绝缘测试检验批质量验收记录
鲁DQ—078　　变配电室及电气竖井内接地干线敷设检验批质量验收记录

五、电气动力子分部

鲁DQ—060　　成套配电柜、控制柜(台、箱)和配电箱(盘)安装检验批质量验收记录
鲁DQ—061　　电动机、电加热器及电动执行机构检查接线检验批质量验收记录
鲁DQ—064　　电气设备试验和试运行检验批质量验收记录
鲁DQ—066　　梯架、托盘和槽盒安装检验批质量验收记录
鲁DQ—067　　导管敷设检验批质量验收记录
鲁DQ—068　　电缆敷设检验批质量验收记录
鲁DQ—069　　导管内穿线和槽盒内敷线检验批质量验收记录
鲁DQ—072　　电缆头制作、导线连接和线路绝缘测试检验批质量验收记录
鲁DQ—075　　开关、插座、风扇安装检验批质量验收记录

六、电气照明子分部

鲁DQ—060　　成套配电柜、控制柜(台、箱)和配电箱(盘)安装检验批质量验收记录
鲁DQ—066　　梯架、托盘和槽盒安装检验批质量验收记录
鲁DQ—067　　导管敷设检验批质量验收记录
鲁DQ—068　　电缆敷设检验批质量验收记录
鲁DQ—069　　导管内穿线和槽盒内敷线检验批质量验收记录
鲁DQ—070　　塑料护套线直敷布线检验批质量验收记录
鲁DQ—071　　钢索配线检验批质量验收记录
鲁DQ—072　　电缆头制作、导线连接和线路绝缘测试检验批质量验收记录
鲁DQ—073　　普通灯具安装检验批质量验收记录
鲁DQ—074　　专用灯具安装检验批质量验收记录
鲁DQ—075　　开关、插座、风扇安装检验批质量验收记录

鲁 DQ—076　　建筑物照明通电试运行检验批质量验收记录

七、备用和不间断电源子分部

鲁 DQ—060　　成套配电柜、控制柜(台、箱)和配电箱(盘)安装检验批质量验收记录

鲁 DQ—062　　柴油发电机组安装检验批质量验收记录

鲁 DQ—063　　UPS 及 EPS 安装检验批质量验收记录

鲁 DQ—065　　母线槽安装检验批质量验收记录

鲁 DQ—067　　导管敷设检验批质量验收记录

鲁 DQ—068　　电缆敷设检验批质量验收记录

鲁 DQ—069　　导管内穿线和槽盒内敷线检验批质量验收记录

鲁 DQ—072　　电缆头制作、导线连接和线路绝缘测试检验批质量验收记录

鲁 DQ—077　　接地装置安装检验批质量验收记录

八、防雷及接地子分部

鲁 DQ—077　　接地装置安装检验批质量验收记录

鲁 DQ—079　　防雷引下线及接闪器安装检验批质量验收记录

鲁 DQ—080　　建筑物等电位联结检验批质量验收记录

九、其他资料

智能建筑工程施工技术资料

鲁 ZN—001　　施工现场质量管理检查记录

鲁 ZN—002　　工程参建各方签字签章存样表

鲁 ZN—003　　工程项目管理人员名单

鲁 ZN—004　　工程参建各方人员及签章变更备案表

鲁 ZN—005　　分包单位资质报审表

鲁 ZN—006　　工程质量事故调(勘)查记录

鲁 ZN—007　　建设工程质量事故报告

鲁 ZN—008　　施工日志

鲁 ZN—009　　施工组织设计(施工方案)审批表

鲁 ZN—010　　技术(安全)交底记录

鲁 ZN—011　　图纸会审、设计变更、洽商记录汇总表

鲁 ZN—012　　图纸会审记录

鲁 ZN—013　　设计交底记录

鲁 ZN—014　　设计变更通知单

鲁 ZN—015　　工程洽商记录

鲁 ZN—016　　材料、构配件进场检验记录

鲁 ZN—017　　设备(开箱)进场检验记录

鲁 ZN—018　　材料合格证、复试报告汇总表

鲁 ZN—019　　合格证[复印件(或抄件)]贴条

鲁 ZN—020　　材料见证取样检测汇总表

鲁 ZN—021　　取样送样试验见证记录

鲁 ZN—022　　隐蔽工程验收记录

鲁ZN—023	施工检查记录
鲁ZN—024	接地电阻测试记录
鲁ZN—025	单机调试报告
鲁ZN—026	子系统调试报告
鲁ZN—027	联动调试报告
鲁ZN—028	试运行记录
鲁ZN—029	班组自检(互检)记录
鲁ZN—030	技术复核(或预检)记录
鲁ZN—031	工序交接检查记录
鲁ZN—032	不符合要求项处理记录
鲁ZN—033	样板间(分项工程)质量检查记录
鲁ZN—034	新技术、新设备、新材料、新工艺施工验收记录

其他资料

智能建筑工程施工质量验收资料

鲁ZN—035	_____分部(子分部)工程质量验收记录
鲁ZN—036	智能建筑分部工程质量控制资料核查记录
鲁ZN—037	智能建筑分部工程安全和功能检验资料核查及主要功能抽查记录
鲁ZN—038	智能建筑分部工程观感质量检查记录
鲁ZN—039	智能建筑工程规范强制性条文检查记录
鲁ZN—_____	分项工程质量验收记录
鲁ZN—_____	检验批质量验收记录
鲁ZN—_____	检验批现场验收检查原始记录
鲁ZN—040	梯架、托盘和槽盒安装检验批质量验收记录
鲁ZN—041	导管敷设检验批质量验收记录
鲁ZN—042	导管内穿线和槽盒内敷线检验批质量验收记录
鲁ZN—043	智能建筑分部工程检测汇总记录
鲁ZN—044	分项工程检测记录
鲁ZN—045	智能化集成系统子分部工程检测记录
鲁ZN—046	用户电话交换系统子分部工程检测记录
鲁ZN—047	信息网络系统子分部工程检测记录
鲁ZN—048	综合布线系统子分部工程检测记录
鲁ZN—049	有线电视及卫星电视接收系统子分部工程检测记录
鲁ZN—050	公共广播系统子分部工程检测记录
鲁ZN—051	会议系统子分部工程检测记录
鲁ZN—052	信息导引及发布系统子分部工程检测记录
鲁ZN—053	时钟系统子分部工程检测记录
鲁ZN—054	信息化应用系统子分部工程检测记录
鲁ZN—055	建筑设备监控系统子分部工程检测记录
鲁ZN—056	安全技术防范系统子分部工程检测记录
鲁ZN—057	应急响应系统子分部工程检测记录

鲁ZN—058　　机房工程子分部工程检测记录
鲁ZN—059　　防雷与接地子分部工程检测记录
其他资料

建筑节能工程施工技术资料

鲁JN—001　　建筑节能工程概况表
鲁JN—002　　工程参建各方签字签章存样表
鲁JN—003　　工程项目管理人员名单
鲁JN—004　　工程参建各方人员及签章变更备案表
鲁JN—005　　施工现场质量管理检查记录
鲁JN—006　　分包单位资质报审表
鲁JN—007　　工程质量事故调(勘)查记录
鲁JN—008　　建设工程质量事故报告
鲁JN—009　　施工日志
鲁JN—010　　施工组织设计(施工方案)审批表
鲁JN—011　　技术(安全)交底记录
鲁JN—012　　图纸会审、设计变更、洽商记录汇总表
鲁JN—013　　图纸会审记录
鲁JN—014　　设计交底记录
鲁JN—015　　设计变更通知单
鲁JN—016　　工程洽商记录
鲁JN—017　　材料、构配件进场检验记录
鲁JN—018　　设备(开箱)进场检验记录
鲁JN—019　　材料合格证、复试报告汇总表
鲁JN—020　　合格证[复印件(或抄件)]贴条
鲁JN—021　　材料见证取样检测汇总表
鲁JN—022　　取样送样试验见证记录
鲁JN—023.1　隐蔽工程验收记录
鲁JN—023.2　隐蔽工程图像资料粘贴表
鲁JN—024　　施工检查记录
鲁JN—025　　建筑节能工程现场检测试验报告汇总表
鲁JN—026　　风管严密性(漏光法检测)测试记录
鲁JN—027　　风管严密性(现场组装除尘器、空调机)测试记录
鲁JN—028　　设备单机试运转及调试记录
鲁JN—029　　风口平衡试验(调整)记录
鲁JN—030　　冷热源和辅助设备联合试运转及调试报告
鲁JN—031　　采暖系统调试记录
鲁JN—032　　采暖房间温度测试记录
鲁JN—033　　低压配电电源质量性能指标测试记录
鲁JN—034　　照明系统照度和功率密度值测试记录
鲁JN—035　　母线搭接螺栓的拧紧力矩测试记录

鲁JN—036	三相照明配电干线各相负荷平衡情况测试记录
鲁JN—037	系统控制功能及故障报警功能运行测试记录
鲁JN—038	监测与计量装置检测计量数据比对记录
鲁JN—039	照明自动控制系统功能测试记录
鲁JN—040	综合控制系统功能测试记录
鲁JN—041	建筑能源管理系统功能测试记录
鲁JN—042	子系统检测记录
鲁JN—043	系统检测汇总表
鲁JN—044	保温材料厚度检查记录
鲁JN—045	班组自检(互检)记录
鲁JN—046	工序交接检查记录
鲁JN—047	技术复核(或预检)记录
鲁JN—048	不符合要求项处理记录
鲁JN—049	样板间(分项工程)质量检查记录
鲁JN—050	新技术、新设备、新材料、新工艺施工验收记录

其他资料

建筑节能工程施工质量验收资料

一、分部、分项工程质量验收资料

鲁JN—051 　　　　分部(子分部)工程质量验收记录
鲁JN—052 　建筑节能分部工程质量控制资料核查记录
鲁JN—053 　建筑节能分部工程安全和功能检验资料核查及主要功能抽查记录
鲁JN—054 　建筑节能分部工程观感质量检查记录
鲁JN—055 　建筑节能工程规范强制性条文检查记录
鲁JN—　　　　分项工程质量验收记录
鲁JN—　　　　检验批质量验收记录
鲁JN—　　　　检验批现场验收检查原始记录

二、围护系统节能子分部

鲁JN—056 　墙体节能检验批质量验收记录
鲁JN—057 　幕墙节能检验批质量验收记录
鲁JN—058 　门窗节能检验批质量验收记录
鲁JN—059 　屋面节能检验批质量验收记录
鲁JN—060 　地面节能检验批质量验收记录

三、供暖空调设备及管网节能子分部

鲁JN—061 　供暖节能检验批质量验收记录
鲁JN—062 　通风与空调设备节能检验批质量验收记录
鲁JN—063 　空调与供暖系统冷热源节能检验批质量验收记录
鲁JN—064 　空调与供暖系统管网节能检验批质量验收记录

四、电气动力节能子分部

鲁JN—065 　配电节能检验批质量验收记录

鲁JN—066　　照明节能检验批质量验收记录

五、监控系统节能子分部
鲁JN—067　　监测系统节能检验批质量验收记录
鲁JN—068　　控制系统节能检验批质量验收记录

六、其他资料

电梯工程施工技术资料

鲁DT—001　　施工现场质量管理检查记录
鲁DT—002　　工程参建各方签字签章存样表
鲁DT—003　　工程项目管理人员名单
鲁DT—004　　工程参建各方人员及签章变更备案表
鲁DT—005　　分包单位资质报审表
鲁DT—006　　工程质量事故调(勘)查记录
鲁DT—007　　建设工程质量事故报告
鲁DT—008　　施工日志
鲁DT—009　　施工组织设计(施工方案)审批表
鲁DT—010　　技术(安全)交底记录
鲁DT—011　　图纸会审、设计变更、洽商记录汇总表
鲁DT—012　　图纸会审记录
鲁DT—013　　设计交底记录
鲁DT—014　　设计变更通知单
鲁DT—015　　工程洽商记录
鲁DT—016　　材料、构配件进场检验记录
鲁DT—017　　设备(开箱)进场检验记录
鲁DT—018　　材料合格证、复试报告汇总表
鲁DT—019　　合格证[复印件(或抄件)]贴条
鲁DT—020　　材料见证取样检测汇总表
鲁DT—021　　取样送样试验见证记录
鲁DT—022　　隐蔽工程验收记录
鲁DT—023　　施工检查记录
鲁DT—024　　电梯机房、井道测量交接检查记录
鲁DT—025　　电梯安装样板放线记录
鲁DT—026.1　电梯电气装置安装检查记录(一)
鲁DT—026.2　电梯电气装置安装检查记录(二)
鲁DT—026.3　电梯电气装置安装检查记录(三)
鲁DT—027　　自动扶梯、自动人行道安装与土建交接检查记录
鲁DT—028　　自动扶梯、自动人行道的相邻区域检查记录
鲁DT—029.1　自动扶梯、自动人行道电气装置检查记录(一)
鲁DT—029.2　自动扶梯、自动人行道电气装置检查记录(二)
鲁DT—030　　自动扶梯、自动人行道整机安装质量检查记录

鲁 DT—031	绝缘电阻测试记录
鲁 DT—032	接地电阻测试记录
鲁 DT—033	轿厢平层准确度测量记录
鲁 DT—034	电梯层门安全装置检验记录
鲁 DT—035	电梯电气安全装置检验记录
鲁 DT—036	电梯整机功能检验记录
鲁 DT—037	电梯主要功能检验记录
鲁 DT—038	电梯负荷运行试验记录
鲁 DT—039	电梯负荷运行试验曲线图
鲁 DT—040	电梯噪声测试记录
鲁 DT—041.1	自动扶梯、自动人行道安全装置检验记录（一）
鲁 DT—041.2	自动扶梯、自动人行道安全装置检验记录（二）
鲁 DT—042	自动扶梯、自动人行道整机性能、运行试验记录
鲁 DT—043	班组自检(互检)记录
鲁 DT—044	工序交接检查记录
鲁 DT—045	技术复核(或预检)记录
鲁 DT—046	不符合要求项处理记录
鲁 DT—047	样板间(分项工程)质量检查记录
鲁 DT—048	新技术、新设备、新材料、新工艺施工验收记录

其他资料

电梯工程施工质量验收资料

一、分部、分项工程质量验收资料

鲁 DT—049	_____分部(子分部)工程质量验收记录
鲁 DT—050	电梯分部工程质量控制资料核查记录
鲁 DT—051	电梯分部工程安全和功能检验资料核查及主要功能抽查记录
鲁 DT—052	电梯分部工程观感质量检查记录
鲁 DT—053.1	电梯工程规范强制性条文检查记录(一)
鲁 DT—053.2	电梯工程规范强制性条文检查记录(二)
鲁 DT—_____	分项工程质量验收记录
鲁 DT—_____	检验批质量验收记录
鲁 DT—_____	检验批现场验收检查原始记录

二、电力驱动的曳引式或强制式电梯

鲁 DT—054	设备进场验收记录
鲁 DT—055	土建交接检验质量验收记录
鲁 DT—056	电力驱动主机、液压电梯液压系统分项工程质量验收记录
鲁 DT—057	导轨分项工程质量验收记录
鲁 DT—058	门系统分项工程质量验收记录
鲁 DT—059	轿厢、对重(平衡重)分项工程质量验收记录
鲁 DT—060	安全部件分项工程质量验收记录

鲁 DT—061	悬挂装置、随行电缆、补偿装置分项工程质量验收记录
鲁 DT—062	电气装置分项工程质量验收记录
鲁 DT—063	电力驱动曳引式或强制式电梯整机安装验收记录

三、液压电梯子分部

鲁 DT—054	设备进场验收记录
鲁 DT—055	土建交接检验质量验收记录
鲁 DT—056	电力驱动主机、液压电梯液压系统分项工程质量验收记录
鲁 DT—057	导轨分项工程质量验收记录
鲁 DT—058	门系统分项工程质量验收记录
鲁 DT—059	轿厢、对重(平衡重)分项工程质量验收记录
鲁 DT—060	安全部件分项工程质量验收记录
鲁 DT—061	悬挂装置、随行电缆、补偿装置分项工程质量验收记录
鲁 DT—062	电气装置分项工程质量验收记录
鲁 DT—064	电力驱动液压电梯整机安装验收记录

四、自动扶梯、自动人行道子分部

鲁 DT—054	设备进场验收记录
鲁 DT—055	土建交接检验质量验收记录
鲁 DT—065	自动扶梯、自动人行道整机安装验收记录

五、其他资料

单位工程竣工资料

鲁 JG-001	单位(子单位)工程竣工预验收报审表
鲁 JG-002	单位(子单位)工程质量竣工验收记录
鲁 JG-003	单位(子单位)工程质量控制资料核查记录
鲁 JG-004	单位(子单位)工程安全和功能检验资料核查及主要功能抽查记录
鲁 JG-005	单位(子单位)工程观感质量检查记录

其他资料

附录 B 建筑工程文件归档范围

[摘自《建设工程文件归档规范》(GB/T 50328—2014)]

附表 1 建筑工程文件归档范围

类别	归档文件	保存单位				
		建设单位	设计单位	施工单位	监理单位	城建档案馆
工程准备阶段文件(A类)						
A1	立项文件					
1	项目建议书批复文件及项目建议书	▲				▲
2	可行性研究报告批复文件及可行性研究报告	▲				▲
3	专家论证意见、项目评估文件	▲				
4	有关立项的会议纪要、领导批示	▲				▲
A2	建设用地、拆迁文件					
1	选址申请及选址规划意见通知书	▲				▲
2	建设用地批准书	▲				▲
3	拆迁安置意见、协议、方案等	▲				△
4	建设用地规划许可证及其附件	▲				▲
5	土地使用证明文件及其附件	▲				▲
6	建设用地钉桩通知单	▲				▲
A3	勘察、设计文件					
1	工程地质勘察报告	▲	▲			▲
2	水文地质勘察报告	▲	▲			▲
3	初步设计文件(说明书)	▲	▲			▲
4	设计方案审查意见	▲	▲			▲
5	人防、环保、消防等有关主管部门(对设计方案)审查意见	▲				▲
6	设计计算书	▲	▲			△
7	施工图设计文件审查意见	▲	▲			▲
8	节能设计备案文件	▲				▲
A4	招标投标文件					
1	勘察、设计招标投标文件	▲	▲			
2	勘察、设计合同	▲	▲			▲
3	施工招标投标文件	▲		▲	△	
4	施工合同	▲		▲	△	▲
5	工程监理招标投标文件	▲			▲	
6	监理合同	▲			▲	▲

续表

类别	归档文件	保存单位				
		建设单位	设计单位	施工单位	监理单位	城建档案馆
A5	开工审批文件					
1	建设工程规划许可证及其附件	▲		△	△	▲
2	建设工程施工许可证	▲		▲	▲	▲
A6	工程造价文件					
1	工程投资估算材料	▲				
2	工程设计概算材料	▲				
3	招标控制价格文件	▲				
4	合同价格文件	▲		▲		△
5	结算价格文件	▲		▲		△
A7	工程建设基本信息					
1	工程概况信息表	▲		△		▲
2	建设单位工程项目负责人及现场管理人员名册	▲				▲
3	监理单位工程项目总监及监理人员名册	▲			▲	▲
4	施工单位工程项目经理及质量管理人员名册	▲		▲		▲
监理文件（B类）						
B1	监理管理文件					
1	监理规划	▲			▲	▲
2	监理实施细则	▲		△	▲	▲
3	监理月报	△			▲	
4	监理会议纪要	▲		△	▲	
5	监理工作日志				▲	
6	监理工作总结	▲			▲	▲
7	工作联系单	▲		△	△	
8	监理工程师通知	▲		△	△	△
9	监理工程师通知回复单			▲	▲	
10	工程暂停令	▲		△	△	▲
11	工程复工报审表	▲		△	△	▲
B2	进度控制文件					
1	工程开工报审表	▲		▲	▲	▲
2	施工进度计划报审表	▲		△	△	
B3	质量控制文件					
1	质量事故报告及处理资料	▲		▲	▲	▲
2	旁站监理记录	△		△	▲	
3	见证取样和送检人员备案表	▲		▲	▲	
4	见证记录	▲		▲	▲	
5	工程技术文件报审表			△		
B4	造价控制文件					

续表

类别	归档文件	保存单位				
		建设单位	设计单位	施工单位	监理单位	城建档案馆
1	工程款支付	▲		△	△	
2	工程款支付证书	▲		△	△	
3	工程变更费用报审表	▲		△	△	
4	费用索赔申请表	▲		△	△	
5	费用索赔审批表	▲		△	△	
B5	工期管理文件					
1	工程延期申请表	▲		▲	▲	▲
2	工程延期审批表	▲		▲	▲	▲
B6	监理验收文件					
1	竣工移交证书	▲		▲	▲	▲
2	监理资料移交书	▲			▲	
施工文件（C类）						
C1	施工管理文件					
1	工程概况表	▲		▲	▲	△
2	施工现场质量管理检查记录			△	△	
3	企业资质证书及相关专业人员岗位证书	△			△	△
4	分包单位资质报审表	▲		▲	▲	
5	建设单位质量事故勘察记录	▲		▲	▲	▲
6	建设工程质量事故报告书	▲		▲	▲	▲
7	施工检测计划	△		△	△	
8	见证试验检测汇总表	▲			▲	
9	施工日志			▲		
C2	施工技术文件					
1	工程技术文件报审表	△		△	△	
2	施工组织设计及施工方案	△		△	△	△
3	危险性较大分部分项工程施工方案	△		△	△	△
4	技术交底记录	△		△		
5	图纸会审记录	▲	▲	▲	▲	▲
6	设计变更通知单	▲	▲	▲	▲	▲
7	工程洽商记录（技术核定单）	▲	▲	▲	▲	▲
C3	进度造价文件					
1	工程开工报审表	▲	▲	▲	▲	▲
2	工程复工报审表	▲	▲	▲	▲	▲
3	施工进度计划报审表			△	△	
4	施工进度计划			△	△	
5	人、机、料动态表			△	△	
6	工程延期申请表	▲		▲	▲	▲

续表

类别	归档文件	保存单位				
		建设单位	设计单位	施工单位	监理单位	城建档案馆
7	工程款支付申请表	▲		△	△	
8	工程变更费用报审表	▲		△	△	
9	费用索赔申请表	▲		△	△	
C4	施工物资出厂质量证明及进场检测文件					
	出厂质量证明文件及检测报告					
1	砂、石、砖、水泥、钢筋、隔热保温、防腐材料、轻骨料出厂证明文件	▲		▲	▲	△
2	其他物资出厂合格证、质量保证书、检测报告和报关单或商检证等	△		▲	▲	
3	材料、设备的相关检验报告、型式检测报告、3C强制认证合格证书或3C标志	△		▲	△	
4	主要设备、器具的安装使用说明书	▲		▲	△	
5	进口的主要材料设备的商检证明文件	△		▲		
6	涉及消防、安全、卫生、环保、节能的材料、设备的检测报告或法定机构出具的有效证明文件	▲		▲	▲	△
7	其他施工物资产品合格证、出厂检验报告					
	进场检验用通用表格					
1	材料、构配件进场检验记录			△	△	
2	设备开箱检验记录			△	△	
3	设备及管道附件试验记录	▲		▲	▲	
	进场复试报告					
1	钢材试验报告	▲		▲	▲	▲
2	水泥试验报告	▲		▲	▲	▲
3	砂试验报告	▲		▲	▲	▲
4	碎(卵)石试验报告	▲		▲	▲	▲
5	外加剂试验报告	△		▲	▲	
6	防水涂料试验报告	▲		▲	△	
7	防水卷材试验报告	▲		▲	▲	
8	砖(砌块)试验报告	▲		▲	▲	▲
9	预应力筋复试报告	▲		▲	▲	
10	预应力锚具、夹具和连接器复试报告	▲		▲	▲	▲
11	装饰装修用门窗复试报告	▲		▲	△	
12	装饰装修用人造木板复试报告	▲		▲	△	
13	装饰装修用花岗石复试报告	▲		▲	△	
14	装饰装修用安全玻璃复试报告	▲		▲	△	

续表

类别	归档文件	保存单位				
		建设单位	设计单位	施工单位	监理单位	城建档案馆
15	装饰装修用外墙面砖复试报告	▲		▲	△	
16	钢结构用钢材复试报告	▲		▲	▲	▲
17	钢结构用防火涂料复试报告	▲		▲	▲	
18	钢结构用焊接材料复试报告	▲		▲	▲	
19	钢结构用高强度大六角头螺栓连接副复试报告	▲		▲	▲	
20	钢结构用扭剪型高强螺栓连接副复试报告	▲		▲	▲	
21	幕墙用铝塑板、石材、玻璃、结构胶复试报告	▲		▲	▲	
22	散热器、供暖系统保温材料、通风与空调工程绝热材料、风机盘管机组、低压配电系统电缆的见证取样复试报告	▲		▲	▲	
23	节能工程材料复试报告	▲		▲	▲	
24	其他物资进场复试报告					
C5	施工记录文件					
1	隐蔽工程验收记录	▲		▲	▲	▲
2	施工检查记录			△		
3	交接检查记录			△		
4	工程定位测量记录	▲		▲	▲	
5	基槽验线记录	▲		▲	▲	
6	楼层平面放线记录			△	△	△
7	楼层标高抄测记录			△	△	
8	建筑物垂直度、标高观测记录	▲		▲	△	
9	沉降观测记录	▲		▲	▲	▲
10	基坑支护水平位移监测记录			△	△	
11	桩基、支护测量放线记录			△	△	
12	地基验槽记录	▲	▲	▲	▲	▲
13	地基钎探记录	▲		△	△	▲
14	混凝土浇灌申请书			△	△	
15	预拌混凝土运输单			△		
16	混凝土开盘鉴定			△	△	
17	混凝土拆模申请单			△		
18	混凝土预拌测温记录			△		
19	混凝土养护测温记录			△		
20	大体积混凝土养护测温记录			△		
21	大型构件吊装记录	▲		△	△	▲
22	焊接材料烘焙记录			△		
23	地下工程防水效果检查记录	▲		△	△	

续表

类别	归档文件	保存单位				
		建设单位	设计单位	施工单位	监理单位	城建档案馆
24	防水工程试水检查记录	▲		▲	△	△
25	通风(烟)道、垃圾道检查记录	▲		▲	△	
26	预应力筋张拉记录	▲		▲	△	▲
27	有粘结预应力结构灌浆记录	▲		▲	△	▲
28	钢结构施工记录	▲		▲	△	
29	网架(索膜)施工记录	▲		▲	▲	▲
30	木结构施工记录	▲		▲	△	
31	幕墙注胶检查记录	▲		▲	▲	
32	自动扶梯、自动人行道的相邻区域检查记录	▲		▲	△	
33	电梯电气装置安装检查记录	▲		▲	△	
34	自动扶梯、自动人行道电气装置检查记录	▲		▲	△	
35	自动扶梯、自动人行道整机安装质量检查记录	▲		▲	△	
36	其他施工记录文件					
C6	施工试验记录及检测文件					
	通用表格					
1	设备单机试运转记录	▲		▲	△	△
2	系统试运转调试记录	▲		▲	△	△
3	接地电阻测试记录	▲		▲	△	△
4	绝缘电阻测试记录	▲		▲	△	△
	建筑与结构工程					
1	锚杆试验报告	▲		▲	△	
2	地基承载力检验报告	▲		▲	△	▲
3	桩基检测报告	▲		▲	△	▲
4	土工击实试验报告	▲		▲	△	
5	回填土试验报告(应附图)	▲		▲	△	▲
6	钢筋机械连接试验报告	▲		▲	△	△
7	钢筋焊接连接试验报告	▲		▲	△	△
8	砂浆配合比申请书、通知单			△	△	
9	砂浆抗压强度试验报告	▲		▲	△	
10	砌筑砂浆试块强度统计、评定记录	▲		▲	△	
11	混凝土配合比申请书、通知单	▲		△	△	
12	混凝土抗压强度试验报告	▲		▲	△	▲
13	混凝土试块强度统计、评定记录	▲		▲	△	
14	混凝土抗渗试验报告	▲		▲	△	
15	砂、石、水泥放射性指标报告	▲		▲	△	△

续表

类别	归档文件	保存单位				
		建设单位	设计单位	施工单位	监理单位	城建档案馆
16	混凝土碱总量计算书	▲		▲	△	△
17	外墙饰面砖样板粘结强度试验报告	▲		▲	△	△
18	后置埋件抗拔试验报告	▲		▲	△	△
19	超声波探伤报告、探伤记录	▲		▲	△	△
20	钢构件射线探伤报告	▲		▲	△	△
21	磁粉探伤报告	▲		▲	△	△
22	高强度螺栓抗滑移系数检测报告	▲		▲	△	△
23	钢结构焊接工艺评定			△	△	
24	网架节点承载力试验报告	▲		▲	△	△
25	钢结构防腐、防火涂料厚度检测报告	▲		▲	△	△
26	木结构胶缝试验报告	▲		▲	△	△
27	木结构构件力学性能试验报告	▲		▲	△	△
28	木结构防护剂试验报告	▲		▲	△	△
29	幕墙双组分硅酮结构胶混匀性及拉断试验报告	▲		▲	△	△
30	幕墙的抗风压性能、空气渗透性能、雨水渗透性能及平面内变形性能检测报告	▲		▲	△	△
31	外门窗的抗风压性能、空气渗透性能和雨水渗透性能检测报告	▲		▲	△	△
32	墙体节能工程保温板材与基层粘结强度现场拉拔试验	▲		▲	△	△
33	外墙保温浆料同条件养护试件试验报告	▲		▲	△	△
34	结构实体混凝土强度验收记录	▲		▲	△	△
35	结构实体钢筋保护层厚度验收记录	▲		▲	△	△
36	围护结构现场实体检验	▲		▲	△	△
37	室内环境检测报告	▲		▲	△	△
38	节能性能检测报告	▲		▲	△	▲
39	其他建筑与结构施工试验记录与检测文件					
给水排水及供暖工程						
1	灌(满)水试验记录	▲		△	△	
2	强度严密性试验记录	▲		▲	△	△
3	通水试验记录	▲		▲	△	
4	冲(吹)洗试验记录	▲		▲	△	
5	通球试验记录	▲		▲	△	
6	补偿器安装记录			△	△	
7	消火栓试射记录	▲		▲	△	
8	安全附件安装检查记录			▲	△	
9	锅炉烘炉试验记录			▲	△	

续表

类别		归档文件	保存单位				
			建设单位	设计单位	施工单位	监理单位	城建档案馆
10		锅炉煮炉试验记录			▲	△	
11		锅炉试运行记录	▲		▲	△	
12		安全阀定压合格证书	▲		▲	△	
13		自动喷水灭火系统联动试验记录	▲		▲	△	△
14		其他给水排水及供暖施工试验记录与检测文件					
	建筑电气工程						
1		电气接地装置平面示意图表	▲		▲	△	△
2		电气器具通电安全检查记录			▲	△	
3		电气设备空载试运行记录	▲		▲	△	△
4		建筑物照明通电试运行记录	▲		▲	△	△
5		大型照明灯具承载试验记录	▲		▲	△	
6		漏电开关模拟试验记录			▲	△	
7		大容量电气线路结点测温记录	▲		▲	△	
8		低压配电电源质量测试记录	▲		▲	△	
9		建筑物照明系统照度测试记录			▲	△	
10		其他建筑电气施工试验记录与检测文件					
	智能建筑工程						
1		综合布线测试记录	▲		▲	△	△
2		光纤损耗测试记录	▲		▲	△	△
3		视频系统末端测试记录			▲	△	
4		子系统检测记录			▲	△	
5		系统试运行记录	▲		▲	△	△
6		其他智能建筑施工试验记录与检测文件					
	通风与空调工程						
1		风管漏光检测记录			▲	△	△
2		风管漏风检测记录	▲		▲	△	
3		现场组装除尘器、空调机漏风检测记录			▲	△	
4		各房间室内风量测量记录	▲		▲	△	
5		管网风量平衡记录			▲	△	
6		空调系统试运转调试记录	▲		▲	△	△
7		空调水系统试运转调试记录	▲		▲	△	△
8		制冷系统气密性试验记录	▲		▲	△	△
9		净化空调系统检测记录	▲		▲	△	△
10		防排烟系统联合试运行记录	▲		▲	△	△
11		其他通风与空调施工试验记录与检测文件					

续表

类别	归档文件	保存单位				
		建设单位	设计单位	施工单位	监理单位	城建档案馆
	电梯工程					
1	轿厢平层准确度测量记录	▲		△	△	
2	电梯层门安全装置检测记录	▲		▲	△	
3	电梯电气安全装置检测记录	▲		▲	△	
4	电梯整机功能检测记录	▲		▲	△	
5	电梯主要功能检测记录	▲		▲	△	
6	电梯负荷运行试验记录	▲		▲	△	△
7	电梯负荷运行试验曲线图表	▲		▲	△	
8	电梯噪声测试记录	△		△	△	
9	自动扶梯、自动人行道安全装置检验记录	▲		▲	△	
10	自动扶梯、自动人行道整机性能、运行试验记录	▲		▲	△	△
11	其他电梯施工试验记录与检测文件					
C7	施工质量验收文件					
1	检验批质量验收记录	▲		△	△	
2	分项工程质量验收记录	▲		▲	▲	
3	分部(子分部)工程质量验收记录	▲		▲	▲	▲
4	建筑节能分部工程质量验收记录	▲		▲	▲	▲
5	自动喷水系统验收缺陷项目划分记录	▲		△	△	
6	程控电话交换系统分项工程质量验收记录	▲		▲	△	
7	会议电视系统分项工程质量验收记录	▲		▲	△	
8	卫星数字电视系统分项工程质量验收记录	▲		▲	△	
9	有线电视系统分项工程质量验收记录	▲		▲	△	
10	公共广播与紧急广播系统分项工程质量验收记录	▲		▲	△	
11	计算机网络系统分项工程质量验收记录	▲		▲	△	
12	应用软件系统分项工程质量验收记录	▲		▲	△	
13	网络安全系统分项工程质量验收记录	▲		▲	△	
14	空调与通风系统分项工程质量验收记录	▲		▲	△	
15	变配电系统分项工程质量验收记录	▲		▲	△	
16	公共照明系统分项工程质量验收记录	▲		▲	△	
17	给水排水系统分项工程质量验收记录	▲		▲	△	
18	热源和热交换系统分项工程质量验收记录	▲		▲	△	
19	冷冻和冷却水系统分项工程质量验收记录	▲		▲	△	
20	电梯和自动扶梯系统分项工程质量验收记录	▲		▲	△	
21	数据通信接口分项工程质量验收记录	▲		▲	△	
22	中央管理工作站及操作分站分项工程质量验收记录	▲		▲	△	

续表

类别	归档文件	保存单位				
		建设单位	设计单位	施工单位	监理单位	城建档案馆
23	系统实时性、可维护性、可靠性分项工程质量验收记录	▲		▲	△	
24	现场设备安装及检测分项工程质量验收记录	▲		▲	△	
25	火灾自动报警及消防联动系统分项工程质量验收记录	▲		▲	△	
26	综合防范功能分项工程质量验收记录	▲		▲	△	
27	视频安防监控系统分项工程质量验收记录	▲		▲	△	
28	入侵报警系统分项工程质量验收记录	▲		▲	△	
29	出入口控制(门禁)系统分项工程质量验收记录	▲		▲	△	
30	巡更管理系统分项工程质量验收记录	▲		▲	△	
31	停车场(库)管理系统分项工程质量验收记录	▲		▲	△	
32	安全防范综合管理系统分项工程质量验收记录	▲		▲	△	
33	综合布线系统安装分项工程质量验收记录	▲		▲	△	
34	综合布线系统性能检测分项工程质量验收记录	▲		▲	△	
35	系统集成网络连接分项工程质量验收记录	▲		▲	△	
36	系统数据集成分项工程质量验收记录	▲		▲	△	
37	系统集成整体协调分项工程质量验收记录	▲		▲	△	
38	系统集成综合管理及冗余功能分项工程质量验收记录	▲		▲	△	
39	系统集成可维护性和安全性分项工程质量验收记录	▲		▲	△	
40	电源系统分项工程质量验收记录	▲		▲	△	
41	其他施工质量验收文件					
C8	施工验收文件					
1	单位(子单位)工程竣工预验收报验表	▲		▲		▲
2	单位(子单位)工程质量竣工验收记录	▲	△	▲		▲
3	单位(子单位)工程质量控制资料核查记录	▲		▲		▲
4	单位(子单位)工程安全和功能检验资料核查及主要功能抽查记录	▲		▲		▲
5	单位(子单位)工程观感质量检查记录	▲		▲		▲
6	施工资料移交书	▲		▲		
7	其他施工验收文件					
竣工图(D类)						
1	建筑竣工图	▲		▲		▲
2	结构竣工图	▲		▲		▲
3	钢结构竣工图	▲		▲		▲
4	幕墙竣工图	▲		▲		▲
5	室内装饰竣工图	▲		▲		▲
6	建筑给水排水及供暖竣工图	▲		▲		▲

续表

类别	归档文件	保存单位					
		建设单位	设计单位	施工单位	监理单位	城建档案馆
7	建筑电气竣工图	▲		▲		▲
8	智能建筑竣工图	▲		▲		▲
9	通风与空调竣工图	▲		▲		▲
10	室外工程竣工图	▲		▲		▲
11	规划红线内的室外给水、排水、供热、供电、照明管线等竣工图	▲		▲		▲
12	规划红线内的道路、园林绿化、喷灌设施等竣工图	▲		▲		▲
工程竣工验收文件(E类)						
E1	竣工验收与备案文件					
1	勘察单位工程质量检查报告	▲		△	△	▲
2	设计单位工程质量检查报告	▲	▲	△	△	▲
3	施工单位工程竣工报告	▲		▲	△	▲
4	监理单位工程质量评估报告	▲		△	▲	▲
5	工程竣工验收报告	▲	▲	▲	▲	▲
6	工程竣工验收会议纪要	▲	▲	▲	▲	▲
7	专家组竣工验收意见	▲	▲	▲	▲	▲
8	工程竣工验收证书	▲		▲		▲
9	规划、消防、环保、民防、防雷等部门出具的认可文件或准许使用文件	▲	▲	▲	▲	▲
10	房屋建筑工程质量保修书	▲		▲		▲
11	住宅质量保证书、住宅使用说明书	▲		▲		▲
12	建设工程竣工验收备案表	▲	▲	▲	▲	▲
13	建设工程档案预验收意见	▲		△		▲
14	城市建设档案移交书	▲				▲
E2	竣工决算文件					
1	施工决算文件	▲		▲		△
2	监理决算文件	▲			▲	△
E3	工程声像资料等					
1	开工前原貌、施工阶段、竣工新貌照片	▲		△	△	▲
2	工程建设过程的录音、录像资料(重大工程)	▲		△	△	▲
E4	其他工程文件					

注：表中符号"▲"表示必须归档保存，"△"表示选择性归档保存。

参 考 文 献

[1] 中华人民共和国住房和城乡建设部. GB 50300—2013 建筑工程施工质量验收统一标准[S]. 北京：中国建筑工业出版社，2013.

[2] 中华人民共和国住房和城乡建设部. GB/T 50328—2014 建设工程文件归档规范[S]. 北京：中国建筑工业出版社，2014.

[3] 山东省住房和城乡建设厅，山东省质量技术监督局. DB37/T 5072—2016 建筑工程(建筑与结构工程)施工资料管理规程[S]. 北京：中国建材工业出版社，2016.

[4] 山东省住房和城乡建设厅，山东省质量技术监督局. DB37/T 5073—2016 建筑工程(建筑设备、安装与节能工程)施工资料管理规程[S]. 北京：中国建材工业出版社，2016.

[5] 中华人民共和国住房和城乡建设部. GB 50204—2015 混凝土结构工程施工质量验收规范[S]. 北京：中国建筑工业出版社，2014.

[6] 中华人民共和国住房和城乡建设部. GB 50202—2011 砌体结构工程施工质量验收规范[S]. 北京：中国建筑工业出版社，2011.

[7] 中华人民共和国住房和城乡建设部. JGJ 146—2013 建设工程施工现场环境与卫生标准[S]. 北京：中国建筑工业出版社，2013.

[8] 中华人民共和国住房和城乡建设部. 建筑与市政工程现场专业人员职业标准[S]. 北京：中国建筑工业出版社，2011.

[9] 中华人民共和国住房和城乡建设部. GB/T 50107—2010 混凝土强度检验评定标准[S]. 北京：中国建筑工业出版社，2010.

[10] 中华人民共和国住房和城乡建设部. JGJ 59—2011 建筑施工安全检查标准[S]. 北京：中国建筑工业出版社，2011.